交通运输类“十四五”创新教材

海船船员培训合格证考试培训教材

基本安全

——个人安全与社会责任

主　编◉戚发勇　曹　铮　代俊林

主　审◉谷春国

大连海事大学出版社

DALIAN MARITIME UNIVERSITY PRESS

图书在版编目(CIP)数据

基本安全. 个人安全与社会责任 / 戚发勇, 曹铮, 代俊林主编. — 大连 : 大连海事大学出版社, 2022.12(2025.8 重印)
海船船员培训合格证考试培训教材
ISBN 978-7-5632-4334-1

Ⅰ. ①基… Ⅱ. ①戚… ②曹… ③代… Ⅲ. ①船员—安全教育—资格考试—教材②船舶航行—交通运输安全—资格考试—教材 Ⅳ. ①U698②U676.2

中国版本图书馆 CIP 数据核字(2022)第 254726 号

大连海事大学出版社出版

地址:大连市黄浦路523号 邮编:116026 电话:0411-84729665(营销部) 84729480(总编室)

http://press.dlmu.edu.cn　E-mail:dmupress@dlmu.edu.cn

大连天骄彩色印刷有限公司印装　　大连海事大学出版社发行

2022 年 12 月第 1 版　　2025 年 8 月第 5 次印刷

幅面尺寸:170 mm×240 mm　　印张:13

字数:269 千　　印数:12001~15000 册

出版人:余锡荣

责任编辑:李继凯　　责任校对:张　慧

封面设计:解瑶瑶　　版式设计:解瑶瑶

ISBN 978-7-5632-4334-1　　定价:44.00 元

前言

随着国际海事组织及世界主要航运国家对船舶运输中船员人身安全、船舶安全、海洋环境保护等方面的重视程度的日益提高,国际公约、规则,港口国监督,行业组织的审核要求的提高和更新步伐明显加快。与之相对应的是对船员的,特别是对努力扩展国外劳务市场的中国船员的个人安全意识和安全操作水平等基本素质和能力的要求也越来越高。

国际海事组织于2010年对《海员培训、发证和值班标准国际公约78/95》进行了全面修订,通过了《1978年海员培训、发证和值班标准国际公约马尼拉修正案》,该修正案对海船船员培训合格证培训、发证提出了新的要求。为全面履约,提高我国海员的培训质量,交通运输部于2021年发布了《海船船员培训大纲(2021版)》,对海船船员培训合格证的适任要求,培训的理论知识、实践技能,评价标准及学时等作出了详细规定。为实施高素质船员队伍建设,进一步提升海船船员适任能力,加强考试管理,根据《中华人民共和国海船船员适任考试和发证规则》和《海船船员培训大纲(2021版)》,中华人民共和国海事局编制并发布了《海船船员考试大纲(2022版)》。

为了更好地配合我国的履约工作,更好地按照《海船船员培训大纲(2021版)》和《海船船员考试大纲(2022版)》要求,在新形势、新要求下推进并完善海船船员培训工作,增强海船船员的个人安全意识,提高海船船员的专业技能,大连海事大学航海训练与工程实践中心组织有丰富培训教学经验和航海实践经验的教师编写并审定了本套"海船船员培训合格证考试培训教材"。

本套教材满足《1978年海员培训、发证和值班标准国际公约马尼拉修正案》、《海船船员培训大纲(2021版)》和《海船船员考试大纲(2022版)》对海船船员培训合格证的各项要求,紧密结合我国有关船员职业培训的最新规定,知识点全面,图文并茂,易于学员学习、理解。为加深学员对书中知识点的理解和把握,教材对重点内容增加了立体化资源;为方便学员学习和自测,及时了解个人对所学知识的掌握程度,教材提供了练习题。学员可通过手机扫描书中对应位置的二维码获得这些资源。

《基本安全——个人安全与社会责任》由戚发勇、曹铮、代俊林主编,戚发勇统稿,谷春国主审。张克家、李振宝、王玮祺、陈千荣、徐薪喆、邹熙康、倪成丽、李琳参与了本书的编写。

航海科技日新月异,相关国际公约、各国法律法规、行业标准和规定也在不断进步和完善,本套教材未尽之处请广大同仁和读者批评斧正。

大连海事大学航海训练与工程实践中心

2022 年 10 月

扫码学习《深入学习贯彻党的二十大精神　加快建设交通强国　当好中国式现代化开路先锋》

目录

第一章 遵循应急程序

第一节 应急的相关知识

一、应急的概念

应急的概念是对应于事故及可能发生事故的危险提出的。船舶应急是指在船舶发生或可能发生人命安全、船舶及货物安全和船舶污染等紧急情况时的处置方法和措施，是使人、船舶或环境摆脱、远离事故和危险，恢复安全状态的过程。

二、紧急情况的种类

所谓紧急情况，就是对人、船舶或环境有危险或潜在危险的情况，包括人身伤亡、财产损失及环境破坏。船舶紧急情况大致可分为：

1. 火灾和海损类：碰撞；搁浅/触礁；火灾/爆炸；船体破损/进水；严重横倾；恶劣天气损害；弃船。

2. 机损和污染类：主机失灵；舵机失灵；供电故障；机舱事故；船舶溢油；船上海洋污染物的意外排放。

3. 货物损害类：货物移动；海难自救抛货；危险货物事故。

4. 人身安全类：严重伤病；进入封闭场所；人员落水；搜寻/救助；海盗/暴力行为；战区遇险；直升机操作。

当船舶发生紧急情况时，为最大限度地减少人员伤亡、财产损失和对环境的危害，船上有关人员应立即按船上的应急计划、应变部署等应急预案采取正确有效的应急措施。

三、应急预案

应急预案指面对突发事件(如自然灾害、重特大事故、环境公害及人为破坏)的应急管理、指挥、救援计划等。它一般应建立在综合防灾规划之上。其几大子系统为:完善的应急组织管理指挥系统;强有力的应急工程救援保障体系;综合协调、应对自如的相互支持系统;充分备灾的保障供应体系;实现综合救援的应急队伍等。

应急预案是针对具体设备、设施、场所和环境,在安全评价的基础上,为降低事故造成的人身、财产与环境损失,就事故发生后的应急救援机构和人员,应急救援的设备、设施、条件和环境,行动的步骤和纲领,控制事故发展的方法和程序等,预先做出的科学而有效的计划和安排。

事故与应急通常联系在一起。对于事故所引起的危险或潜在的危险需要采取应急行动,以减少事故造成的损失或消除可能带来的对人命、财产和环境的危害。对海上险情采取应急行动如果不及时、不适当,则可能引发事故或扩大事故损失。

船舶应急预案包括应变部署表和应急计划(或程序)两部分内容。SOLAS 公约将同时包含弃船和消防的应急计划称为应变部署表。为船舶其他紧急情况预先制定的行动方案称为应急计划(或程序)。

四、应变部署表/应急计划及应变部署卡

(一)应变部署表/应急计划的基本内容

船舶所处的环境复杂多变,随时可能发生各种危及船舶和人命安全的紧急事件。为了避免严重后果,把损失减到最低程度,每一船舶都应根据人员状况、本船设备和情况,编制应变部署表,明确指定每个人在紧急情况下应到达的岗位及执行的任务,并定期进行训练及应变演习,使预定方案变成船员的“本能”,从而在发生紧急情况时能迅速协同抢救,正确熟练地使用各种应急设备,有效地控制局面。

应变部署表(见表 1-1-1)基本内容包括:

1. 船舶及船公司名称、船长署名及公布日期;
2. 紧急报警信号的种类及信号特征、信号发送方式和持续时间;
3. 职务与编号、姓名、艇号、筏号的对照一览表;
4. 航行中驾驶台、机舱、电台固定人员及其任务;
5. 消防应变、弃船求生、施放救生艇筏的详细分工内容和执行人编号;
6. 每项应变具体指挥人员的接替人;
7. 主要救生、消防设备的位置。

SOLAS 公约规定,应变部署表应写明指派给每位船员的任务,包括:

1. 船上水密门、防火门、阀、流水孔、舷窗、天窗、装货舱门和其他类似开口的关闭;
2. 救生艇筏和其他救生设备的属具配备;

表 1-1-1 货船应变部署表

表 A.1 货船应变部署表

货船应变部署表 MUSTER LIST FOR CARGO SHIP

船名：M/V:　　船东/管理公司：SHIPOWNER/MANAGEMENT COMPANY:

驾驶台/机舱 BRIDGE/ENGINE ROOM 任务 DUTIES	执行人 EXECUTOR
协助船长，瞭望，操纵车钟，管理驾驶台仪器、设备及控制系统，包括火警探测系统等，对外联系，做好记录。Assist Master lookout, operate engine telegraph, manage the bridge equipment and control systems, including fire detection systems, etc. communicate and record.	
操舵，协助瞭望，悬挂信号 Helm, assist to lookout, display signals.	
轮机长替代人，机舱值守，管理操纵主机 Substituted C/E, on duty in E/R, Control the M/E	

紧急报警信号：根据船长指令，用汽笛或警笛发出如下紧急报警信号，并通过有线广播，用船员工作语言反复发布，船员听到报警信号后，应立即[illegible] Emergency alarm signal: The following alarms are sounded on whistle or siren according to master's order, followed by cable broadcast with working language repeatedly. When the alarm is sounded, crew members shall be donned and mustered at stations immediately

消防 fire alarm: 短声连放一分钟 short blast continued for one minute

弃船 abandon ship alarm: 七短一长重复连放一分钟 seven short blasts with one prolonged blast repeat for one minute

解除 signal for dismissal: 一长声 one prolonged blast

人员落水 man overboard: 三长声 three prolonged blasts

	1	2	3	4	5	6	7	8	9	10	11	12	13	14	15	16	17	18	19	20	21	22	23	24	25	26	27	28	29	30
编号 Crew No	1	2	3	4	5	6	7	8	9	10	11	12	13	14	15	16	17	18	19	20	21	22	23	24	25	26	27	28	29	30
职务 Rank																														
姓名 Name																														
筏号 Craft No.																														
艇号 Boat No																														

弃船救生动作 ACTIONS FOR ABANDONING SHIP

弃船时的任务 DUTIES	执行人 EXECUTOR	弃船时的任务 DUTIES	执行人 EXECUTOR
降国旗 Lower the national flag.		关闭有关机器，操纵遥控阀门和开关 Shut off relevant engines, control remote control valves and switches	
携带有关海图、国旗、航海日志、轮机日志、无线电记录簿、车钟记录簿、VDR数据存储器或相关自动记录 Carry relevant charts, flag, deck log book, engine log book, radio log book and engine telegraph record, VDR data storage or relevant automatic recordings		携带、管理应急无线电示位标（操作说明）Carry and manage EPIRB (With operating instruction)	
携带船舶证书及重要文件　Carry ship's certificates and important papers		携带双向无线电话机及应急备用电池（操作说明）Carry two-way radiotelephone and emergency backup battery (With operating instruction)	
尽可能携带食品、药品和毛毯等生活必须品 Carry food, medicine and blankets as much as possible		管理操纵抛绳器（操作说明）Administer line-throwing appliances (With operating instruction)	
关闭水密门、排水孔、舷窗、天窗、舷门和其他类似开口 Close watertight doors, scuppers, side scuttles, skylights, portholes and other similar openings on board		携带雷达应答器（操作说明）carry SART (With operating instruction)	
		发送最后求救信号 Send the last distress signal	

放救生艇/救助艇/救生筏动作与任务 SURVIVALS CRAFT LAUNCHING

执行人 EXECUTOR	自由降落式救生艇 GRAVITY FREEFALL LIFEBOAT	吊放式救生筏 DAVIT TYPE LIFERAFT	执行人 EXECUTOR
	艇长，携带艇员名单，核对艇员，指挥放艇 Commander on spot, carry a list of boat crew, check boat crew members, command boat launching	筏长，管理集合地点应急照明，核对筏员名单。Commander on spot, administer the emergency lighting at muster station, check the raft crew list.	
	副艇长，携带艇员名单，检查救生衣和救生服。Carry a list of boat crew, check immersion suits and lifejackets.	松开滑钩，脱开绑扎钢丝绳。Release slip hook to disconnect lashing wire.	
		把卸扣挂在吊筏钩上。Hang the shackle on the hook.	
	管理集合地点应急照明和救生艇电气设备。Administer the emergency light of muster station and boat electrical equipment.	拉出稳索，分别在两侧栏杆或系固点绑牢。Pull the stay line and tie it to the railings or fastening points on both sides.	
	检查是否有妨碍救生艇自由降落的障碍，如模拟释放用的限制救生艇滑落的索具或器具。Check for obstacles to the freefall of a lifeboat, such as rigging or appliance for simulating the release of the lifeboat.	拉缆绳，直到筏体充足气，并将登筏垫拉出铺在甲板上。Pull the cable until the liferaft is full and pull the padding onto the deck.	
	自由降落式救生艇登艇人员全部进入小艇，系安全带。All members enter into the freefall lifeboat, fasten safety belts.	登筏，解开吊筏索和登筏布，放低至海面。Get on board, disconnect the raft cable and boarding cloth then lower to the sea.	
	管理艇机和应急舵。Administer boat engine and emergency rudder.	将吊筏钩脱开，用小刀割断小绳后撤离。Release the hook from raft and cut the rope with a knife for evacuation	
	操纵救生艇脱钩装置，操纵艇机。Operate release systems, operate boat engine.		

抛投式救生筏 FLAT TYPE LIFERAFT	重力式救助艇/救生艇 GRAVITY LIFEBOAT/RESCUE BOAT	执行人 EXECUTOR
筏长，管理集合地点应急照明，核对筏员名单 Commander on spot, administer the emergency lighting at muster station, check the raft crew list	现场指挥，指挥放艇。Commander on spot, command boat launching.	
解除救生筏系固索，将救生筏抛投水中，拉动首缆，充气成形。Cast off the liferaft lashing, throw the liferaft into the water and pull the bow cable to expand by inflating	艇长，现场指挥接替人，协助指挥放艇，操作脱钩装置，操纵救助艇。Commander of the boat, substitute for commander on spot, assist boat launching, operate release systems and manoeuvre unclosed rescue boat	
放妥登乘梯，检查登筏人员救生服、救生衣穿着。Lay out embarkation ladder, check immersion suits and life jackets.	检查救生衣的穿着。Check the donning of lifejackets	
扶正救生筏。Right the liferaft to its proper condition	管理集合地点应急照明和吊艇机电气设备。Administer emergency lighting of muster station and davit electrical appliance.	
抛投救生浮环，协助落水人员登筏。Throw rescue quoits to help persons in water.	放登乘梯,拆除舷边护栏，照料艇员登艇。Lay out embarkation ladder, Dismantle side-rail and take care of crew embarking..	
解除救生筏系缆，使筏脱离船舶。Cast off the painter to move the raft away from the ship.	解除救助艇前/后固艇索，带艇首/艉缆。Release gripes fore and aft, fasten painter and aft line.	
管理海锚，控制救生筏漂流速度。Cast sea anchor to control the raft drift speed.	操纵吊艇架放艇。Operate the davit for launching.	
	随艇下，管理艇艏缆，出艇篙把，撑篙。I In boat, control painter, take fender and pole	
	随艇下，管理艇尾缆，携带救生圈。In boat, control aft rope, carry lifebuoy	
	随艇下，操作救助艇艇机。In boat, operate boat engine.	
	随艇下，携带急救药品、毛毯、医疗器材，现场救助。In boat, carry first-aid kit, blanket and medical equipment. Give the emergency treatments	

救生部署 BOAT STATIONS

驾驶台 BRIDGE	
值班驾驶员 Duty officer	协助船长，瞭望，操纵车钟，对外联系 Assist Master lookout, operate telegraph, Contact with outside.
值班水手 Duty seaman	操舵，协助瞭望，悬挂信号，抛投带自亮浮灯和救生索的救生圈 Helm, assist to lookout, display signals, throwing lifebuoy with auto-light and life-line

船长 MASTER

电台任务 RADIO STATION	
GMDSS 操作员 GMDSS operator	管理 GMDSS 设备，协助船长负责船内外通信联系，根据船长指示通知弃船集合地点。Administer GMDSS equipment. Assist master with communication, indicate muster station according to master's order.

消防部署 FIRE STATIONS

大副作为船长接替人，甲板着火时担任现场指挥，有危险品着火时携带装载图和应急措施表；机舱着火协助轮机长指挥。C/O substituted master, command on spot if deck on fire, carry loading plan and Ems when DG on fire, assist C/E if E/R on fire

轮机长在机舱着火时担任现场指挥，甲板着火协助大副指挥。C/E act as command on spot if E/R on fire, assist C/O if deck on fire

消防队 FIRE-FIGHTING SQUAD 任务 DUTIES	执行人 EXECUTOR
队长：指挥消防队。Leader of fire-fighting squad: command fire-fighting squad	
副队长：队长接替人，协助队长工作。Deputy leader of fire-fighting squad: substitute for leader, assist leader.	
队员：携带并穿戴消防员装备，探火，抢险。Team member: carry and wear FFE, search for fire spot, rush to deal with an emergency	
队员：操作消防栓、水带及水枪。Team member: control hydrants, fire hoses and nozzles	
队员：携带手提式灭火器。Team member: carry portable extinguishers	
队员：携带手提式灭火器。Team member: carry portable extinguishers.	
队员：携带两只防爆型或等效安全的双向无线电话。Team member: carry two explosion proof type or intrinsically safe two-way portable VHF	

隔离队 ISOLATION SQUAD 任务 DUTIES	执行人 EXECUTOR
队长:指挥隔离队。Leader of isolation squad: command isolation squad.	
副队长：队长接替人，协助队长工作,携带长柄太平斧。Deputy leader of isolation squad: substituted for leader, assist leader and carry fire-fighting axe.	
队员:隔离火场周边易燃物。Team member: isolate flammable materials around the fire	
队员:关闭防火门窗，挡火闸，舱口，孔道，通风筒等。Team member: close fire doors, windows, fire dampers, hatches, access ventilations, etc	
队员:切断有关电路，关闭风机。Team member: cut off relative circuit, Turn off ventilator.	
队员:关闭有关油路吸口阀门。Team member: shut off valves and cocks of oil suction pipes.	
队员:检查供随后弃船用的必要设备和装置。Team member: check the necessary arrangements for subsequent abandoning ship	

救护队 FIRST-AID SQUAD 任务 DUTIES	执行人 EXECUTOR
救护队队长：指挥救护队，携带急救药箱，救护。Leader of first-aid squad: command first-aid squad, carry first-aid box, perform first-aid	
副队长：队长接替人，携带担架，救护。Deputy leader of first-aid squad: Substituted for leader, carry stretchers, and perform first-aid	

技术队 TECHNICAL SQUAD 任务 DUTIES	执行人 EXECUTOR
队长：指挥技术队。Leader of technical squad: command technical squad	
副队长：队长接替人，协助队长工作。Deputy leader of technical squad: substitute for leader, assist leader.	
队员:操作固定灭火系统，按船长命令施放。Team member: control the fixed fire extinguishing system and apply it according to master's order	
队员:操作应急消防泵。Team member: control the emergency fire pumps	
队员:管理操纵固定式局部灭火系统。Team member: control fixed local application fire-fighting systems	
队员:管理操纵主机、副机、应急发电机。Team member: control M/E, A/E and E/G	
队员:管理国际通岸接头。Team member: administer international shore connection	

封闭处所进入与救助 ENCLOSED SPACE ENTRY & RESCUE

任务 DUTIES	执行人 EXECUTOR
现场指挥，负责甲板/机舱所属封闭处所区域。Command on the spot, responsible for the enclosed space belong to the deck/engine room	
驾驶台值班，负责保持船舶内部和对外通信联系畅通。Duty on bridge, keep good communications with internal and external in the ship	
机舱值班。Duty on engine room	
使用专业仪器对封闭处所进行测氧测爆、有毒有害检测，使用的通信设备需为防爆型。Use professional instruments to perform oxygen measurement, explosion detection and toxic and harmful detection on enclosed spaces. The communication equipment used must be explosion-proof.	
携带救生绳、安全带等属具，打开封闭处所门窗，移开附近障碍物。Carry the lifeline, safety belts and other gears. Open the ventilation cap of the enclosed space. Remove the obstacles near the enclosed space	
携带便携式防爆灯，提供电源和充足的通道照明。Carry portable explosion-proof light. Provide power and enough lighting in the gallery	
拉警戒绳，挂警戒牌，禁止无关人员进入。Make guard zone with line, post guard board, forbid entering of any others.	
携带担架、急救药箱和毛毯等，现场救护。Carry stretcher, First-aid Kit, blanket, etc. Conduct the emergency treatments.	
携带并穿戴防护用具、自给式呼吸器，配备安全设备进入处所救助伤员。Carry and wear protective and self-contained breathing apparatus. Enter the enclosed space to rescue the wounded.	
使用便携式鼓风机，对处所进行通风。Use portable ventilator, provide ventilation.	
进行隔离，关闭相关的管路和阀门。Isolate the enclosed space, Close the relative pipe and valves.	
看护员，携带通信设备，建立与进入人员的通信，并在进入前进行测试。Act as a monitor. Carry communication equipment and test before enter. Get in touch with the person entering the enclosed space.	

三副

负责船上消防救生设备的日常检查和维护。

Third officer:

In charge of the inspection and maintenance of the fir-fighting and life-saving equipments and appliances onboard the vessel.

注：

1. 应变部署表应在船舶开航前制定，在应变部署表制定后，如船员有所变动而必须更改应变部署表时，船长应安排人员修订该表或制定新表。
2. 应变部署表中的任务可以一人多职，也可一职多人。
3. 船长的接替人为大副，轮机长的接替人为大管轮，驾驶员互为替换人，轮机员互为替换人，艇长的接替人为首选持船舶驾驶证人员。
4. 航行途中发生应急情况时，驾驶室固定人员为：船长、值班驾驶员、值班水手；机舱固定人员为：轮机长、值班轮机员、值班机工。表中"执行人"一栏应填船员编号
5. 救助艇的降落参照救生艇的降落，由船长现场决定增加救助、救护和担架人员。
6. 救生、消防设备维护保养责任人为驾驶员或轮机员，大副和轮机长负责监督指导。
7. 应变部署表应由船长签字后张贴在驾驶室、机舱、居住处所及公共处所，如遇船员变动或情况改变，应及时修订。
8. 对于国内航行船舶，在填写应变部署表时船员姓名可以不填在应变部署表中，但应在应变部署卡中填写，并采取有效手段，使船舶主要人员手中有本航行次船员姓名与编号的对照表。
9. 若船上人数超过 30 人，应将超出人员信息另行列出。

REMARKS:

1. The muster list shall be prepared before the ship proceeds to sea. After the muster list has been prepared, if any change takes place in the crew which necessitates an alteration in the muster list, the master shall arrange personnel to revise the list or prepare a new list.
2. For the duties assigned in the muster list, one person may do multiple duties and vice versa.
3. The substitute for master in an emergency is chief officer and for chief engineer is second engineer. The officers substitute each other and the engineers do likewise. The substitute for commander of lifeboat should consider certified person first.
4. In the case of emergency, the following crew must be present: master, duty officer and duty seaman on the bridge; chief engineer, duty engineer and duty motorman in the engine room. The content filled in the columns of "executor" shall be crew number.
5. Reference is made to lifeboat launching for the operation of rescue boat launching. Persons needed for carrying rescue, first-aid and lifting stretcher should be assigned on the spot by the master.
6. Crew members appointed to maintain life-saving and fire-fighting appliances should be deck officer and engineer. This work should be conducted under the direct supervision of chief officer and chief engineer.
7. Muster list shall be posted in the bridge, engine room, accommodation and public spaces after signed by the master. If any change takes place in the crew which necessitates an alteration in the muster list, the master shall either revise the list or prepare a new list
8. The name of the crew could not be filled in master list but shall fill in emergency card for domestic sailing ships. Effective measures should be taken to ensure that main crew and persons obtain the table of name and number of crew.
9. If the number of crew and persons onboard over 30, the information of them shall be listed separately

船长 MASTER: ____________　　日期 DATE: ____________

3. 救生艇筏的准备工作和降落；
4. 其他救生设备的一般准备；
5. 集合旅客；
6. 通信设备的用法；
7. 指定各防火区域的消防人员；
8. 使用消防设备及装置方面的专门任务。

应急计划的内容是在上述项目的基础上做适当修改确定的。

（二）应变部署表/应急计划的编制与公布

应变部署表的管理由船长总负责，大副具体负责。三副根据大副的部署意图，在船舶开航前编制应变部署表，经大副审核，船长签署批准后公布实施。编制应变部署表/应急计划时，船员具体职责的分配应遵循下述原则：

1. 关键部位、关键动作派得力人员；
2. 根据本船情况，可以一职多人或一人多职；
3. 人员编排应最有利于应变任务的完成。

应变部署表应张贴或用镜框配挂在驾驶台、机舱、餐厅和生活区内走廊的主要部位；在其附近，还应有本船消防器材布置示意图。为使应变中各级负责人熟悉所领导的人员及其分工，应将部署表中各编队（组）分别抄录发给各艇（队、组）长。

在客船上，还应绘制出本船各层安全通道的路线图，图上应标明各梯口、出入口和各登艇点的位置和走向，张贴在旅客生活区（包括餐厅、休息室、主要走廊、重点舱室和其他旅客活动场所）各部位。在此附近和每个客房内均应挂有救生衣穿着方法示意图。在备用救生衣（箱或柜）处应有醒目标志。走廊内每隔适当距离，应标有指明通道走向的箭头标志并注明去向。

（三）应变部署卡

在每个船员房间内的明显位置都应有一张应变部署卡（见表 1-1-2）。部署卡上有本人的船员应急编号、救生艇艇号、各种应变信号及本人在各种应变部署中的任务。

在旅客舱室中，也要在每位旅客床头张贴旅客用应变部署卡（见表 1-1-3），同时应该张贴用适当文字书写的图解和应变须知，向旅客通告他们的集合地点、应变时必须采取的行动和救生衣的穿着方法等。

SOLAS 公约规定，客船上使用的船舶应变部署表的格式应经主管机关认可。船上所有可预计的紧急状况均应编写应急计划，包括但不限于火灾、船舶破损、污染、威胁到船舶安全及乘客和船员保安的非法行为、人员事故、与货物相关的事故及对其他船舶的应急援助等。应急计划应有统一的格式并易于使用。

我国规定，从事海上商业运输的 500 总吨及以上的货船、载客 12 人及以上的客船，必须配备我国海事主管机关认可的统一印制的“海洋运输船舶应变部署表”。

150 总吨及以上的油船和 400 总吨及以上的非油船都必须配备“船舶溢油应变部署表”。“船舶溢油应变部署表”规定了当船舶发生溢油时,全体船员应急反应岗位和职责。

表 1-1-2 船员应变部署卡

<table>
<tr><td colspan="3">应变部署卡 EMERGENCY CARD
船名 M/V:____________</td></tr>
<tr><td>编号 No.:</td><td>姓名 Name:</td><td>职务 Rank:</td></tr>
<tr><td colspan="2">艇号 Boat No.:</td><td></td></tr>
<tr><td rowspan="2">消防
Fire control</td><td>信号
Signal</td><td>短声连放 1 min。随后,1 长声(船前部失火),2 长声(船中部失火),3 长声(船后部失火),4 长声(机舱失火),5 长声(上甲板失火)
Short blasts continued for one minute. Thereafter, one long blast stands for fore part, two for middle part, three for aft part, four for engine room, five for upper deck</td></tr>
<tr><td>任务
Duty</td><td></td></tr>
<tr><td rowspan="2">弃船
Abandon ship</td><td>信号
Signal</td><td>7 短声 1 长声,重复连放 1 min
Aandoning ship alarm alarm: seven short blasts with one long blast repeated for one minute</td></tr>
<tr><td>任务
Duty</td><td></td></tr>
<tr><td rowspan="2">人员落水
Man overboard</td><td>信号
Signal</td><td>连续 3 长声,随后,1 短声(右舷落水),2 短声(左舷落水)
Man overboard alarm: three long blasts. Thereafter, one short blast stands for starboard, two for portside</td></tr>
<tr><td>任务
Duty</td><td></td></tr>
<tr><td rowspan="2">封闭处所进入与救助
Enclosed space entry and rescue</td><td>信号
Signal</td><td>广播通知 broadcast notification</td></tr>
<tr><td>任务
Duty</td><td></td></tr>
<tr><td colspan="3">解除警报:1 长声
Signal for dismissal: one long blast</td></tr>
</table>

表 1-1-3 旅客用应变部署卡

<table>
<tr><td>应变部署卡 EMERGENCY CARD
船名 M/V:____________
艇号 Boat No. :____________</td></tr>
<tr><td>火警信号:短声连放 1 min 随后,1 长声(船前部失火),2 长声(船中部失火),3 长声(船后部失火),4 长声(机舱失火),5 长声(上甲板失火)
Fire alarm: short blasts continued for one minute. Thereafter, one long blast stands for fore part, two for middle part, three for aft part, four for engine room, five for upper deck
注意事项 Notice:</td></tr>
<tr><td>弃船求生信号:7 短声 1 长声,重复连放 1 min
Abandoning ship alarm: seven short blasts with one long blast repeated for one minute
注意事项:Notice:</td></tr>
<tr><td>人员落水信号:连续 3 长声随后,1 短声(右舷落水),2 短声(左舷落水)
Man overboard alarm: three long blastsThereafter, one short blast stands for starboard, two for portside
注意事项 Notice:</td></tr>
<tr><td>封闭处所进入与救助信号:广播通知
Enclosed space entry and rescue alarm: broadcast notification</td></tr>
<tr><td>解除警报:1 长声
Signal for dismissal: one long blast</td></tr>
</table>

五、各种警报信号及警报系统

当紧急情况发生时,船舶通常使用的下述警报信号(见表 1-1-4),用报警器或汽笛发出,还可辅以有线广播。

表 1-1-4 常用警报信号

序号	信号	信号特征	持续时间
1	消防	警铃或汽笛短声。为指明火警部位,在消防警报信号之后,鸣 1 长声表示船的前部,2 长声表示中部,3 长声表示后部,4 长声表示机舱,5 长声表示上层建筑甲板	连放 1 min
2	弃船	警铃或汽笛 7 短声 1 长声	连放 1 min
3	堵漏	警铃或汽笛 2 长声 1 短声	连放 1 min
4	人落水	警铃或汽笛 3 长声(3 长 1 短表示右舷有人落水;3 长 2 短表示左舷有人落水)	连放 1 min
5	溢油	警铃或汽笛 1 短 2 长 1 短	连放 1 min
6	解除警报	警铃或汽笛 1 长声或以口头宣布	持续 6 s

对于其他紧急情况的警报信号，由公司根据情况规定，船员应通过培训和演习熟悉这些警报信号及本人的相应职责。

船上应急警报系统有全船性警报系统和局部性警报系统。全船性警报系统上通常挂接火灾自动警报系统、烟火探测自动警报系统、手动火警按钮和驾驶台警报器等。局部性警报系统主要有：主机、舵机、供电、锅炉等的故障自动警报系统，用于通知机舱值班人员照料和修理；机舱施放二氧化碳前的自动警报系统，用于通知机舱人员立即撤离。

感温式或感烟式火灾自动警报系统的探头（见图 1-1-1）遍布全船的人员生活和工作场所，通常装在舱室天花板上，切勿故意损坏或悬挂衣物，以免本室失火时不能自动报警而危及人命，妨碍全船的及时施救。手动火警按钮（见图 1-1-2）用途广泛，除主要用于火灾报警外，当人员在遇到任何需要向全船报警的紧急情况时，都可以方便地使用就近的火警按钮及时发出警报。手动火警按钮遍布于起居处所、工作场所和控制站，每一通道出口都装有手动火警按钮，在每一层甲板的走廊内手动火警按钮的位置应便于到达，且走廊的任何部位距手动火警按钮的距离都不得超过 20 m。手动火警按钮均封闭在墙壁上的有机玻璃盒罩内，紧邻布置有小型太平斧等敲击器具。需要时，应不拘方式果断击碎玻璃面罩，用手按火警按钮。

图 1-1-1　火灾自动警报系统的探头

驾驶台警报器，用以按约定的警报信号召集船员。

除上述的声光警报系统外，船上还使用汽笛（见图 1-1-3）和有线广播报警。必要时，船钟、雾锣、哨（见图 1-1-4、图 1-1-5、图 1-1-6）等均可用于报警。船员应熟悉各种形式的警报，以免延误宝贵的应急时机。

图 1-1-2　手动火警按钮

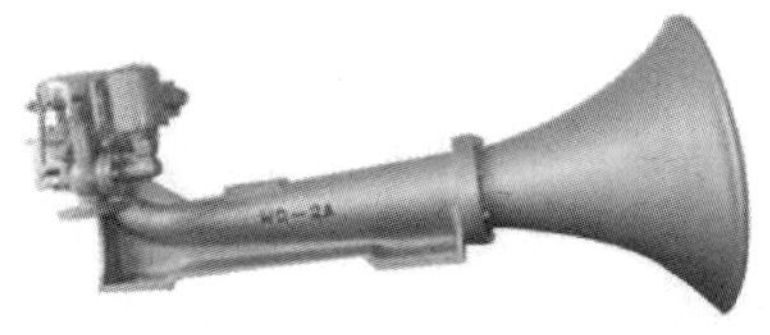

图 1-1-3　汽笛

图 1-1-4 船钟

图 1-1-5 雾锣

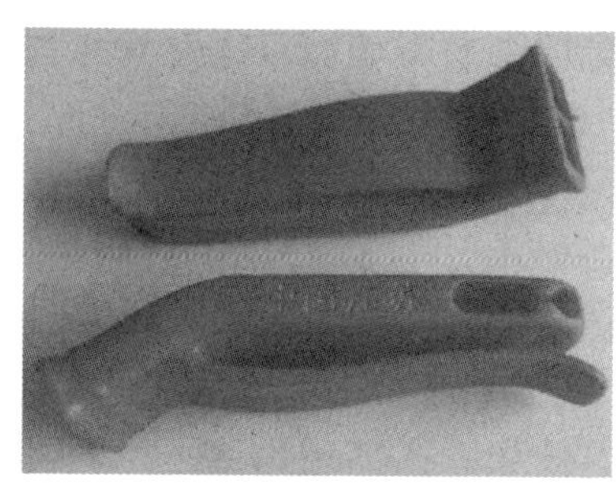

图 1-1-6 哨

六、脱险通道及集合地点

每位船员应熟悉船上的脱险通道，并使之保持安全状况，在任何情况下保持畅通和无障碍。

脱险通道应事先确定，并在包括梯道和出口在内的脱险通道所有各点处（包括拐弯和交叉处）标以明显的引导标记符号。在重要场所，应于多处公布该场所的脱险通道示意图，使得所有人员都能了解在各种紧急情况下的脱险通道。

确定脱险通道时，应当根据本船特点，考虑火灾、船体破损/进水、严重横倾等可能的紧急情况。为了保证人员安全和便于抢救船舶，脱险通道应不止一条、彼此远离并随时可用。

应当使船员熟悉脱险通道，包括通过培训和考核的形式使船员熟悉重要场所乃至全船的脱险通道。每位船员为了自身安全，应当主动掌握本人住舱和工作场所的脱险通道。

居住或工作在某场所的人员，应时常留意脱险通道是否畅通，一旦发现有妨碍撤离的故障或障碍物，应立即清除。

SOLAS 公约对集合地点（见图 1-1-7，Muster or Assembly Stations）的规定，主要是供弃船使用。集合地点的选择应：

1. 设在容易从起居和工作场所到达的地方；
2. 靠近救生艇筏登乘地点；

图 1-1-7　集合地点

3. 能容纳指定在该地点集合的所有人员，并人均至少占地 0.35 m^2；
4. 通往集合与登乘地点的通道、梯道和出口应有至少 3 h 的应急照明；
5. 从脱险通道到集合地点，应用集合地点的符号引导和指明；
6. 应能将担架病人抬进救生艇筏。

其他紧急情况下集合地点的选择，应考虑：

1. 设在容易从起居和工作场所到达的地方；
2. 便于采取应急行动处理紧急情况；
3. 有较宽敞的场地和足够的照明；
4. 有利于人员的安全。

除了上面的集合站的符号之外，还有下面这些脱险通道标志（见图 1-1-8、图 1-1-9、图 1-1-10、图 1-1-11、图 1-1-12）：

图 1-1-8　紧急出口（左/右手）

图 1-1-9　向左/右滑动的门

图 1-1-10　左/右手边推开启门

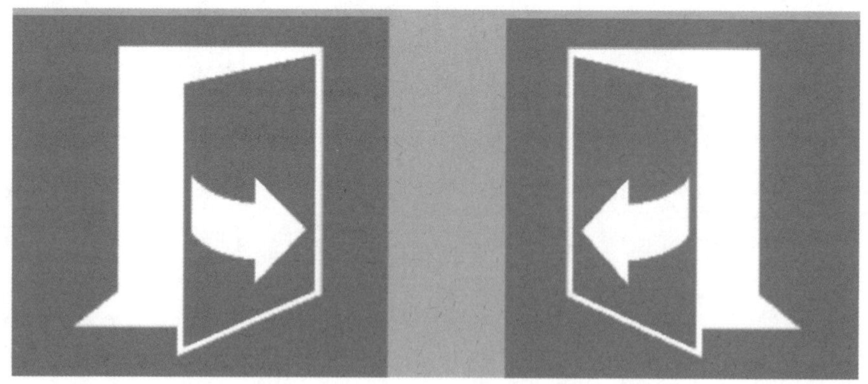

图 1-1-11　左/右手边拉开启门

图 1-1-12 逆/顺时针旋转开启

七、船上内部应急通信

可用于船内应急通信的设备有电话、有线对讲机（见图 1-1-13）、无线对讲机（见图 1-1-14）。有线广播、报警系统用于单向传递应急信息。

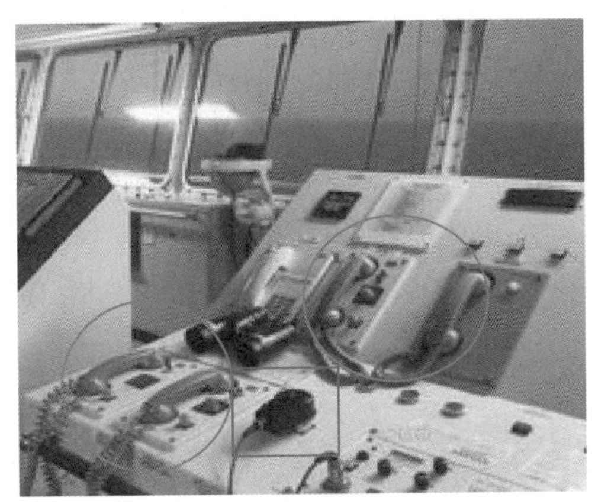

图 1-1-13 电话和有线对讲机

在主电源停止供电情况下，如果船舶纵倾不超过 10°和横倾不超过 22. 5°，货船上的应急电源会向所有船内通信设备持续供电 18 h（客船为 36 h）。

最有效的船内应急通信系统，是船内有线电话和有线对讲机。无线对讲机便于在船内任何地点通信，但电池供电时间相对较短。有线广播系统包含扬声器装置，能向船员或乘客或两者通常出现的所有地方广播信息，并通向集合地点。

进行船内应急通信，通话应简明扼要，关键语言应当重复，受话人员如有不清楚之处，应立即询问清楚，以免延误应急时机或发生误操作。

所有的船内通信语言，必须使用工作语言。如果全体船员为中国籍而有多种方言，则应使用普通话通信。如果船员来自不同国家，则应使用船上工作语言，一般使用英语。

图 1-1-14　无线对讲机

船长和高级船员,应通过应急演习考察船员的船内应急通信能力,并进行必要的应急用语培训和考核。

第二节　听到警报信号后的行动

听到紧急警报后能否有效行动,取决于平时的应急培训和演习效果。把应急计划的要求和目标变成船员的熟练行动,能有效地保障应急的成功。

一、确认警报

船员一听到紧急警报,首先应立即弄清属于何种紧急情况。最好的办法是一边迅速穿着衣服、打开房门,一边沉着冷静地听完两组警报,如果不是熟悉的消防、弃船、人落水警报信号,应该查布置于床头墙壁上的应变任务卡。切忌没有弄清情况而盲目行动,导致延误宝贵的时机和造成不必要的人身伤害。例如把弃船警报的 7 短声 1 长声误听成都是短声的火灾警报而行动,发现弄错后再纠正可能会在弃船时丧失放艇时机,只好直接跳入海中,或淹死或过早冻死等。切忌不穿着衣服就行动,这在任何应急中都会造成人身伤害。切忌携带应急不需要的物品而妨碍行动,一些船员在弃船时因不舍钱财,来不及撤离而随船沉没。

二、迅速行动

当确认警报性质后，应立即确认自己的任务。如有任何疑问，应当核实自己在应变任务卡或应变部署表中的任务，以免失误。平时持之以恒的演习是应急时迅速行动的基础。确认应急任务后，应立即携带规定器物加入应急行列。

听到警报信号后，船员必须在 2 min 内到达指定的集合地点。所有的警报确认、任务确认、穿衣服、拿取规定器材和到达集合地点，都必须在 2 min 内完成。任何的拖沓都会丧失最初的抢救时机，导致事态扩大而无法控制，甚至丧失撤离时机。

三、保护旅客和下属船员的安全

海上对象的应急优先权，依次为人命（旅客—船员）—船舶—海洋环境。一切抢救财产的行动，应在不严重危及人身安全的情况下进行。但抢救船舶，往往是保护人身安全的最佳选择，不到万不得已，不应放弃船舶这一最好的海上人员生存场所。无论何种应急情况，船员应首先保证旅客和下属船员的安全。

火灾发生时，船员应引导旅客撤离现场，并予迅速灭火。弃船时，应先旅客，后船员，最后船长撤离。客船弃船时，由指定船员负责保护和照顾旅客，包括：向旅客告警；查看旅客是否适当地穿好衣服，以及是否正确地穿好救生衣；在各集合地点集合旅客；维持通道及梯道上的秩序，并控制旅客的动向；保证把毛毯送到救生艇上。还应向旅客说明情况并安抚其情绪；指导旅客有秩序地登乘救生艇筏；清点旅客人数并确保所有旅客住舱无人。所有船员应保持镇定，切忌向旅客流露恐慌情绪。对有暴力行为和歇斯底里的旅客应采取果断措施。

四、服从指挥，保持镇静

服从指挥能使全船的应急行动，忙而不乱，步调一致。服从指挥意味着全船人员形成一个坚强的整体，在任何情况下都能给人以信念、力量和成效。不服从指挥，意味着团队瓦解，致使恐慌情绪迅速蔓延，船员放弃救船努力，争先恐后弃船和出现人员伤亡，导致不当或过早放弃船舶，从而失去良好的海上生存和待救基地，使人员在救生艇筏和水中面临明显增大的死亡威胁。因此，在应急时全体船员维护统一指挥，是挽救船舶和保证人员安全的重要前提，对于不服从指挥的人和事，必须制止。

在任何应急情况下，保持镇静是取得成功的必要条件，恐慌只会使事态恶化。恐慌是人对事物极度害怕和自认无能为力时的心理和行为表现。恐慌使士气瓦解，使人脑过度紧张而严重妨碍正常的思维和行为能力，甚至丧失理智，放弃把握客观存在的成功机会。如果人员具备把握某事物的能力，就不会对该事物感到恐慌。因此，避免船员对紧急情况的恐慌并不难，只需使船员掌握应对可能发生的各种紧急情况的知识和技能，具备处理紧急情况的能力。只要船员积极接受应急培训和参加应急演习，对应急心中有底，就能沉着冷静地判断和处理应急事宜。即使是面临生存绝境，也应切记，生命会在恐慌和绝望的心理暗示下过早终结，只有镇静、安祥和幸存的信念才能延长生存和待救时间。

五、遵循应变部署表/应急计划，采取正确的应急行动

应变部署表和应急计划是应急的行动规范，是对可能发生的紧急情况，根据以往的经验教训，结合本船的实际情况，在反复考虑的基础上确定的应急预案。在应急时，应始终以此为基础。在应急的初始阶段，应严格遵循应急预案。但应急情况复杂多变，因此应急过程中需要船长、现场指挥和各队负责人在应急预案的基础上，根据事态发展做适当调整，灵活指挥。

应变部署表和应急计划，通常是明确应急职能分工和应急程序框架，不可能详细描述所有的应急行动和应急操作。这时候应在指挥人员的指挥下，灵活运用在应急培训和演习中获得的知识和技能，实施正确无误的应急行动。对于特定船舶的关键性操作，例如施放二氧化碳操作，应严格按本船专用的施放须知进行检查和施放。对于应急中出现的异常情况，应及时报告指挥人员，以便及时评估和调整部署。指挥人员在下达具体任务时，应从人力、技术、设备、环境、人身安全等方面考虑可操作性，操作人员应迅速设法完成任务，当明显无法胜任时，应立即报告指挥人员。

第三节　船舶应急

一、火灾、爆炸事故应急

火灾、爆炸事故是指船舶因自然或人为因素致使船舶失火或爆炸造成损害的事故。同样，火灾、爆炸事故可能造成重大人员伤亡、船舶损失等。船舶火灾事故发生数量虽位居碰撞、搁浅/触礁之后，但全损率却高于这些事故。

(一)应急程序

船舶一旦发生火灾事故，即应：

1. 船员发现火灾，应立即报告值班驾驶员，并采取最初有效行动(见图 1-3-1)。驾驶台发出火灾警报并通知船长，船长闻警立即上驾驶台指挥。

2. 全体船员听到警报信号后(除固定值班人员外)，应按应变部署表的分工，携带规定的消防器材迅速赶到现场集合，并做好灭火的一切准备工作。

图 1-3-1 最初有效行动

3. 现场指挥大副应率领消防队和技术队，迅速弄清火警部位、火种性质、火情和趋势以及火警部位周围的有关物品等情况，立即报告船长确定施救方案。

4. 指挥各队人员按施救方案投入扑救。船长和大副应根据火情发展，及时组织力量和调整部署。

（二）消防部署

船舶火灾应变，船长任总指挥，指挥协调驾驶台、机舱及现场参与灭火应急行动人员。

驾驶台：驾驶员协助船长，瞭望、操纵车钟、管理驾驶台仪器、设备及控制系统，包括火灾探测系统等。值班水手联络传令，悬挂、施放信号，管理抛绳设备，释放带自发烟雾信号的救生圈，操舵，协助瞭望。无线电操作人员管理 GMDSS 设备，协助船长负责船内外通信联系，根据船长指示通知弃船集合地点。客船上播音员也要负责广播通信，根据船长指示通知船员和旅客弃船集合地点。

机舱：轮机员管理操纵主机、副机、应急发电机、舵机和应急消防泵等。

货船发生火灾时，消防力量分为消防队、隔离队、救护队和技术队。

消防队的任务包括：携带并穿戴消防员装备，探火、抢险；操作消火栓、水带及水枪；携带手提式灭火器；携带两只防爆型或等效安全的双向无线电话。

隔离队的任务包括：携带长柄太平斧；隔离火场周边易燃物；关闭防火门窗、挡火闸、舱口、孔道、通风筒；切断有关电路，关闭风机；关闭有关油路吸口阀门；检查供随后弃船用的必要设备和装置。

救护队的任务包括：携带担架和急救药箱，救护。

技术队的任务包括：操作固定灭火系统，按船长命令施放；操作应急消防泵；管理操纵固定式局部灭火系统；管理操纵主机、副机、应急发电机；管理国际通岸接头。

如果是客船发生火灾，参与现场灭火工作的船员也分为消防队、隔离队、救护队和技术队。消防队、隔离队和技术队任务与货船发生火灾时消防队和技术队的任务相同。

客船发生火灾时，救护队的应变部署包括：携带急救药箱救护；携带担架；守卫安全;向旅客示警,稳定旅客情绪,维持秩序,疏导旅客。

(三)针对不同部位火灾的措施

1. 甲板以上部位失火时:立即隔离易燃物,封闭货舱各开口;航行中船长还应操纵船舶,使火区处于下风方向,必要时停止前进,以延缓火势蔓延和方便灭火。

2. 货舱失火时:如果难以进入失火点,使用固定灭火系统是首选手段。应立即停止通风,撤离舱内人员,尽量隔绝空气流通;按现场指挥的命令,正确启闭各路阀门,施放 CO_2 灭火系统或蒸汽灭火系统,扑灭火灾。

3. 居住舱室失火时:可通过探火装置确定失火舱室,关闭防火门,使用合适的灭火剂或消防水扑灭火灾。

4. 机舱失火时:轮机长为现场指挥,应率领机舱船员确定施救方案,在大副和技术队的积极配合下,首先使用有效灭火剂或消防水灭火;若火情不易控制,应迅速撤离人员并封闭机舱,使用 CO_2 灭火系统或蒸汽灭火系统灭火(使用固定灭火系统会导致船舶暂时失去操纵能力)。

(四)其他注意事项

1. 船舶在港内失火时应立即通知当地消防部门,向灭火外援提供防火控制图,详细介绍火场情况,并予以积极配合,共同扑灭火灾;还应立即停止装卸作业,视情况做好拖带出港准备,或命机舱备妥主机待命。

2. 灭火中应始终限制并及时排除积水,不使其随意流淌和积存,以防止水湿货损,特别要避免船舶因积水减损稳性而翻沉。

3. 灭火工作完成后,应该检查余烬区,确认无复燃可能后,施救人员方可撤离现场。

4. 大副应将起火时间、部位、原因、灭火经过、采取措施、火势受控情况、扑灭时间、货物受损程度、船体及机器设备损伤情况,认真记入航海日志。

二、碰撞事故应急

碰撞事故(如图 1-3-2 所示)是指两艘及以上船舶之间发生撞击造成损害的事故。碰撞事故可能造成人员伤亡、船舶受损、船舶沉没等后果。船舶因其他船舶兴波冲击造成损害的事故称为浪损事故,也有人称之为“非接触性碰撞”。浪损事故的损害计算方法可参照碰撞事故的计算方法。船舶碰撞事故是发生率很高的海事,95%以上是人为因素造成的。船舶碰撞的应急程序与措施包括:

1. 船舶临近碰撞或发生碰撞,应迅速发出警报,通知船长和机舱,召集船员集合应急。

2. 船长应督促大副和轮机长查明破损部位的损坏情况,查看有无进水、人员伤亡、油污染情况及程度(若有)。木匠应立即测量各污水沟、压载舱和淡水舱液位,二管轮等应立即测量油舱液位,大副应派专人监督破损部位,并及时向船长报告监测

图 1-3-2　碰撞事故

结果,以便船长确定施救方案,判断是否需要外援救助。

3. 当一船撞入对方船体时,船长应视情况采取慢车顶推措施,尽力操纵船舶使破洞处处于下风侧,这样可以减少风浪对破洞处的冲击,减少破洞进水量,可以使被撞船有更多的时间采取有效的应急措施。

4. 若船体破损进水,应组织排水和堵漏,若进水严重应设法抢滩;若碰撞引发火灾或油污染,应按火灾应变部署、船上油污应急计划处理;若发生人员受伤,应立即抢救。

5. 轮机长应负责机舱内的损害控制,对主机、辅机、舵机等机舱设备的损害做出估计和抢修,并报告船长;还应按指示做好在舱柜之间转移燃油和压舱水等工作,提供电力和辅助机械等方面的各项服务。

6. 船舶碰撞双方,应交换船名、呼号、船籍港、船舶登记编号和出发港/目的港等情况。被撞船船长应向对方船长送交一份“碰撞责任通知书”,要求对方船长签字并盖船章;对方要求本船船长签署同类文件时,仅应明确批注“仅限收讫”类文字。

7. 值班驾驶员应做好详细记录,保存相关海图;船员应向船长如实汇报相关情况;船长负责指导驾驶员谨慎如实地填写航海日志。

8. 若被撞船处于危急状态,在不严重危及本船安全的情况下,应尽力提供援助,包括救助对方船员或协助被撞船舶抢滩等。

9. 若情况紧急,船长有权请求第三方救助。若碰撞损害严重,确属无力抢救时,船长应宣布弃船求生。

三、进水事故应急

船舶进水是指船舶由于搁浅、触礁、碰撞、船舶老旧、水密失效、大风浪袭击、造船缺陷、严重横倾、武器攻击、船舶配积载不当、恶劣天气影响、操作管理不善等原因导致船体进水，使船舶发生故障甚至存在沉没危险，威胁船舶和人员、环境安全的情况。

（一）船舶进水应急程序与措施

船舶一旦进水，即应按下列程序和措施应急。

1. 进水应急部署人员包括总指挥、现场指挥、排水队、堵漏队、隔离队、救护队及驾驶台值班人员、机舱值班人员等。

2. 发现船舶漏损进水，应立即发出堵漏警报（警铃或汽笛 2 长声 1 短声，连续放 1 min）召集船员，报告船长和通知机舱。

3. 全体船员听到警报信号后（除固定值班人员外），应按应变部署表/船舶进水应急计划的分工，携带规定堵漏器材，迅速赶赴现场，做好堵漏准备。

4. 现场指挥率领堵漏队和隔离队的队长，迅速查明进水原因、漏损部位、损坏情况和进水量及受损部位相邻舱室的水密情况、事故发生地周围环境情况（水文、气象、航道、通航等）及对通航环境的影响程度、船舶机器设备受损情况、排水能力及操纵能力受限的程度等，立即报告船长。船长对险情进行判断，确定施救方案，指挥各队人员应急。同时船长应向公司及港口主管机关（如果在港口及附近）报告，并保持联系。

查找漏损部位的方法包括：根据船舶横纵倾情况，估计破洞大概位置。测量舱柜液位，木匠测量淡水舱、压载舱、污水沟等的液位，二管轮等测量油舱液位，如果水位增加，则可以判定该舱进水。倾听各空气管内有无水声，如有流水声和水流漏出，则可判定该舱进水。观察船旁水面有无气泡和旋涡，如图 1-3-3 所示。在舱内听声和目测漏损部位，大副率人测定破洞的位置、大小及进水情况。

5. 船舶发生漏损后，船长应通知机舱备车，立即采取停车或减速措施，以减少水流和波浪对船体的冲击；若已知漏损部位，应用车舵配合将漏损部位置于下风侧，以减少进水量。

6. 一经发现进水部位，应立即通知机舱排水。同时由隔离队紧闭进水舱四周的水密门和隔舱阀等，使进水舱与其他舱室隔离，必要时应加固邻近舱壁阻止进水漫延。切断经过进水部位的电源。合理调整船舶浮态，尽可能使船体的受损部位露出水面，做好防止或减轻环境污染的相关工作。

7. 堵漏队直接担负堵漏和抢修任务，实施行之有效的堵漏措施。船长和大副应根据漏情发展，及时调整部署。

8. 轮机长组织排水队使用所有水泵（包括便携式水泵）全力排水，并根据情况注入、排出和移驳压载水，调整船舶浮态。

听空气管的声音

直接到可能漏损舱室查看

观察船旁水面有无气泡和旋涡

图 1-3-3 查找漏损部位的方法

9. 指派木匠定时量水,并派专人不断观察和记录前后吃水和干舷高度变化,估算进水量和排水量之差,判断险情的发展和大量进水对船舶稳性及浮力的影响。

10. 若进水严重和情况紧急,船长应当请求第三方援助,并尽可能择地抢滩,避免船舶全损。若船长确认堵漏无效,且无法就近抢滩,船舶面临沉没时,应立即发出求救信号,宣布弃船。

11. 船长应指示值班驾驶员做好详细记录,并向公司和有关当局报告。

(二)常用的堵漏方法

船舶进水原因主要有:船体破口,水密门或舱口损坏,机舱管系损坏、尾轴套损坏、海底门损坏等。

对于船舶进水,应迅速予以控制,不论能否完全堵住,都能不同程度地减缓进水速度,减轻危险程度和争取抢救时间。堵漏时,应在能控制船位的前提下考虑减速或停车,尽可能将破洞置于下风,以方便应急操作;堵漏后,应采用适当航速,经常检查封堵处,以防堵塞物脱落。常用的堵漏方法:

1. 船体裂缝:船体裂缝处不可直接打入木楔,以免扩大裂缝。应先在裂缝两端各钻一小孔,再将橡皮等软物覆于裂缝上,压以木板,用木柱等方式支撑和固定。

2. 船体下破洞:可于船内将相当大小的木塞用布料包裹,直接塞进破洞。如果一个堵漏塞不够用,可用数个堵漏塞。

3. 船体大破洞:如果船内可以操作,可用床垫等卧具填塞,再覆以木板,用木柱支撑固定。

如果破洞水压太大,应在船体外破洞处敷设堵漏毯减少进水量,再在船内用支架进行堵漏。

如果船内没有操作空间,在船外用堵漏毯能有效地减慢船舶进水和下沉速度,为机舱排水、加固相邻舱壁、抢滩、等待救援争取时间。堵漏毯使用方法见图 1-3-4。

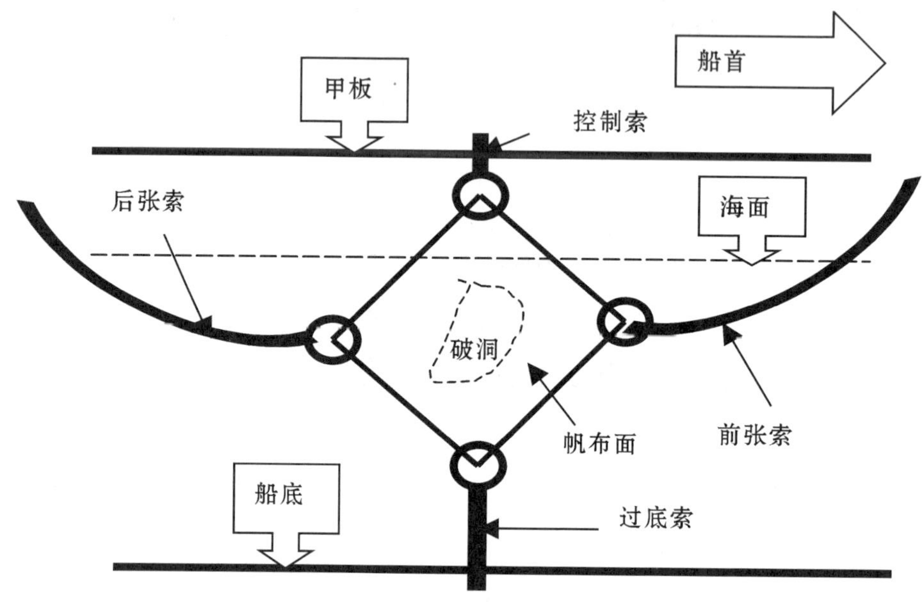

图 1-3-4　堵漏毯使用方法示意图

大船使用的堵漏毯用钢丝绳或铁链作边纲,中部可辅以小号钢丝绳作经纬,用至少两层帆布作面缝制而成,四角应设强力耳环供张索受力,四个角的张索均为钢丝绳。堵漏毯使用时,下端应坠以重物,使之能垂到船底。过底索应有足够长度绕过船底,与前张索、后张索、控制索配合,使堵漏毯覆盖于破洞,然后用绞车等收紧和固定各张索。在堵漏毯被破口钢板或船体突出物挂住时,应妥善处理,避免硬拉而撕破堵漏毯。

四、搁浅/触礁/触损事故应急

搁浅事故是指船舶搁置在浅滩上,造成停航或者损害的事故。触礁事故是指船舶触碰礁石,或者搁置在礁石上,造成损害的事故。触礁事故的等级参考搁浅事故等级的计算方法确定。

触损事故是指船舶触碰岸壁、码头、航标、桥墩、浮动设施、钻井平台等水上水下建筑物或者沉船、沉物、木桩、渔栅等碍航物并造成损害的事故。触损事故可能造成船舶本身和岸壁、码头、航标、桥墩、钻井平台、浮动设施等水上水下建筑物的损失。

船舶搁浅/触礁事故与碰撞事故同为发生率最高的海事,通常由船舶操纵不当、

定位失误、走锚、不可抗力等原因导致，但这些事故90%以上是人为因素造成的。船舶一旦发生搁浅/触礁事故，即应：

1. 航行中发现船舶即将搁浅/触礁时，值班驾驶员立即停车和尽可能抛双锚，船舶搁浅/触礁后，立即发警报召集船员，报告船长和通知机舱。

2. 在船长指挥下，现场指挥大副率水手长等了解搁浅/触礁部位情况，木匠测量淡水舱、压载舱、污水沟等的液位，二管轮等测量油舱液位，三副率水手测量和记录船舶四周（尤其是船尾）水深，二副在驾驶台协助船长测定船位和估算潮水等，所有探测结果必须及时报告船长供判断决策。水手应及时按《1972年国际海上避碰规则》显示号灯号型，夜间垂直2盏红灯和锚灯，白天垂直3个黑球，如图1-3-5、图1-3-6所示。

夜晚（$L \geqslant 50$ m）

夜晚（12 m$\leqslant L<50$ m）

图1-3-5 搁浅后显示号灯号型示意图：夜间垂直2盏红灯和锚灯

图1-3-6 搁浅后显示号灯号型示意图：白天垂直3个黑球（L不限）

3. 发现船舶进水时，应立即按堵漏应变部署/进水应急计划，组织排水、水密隔离和堵漏，同时判断可否立即动车脱浅。

4. 轮机长指挥机舱人员检查主机、舵机和辅助机械有无损害并告知船长。根据需要换用高位海水吸入阀，以防将搅起的淤泥和沙子吸入机械设备。根据船长指示备妥主、副机。

5. 船长应根据各方反馈信息，并结合外界的风流和潮汐情况，进行综合分析和估算自力脱浅所需拉力，采取适当行动，使船舶重新起浮或保持安全状况。脱浅方法主要有：

（1）自然脱浅：船舶不在高潮时搁浅，在原地候潮至水深足够时自行脱浅。脱浅行动一般选择高潮稍前时段进行，利用主机、舵、锚等配合脱浅。

（2）移载脱浅：一般是船舶一端或一舷搁浅，而另一端或另一舷有足够水深的情况。这时应积极采取调整前后左右吃水、减少压载水或淡水、转移燃油或压载水、转移部分货物或物料等起浮措施。

(3)卸载脱浅:当船舶或人员安全受到严重威胁,可以采取将船上货物卸载到另一船上或抛货措施控制局面,但抛货应尽可能请示公司和报告当局,并及时宣布共同海损。

(4)拖带脱浅:大型船舶在非低潮时搁浅/触礁,通常难以自行脱浅。若运用本船主机和锚具自力脱浅不成功,船长应立即申请外力脱浅和救援。

6. 候援期间,船方应尽力固定船位,包括调整载荷和使用锚具等。应警惕潮水和风流对船舶强度和稳性的不良影响,防止船舶破损和断裂、打横、被风浪推上高滩、严重横倾乃至倾覆。必要时,应请示船长放下高舷救生艇,以防过度横倾而无法放艇。

7. 二副或值班驾驶员应详细记录船舶搁浅/触礁情况。

8. 搁浅/触礁后发生油污,应按船上油污应急计划处理。

五、战争应急

1. 船长发现船舶面临战争危险,应立即报告公司,尽可能选择合适的航线避开战区。

2. 如果船舶必须驶入战争海域,应事先做好充分的物质准备、人员准备、医疗准备和其他安全准备,并对应急系统进行全面检查,确保其正常运转。船员和旅客都应遵守船上关于系固物品、保证水密关闭、节约食品和淡水、管制灯火和能量、战区值勤等临时规定。

3. 船舶抵达战区前,船长应指定专人收听当地战况广播,及时抄收战区航行警告和气象预报,密切注意布雷区等禁航区,了解巡逻线和战争当局对商船的航行规定。船长应设计能快速驶离战区的安全航线并报告公司。

4. 战区航行,应选用能尽快驶过战区的航向和航速。值班驾驶员和水手应加强海空瞭望,谨慎驾驶,认真守听 VHF,做到及早发现、及早通知、及早行动,尤其对海面漂雷应及早宽裕地让清。尽量避免与战区各方发生冲突,以减少不必要的损失。

5. 船舶抵离战争区,必须向公司发送抵离战区的预报和确报,每天按时向公司报告船位。

6. 若遇军舰采取不友好或敌对行动,应及时采取变向变速等措施,以减少炮火命中率,并尽可能用无线电报、电话取得联系。遭到军方袭击,不论是否受损,应立即向公司或驻外使馆报告有关情况。

7. 船舶在战区因战争导致消防、堵漏、人落水、弃船、油污应变等应急事项时,按船舶的应变部署表/应急计划进行。在不严重危及施救人员和本船安全的情况下,船长和船员应当积极应急。

8. 详细记录航海日志、轮机日志、电台日志;写妥海事报告和事实经过报告;备

妥人员伤亡报告和死亡证明书,并处理好死者遗体和遗物;船舶抵达第一港口后,申请船舶检验和货物检验,取得检验报告交公司处理。

第二章 紧急情况的预防与控制

第一节 船上防止危险的相关措施

一、船上组织系统与人员职责

为了有效地控制船舶安全，尤其是预防海上事故的发生，明确和强化船员个体和群体的责任就显得十分重要。科学而合理的船员组织系统及其相关的岗位职责是确保船舶安全营运和经济效益的基础。一般，货船船员组织系统（见图 2-1-1）分为甲板部、轮机部、事务部，每个部门内部有明显的岗位分工以避免交叉和无序的工作状况，并能充分发挥操作者在安全高效的营运和保护环境诸方面的作用。

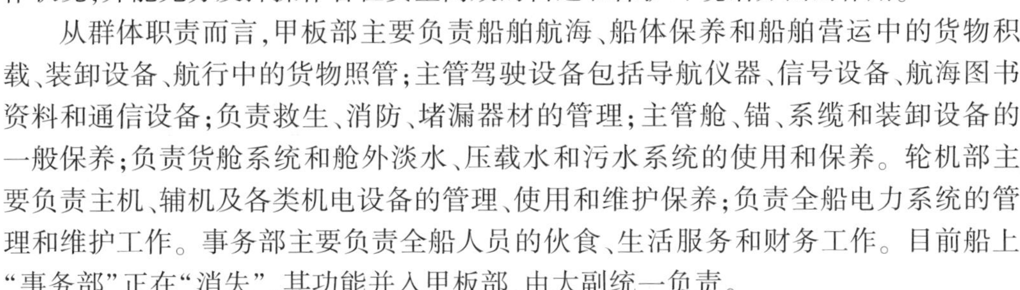

从群体职责而言，甲板部主要负责船舶航海、船体保养和船舶营运中的货物积载、装卸设备、航行中的货物照管；主管驾驶设备包括导航仪器、信号设备、航海图书资料和通信设备；负责救生、消防、堵漏器材的管理；主管舱、锚、系缆和装卸设备的一般保养；负责货舱系统和舱外淡水、压载水和污水系统的使用和保养。轮机部主要负责主机、辅机及各类机电设备的管理、使用和维护保养；负责全船电力系统的管理和维护工作。事务部主要负责全船人员的伙食、生活服务和财务工作。目前船上“事务部”正在“消失”，其功能并入甲板部，由大副统一负责。

在公司管理、船况、船员配备状况既定的条件下，船上的安全管理就取决于全体船员，特别是船长和高级船员对国际、国内和公司有关规定的切实执行，以及对下级船员执行的指导和监督。有效地组织和激励船员，酌情处理有关事务，是船上安全管理成功的关键所在。一般地，船上每个人员都有明确职责和工作任务。

船员职责的具体分工如下：

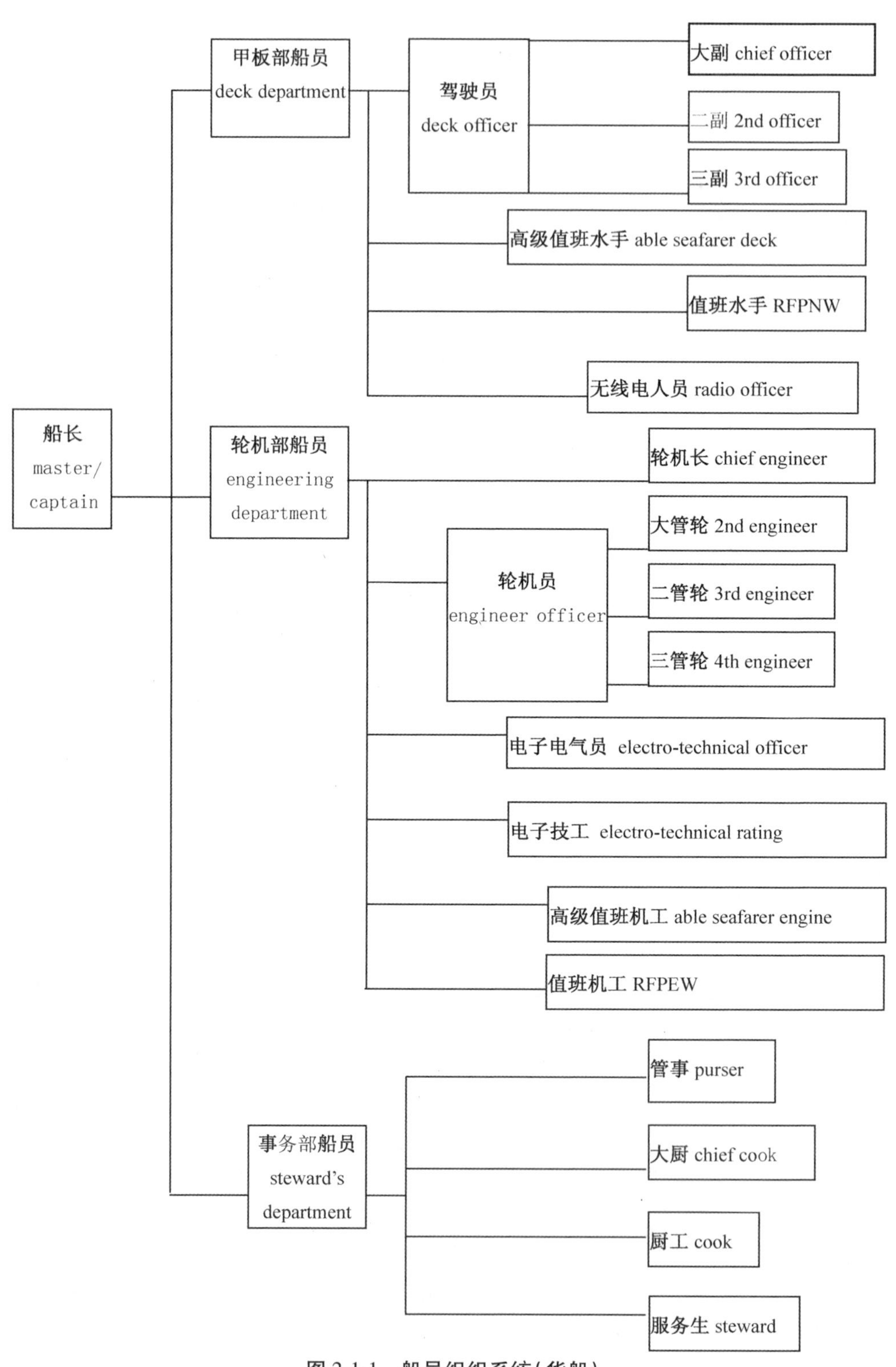

图 2-1-1 船员组织系统(货船)

(一)管理级

1. 船长(captain/master)

船长是船舶领导人,负责船舶安全运输生产和行政管理工作,对公司经理负责。《海商法》规定船长的五项职能:

(1)管理和指挥船舶职能(function of command and management of ship);

(2)警察职能(function of police);

(3)公证职能(function of notarization);

(4)应变职能(function of meeting an emergency);

(5)代理职能(function of agent) 。

船长的主要工作包括领导全体船员贯彻国家的方针政策、法令法规和公司下达的各项指示和规定;优质全面地完成运输生产和其他任务,最大限度地保障船舶和人命财产的安全以及提高船舶的营运效率;检查各项规章制度的执行情况以保持船舶正常航运;严守国际公约和地区性规定和承担应尽的国际义务;遇有应急情况时,果断而稳妥地处理好各项事务。

2. 大副(chief officer)

大副主持甲板部日常工作,并协助船长做好安全生产和船舶航行工作,参加航行值班;值班一天 2 次,一次 4 小时,分别为 0400—0800 和 1600—2000。大副主管货物装卸、运输和甲板部的养护工作;负责制订并组织实施甲板部各项工作计划;负责编制货物积载计划、维修保养计划;主持安全月活动和相关安全工作。

3. 轮机长(chief engineer)

轮机长是全船机械、电力、电气设备的技术总负责人。轮机长全面负责轮机部的生产和行政管理工作;检查轮机部各项规章制度的执行以使各种设备保持良好的技术状态。

4. 大管轮(2nd engineer)

大管轮是轮机长的主要助手,在轮机长的领导下进行工作。大管轮的主要工作包括:参加航行值班,值班时间与大副相同;主要负责管理主机、轴系及为主机直接服务的机电设备,并负责管理舵机、冷藏机,贯彻执行操作规程;领导轮机部人员进行机电设备管理、操作、保养和检修工作,保证轮机部的各项规章制度正确执行,保证按时完成轮机部的月度和航次作业计划。

(二)操作级

1. 二副(2nd officer)

二副履行航行和停泊所规定的值班职责;航行值班时间为 0000—0400 和 1200—1600。二副主管驾驶设备包括航海仪器和操舵仪等的正确使用和日常维护;负责航海图书资料、通告及日常管理和更正工作,以及各种改正的记录。

2. 三副(3rd officer)

三副履行航海和停泊所规定的值班职责;航行值班时间为0800—1200和2000—2400。三副主管救生、消防设备的日常管理和维护工作。

3. 二管轮(3rd engineer)

二管轮履行值班职责,值班时间与二副相同。二管轮主管副机及其附属系统、应急发电系统与燃油柜、驳运泵、分油机、空压机、油水分离设备和污油柜的使用和维护工作。

4. 三管轮(4th engineer)

三管轮履行值班职责,值班时间与三副相同。三管轮主管辅锅炉及其附属系统、各种水泵、甲板机械、应急设备和各种管系的使用和维护工作。

5. 管事(purser)

管事具体负责全船的生活服务工作;办理进出港有关手续,负责有关客运工作。目前这些工作实际由驾驶员代替或分摊。

6. 无线电人员(radio officer)

无线电人员负责船舶无线电通信和无线电导航仪器设备的技术管理工作。目前这些工作实际由驾驶员承担。通常二副负责管理和操作船上无线电通信设备。

7. 电子电气员(electro-technical officer)

电子电气员主要负责保证船舶电子、电气设备以及自动控制系统的正常运转。其职能包括对船舶电子、电气设备以及自动控制系统的监控;操纵发电机及供电系统;操纵船上计算机及其网络系统;维护和维修驾驶台航行、通信设备,机舱主机和辅机等自动和控制系统,以及甲板机械设备的电子设备等。

(三)支持级

1. 值班水手(RFPNW)

按照STCW公约的规定,值班水手只有航行一个职能,包括按照舵令操舵、用视觉和听觉保持正规的瞭望、值班、操作应急设备和应用应急程序等。

2. 高级值班水手(able seafarer deck)

高级值班水手具有航行(航行值班,靠泊、锚泊和其他系泊操作)、货物装载和积载、船舶作业管理和人员管理(甲板设备和机械操作、职业健康和安全预防措施、防污染、操作救生艇筏和救助艇)、维护和修理四项职能。

3. 值班机工(RFPEW)

值班机工只有轮机工程一个职能,包括日常值班、操作应急设备和应用应急程序等。

4. 高级值班机工(able seafarer engine)

高级值班机工具有轮机工程(值班、加燃油和驳油作业、舱底水和压载水作业、设备和机械操作),电气、电子和控制工程,维护和修理,船舶操作控制和船上人员管理(物料管理、防污染、职业健康和安全程序)四项职能。

5. 电子技工(electro-technical rating)

电子技工协助电子电气员做好船舶有关的电子、电气设备以及自动控制系统的检查、日常维护和维修工作。

6. 厨工(cook)

厨工执行船员伙食工作。

7. 服务生(steward)

服务生负责生活场所卫生、生活用品保养以及接待工作。

另外,政委(political commissar)也是船舶领导之一,受上级党委和行政双重领导,负责船舶党务工作、思想政治工作、精神文明工作、保卫工作;协助船长做好行政管理工作、安全生产工作和其他相关工作。该职位在国际公约中没有要求。

水手长(bosun)由水手中专业技能较强、具有一定领导能力的水手担任。他在大副的领导下,具体负责木匠(carpenter)和水手工作;带领水手负责锚、缆、装卸设备的养护维修工作,油漆、帆缆、高空、舷外、起重、操舵及其他船艺工作。少数船上还设置木匠这一职位,木匠执行木工及有关航次维修和保养工作;负责起锚机的操作和保养工作;负责淡水舱、压载水舱及植物油舱的测量及维护工作。目前大多船舶木匠的工作由水手长或值班水手负责。有的船上根据具体需要设置多名厨师,分别为大厨(chief cook)、二厨(the second cook)等职位。

二、船舶安全文化

安全文化是安全理念、安全意识以及在其指导下的各项行为的总称,主要包括安全观念、行为安全、系统安全、工艺安全等。在安全生产的实践中,人们发现,对于预防事故的发生,仅有安全技术手段和安全管理手段是不够的。当前的科技手段还达不到物的本质安全化,设施设备的危险不能根本避免,因此需要用安全文化手段予以补充。

船舶安全文化是船员在船舶运输生产活动中创造的关于安全生产、安全生活的精神、意念、行为与物态的总和,是安全价值观与安全行为准则相互融合的体现。船舶安全文化是船员在船舶工作生活中积累和建立起来的一种日常行为规范和自觉遵循的活动准则,伴随着船员劳动的出现和发展而产生并发展。随着时代的发展和进步,船舶安全文化建设作为一种价值观和"以人为本"的全新理念,在船公司和船员的日常工作及生活中发挥着越来越明显的作用。

ISM 明确要求各航运公司和船舶必须进行安全文化的建设,并将它作为船舶安全管理系统的重要组成部分。船舶安全文化所要解决的问题,就是形成最大限度地保证工作效率和安全系数在临界点以内稳定状态的共识,也就是在尽量避免人身和非人身事故发生的过程中,形成共同的价值取向和行为准则。

对于船舶来讲,船舶安全文化的建设应该围绕船舶安全管理目标,引导全体船员的认同并接受任何避免人身和非人身事故的政策、制度、机制、措施和方式方法,发挥船员在船舶安全生产中的主导地位和能动性,确保船舶各项安全措施的落实,引导约束船员自觉遵守执行。

三、熟悉培训

根据STCW公约要求,公司应向所有适用公约的船舶的船长提供书面指示,规定应该遵循的有关政策和程序,以确保为新雇用到船上工作的每个海员提供一个合理的机会,使他们在履行职责之前熟悉船上的设备、操作程序以及为正确履行职责而需熟悉的其他安排。

这些政策和程序应该包括:给出一段合理的时间使每个新雇用的海员在此期间均有机会了解即将使用或操作的具体设备;船上具体的值班、安全、环境保护和应急程序以及海员需要知晓的正确履行指定职责的有关安排。指定一名熟悉业务的海员,让其负责向每个新雇用的海员提供以一种他懂得的语言获得基本信息的机会。

公司要确保滚装客船船长、高级船员以及其他承担特定职责及责任的人员已经完成熟悉培训,获得适于所担任职务和所承担职责和责任的能力。

新分配到船上工作的海员应充分利用所提供的一切机会来熟悉船上的设备、操作程序和正确履行职责所需的其他安排。第一次登船的每一名海员有责任熟悉船上的工作环境,特别是对有关新的或不熟悉的设备、程序和安排的情况。没有按时达到正确履行职责所必需的熟悉水平的海员,有责任将这种情况向他的监督人或公约所指定的船员报告。

四、船上用于防止危险的相关设备器材

1. 个人防护设备器材:主要包括安全帽、护目镜、手套、工作鞋、防尘口罩和防毒面具、防护服、自给式呼吸器、安全带等。这些个人防护设备在本书第三章第三节详细介绍。

2. 救生设备:主要包括救生衣、救生圈、救生筏、抛绳器、紧急无线电示位标和搜救应答器、救生服和抗暴露服等。这些救生设备在个人求生技能课程中会专门讲述。

3. 灭火设备:主要包括消防员装备、紧急逃生呼吸装置、自给式呼吸器、防毒面具、消防皮龙、消防水枪、消火栓、消防总管、便携式灭火器、火灾探测系统、固定灭火系统等。这些灭火设备在防火与灭火课程中会专门讲述。

4. 医疗设备器材:主要包括担架、医疗箱和药品、医疗器材。这些医疗设备器材在基本急救和精通急救课程中会专门讲述。

5. 溢油处理设备器材：主要包括吸油毡、围油栏、溢油分散剂、木屑、扫帚、撮子、水桶、抹布、沙袋、木塞、水泥等。吸油毡、围油栏、溢油分散剂、木屑等溢油处理设备器材将在本书第四章第四节介绍。

第二节 工作风险分析(JHA)原理

“安全第一，预防为主”是安全管理的最基本的方针。就船舶营运而言，安全始终是一项十分重要的工作。安全工作必须定期进行研究，经常督促检查，反复抓好落实。船舶领导在布置运输生产工作的同时应布置安全工作，当安全与船期或其他操作事项发生矛盾时，应将安全摆在首位，并结合运输生产的实际，重点做好各类事故的预防工作。在不断总结经验的基础上，吸取以往事故的教训，针对船舶可能存在的工作隐患，通过工作风险分析，采取及时、积极、有效的预防措施。

工作风险分析是在安全管理中使用最普遍的一种作业安全分析与控制的管理工具，是为了识别和控制操作危害的预防性工作流程。工作风险分析是一种比较细致的分析作业过程中存在危害的方法，主要用来对设备设施安全隐患、作业场所安全隐患、员工不安全行为隐患等进行有效识别。工作风险分析是将一项作业活动分解为若干个相关联的步骤，识别出每个步骤中存在的风险，然后通过风险评价，判定风险等级并制定风险控制措施，是一种定性分析的方法。

一、作业步骤划分

作业步骤应按实际作业步骤划分，简单概括地描述清楚即可，只需说明做什么，而不必描述如何做。作业步骤的划分应建立在对工作观察的基础上，运用自己对这一项工作的知识进行分析。如果作业流程长、作业步骤多，可以按流程将作业活动分为几大块，每一块为一个大步骤，可以再将大步骤分为几个小步骤。

二、风险识别与评价

对于每一步骤都要问可能发生什么事，给自己提出问题。对危害导致的事件发生后可能出现的结果及其严重性也应识别。然后识别现有安全控制措施，进行风险评估。如果这些控制措施不足以控制这项风险，应该提出建议的控制措施。统观对这项作业所做的识别，规定标准的安全工作步骤，最终据此制定标准的安全操作程序。事故苗头和潜在危害的识别是正确评价和采取有效措施的基础。识别的灵敏性及评价的准确性直接与船员个体的安全意识、知识水平和责任性有关。识别各步骤潜在危害时,可以按下述问题清单提问。

1. 身体某一部位是否可能卡在物体之间?
2. 工具、机器或装备是否存在危害因素?
3. 作业人员是否可能接触有害物质?
4. 作业人员是否可能滑倒、绊倒或摔落?
5. 作业人员是否可能因推、举、拉、用力过度而扭伤?
6. 作业人员是否可能暴露于极热或极冷的环境中?
7. 是否存在过度的噪声或震动?
8. 是否存在物体坠落的危险因素?
9. 是否存在照明问题?
10. 天气状况是否可能对安全造成影响?
11. 存在产生有害辐射的可能吗?
12. 是否可能接触灼热物质、有毒物质或腐蚀物质?
13. 空气中是否存在粉尘、烟、雾、蒸气?

以上仅为举例,在实际工作中问题可能更多。还可以从能量和物质的角度做出提示。其中从能量的角度可以考虑机械能、电能、化学能、热能和辐射能等。机械能可造成物体打击、机械伤害、起重伤害、高处坠落、锅炉爆炸、压力容器爆炸等。电能可造成触电。化学能可导致中毒、火灾、爆炸、腐蚀。热能可造成灼烫、火灾。从物质的角度可以考虑压缩或液化气体、腐蚀性物质、可燃性物质、氧化性物质、毒性物质、放射性物质、病原体载体、粉尘和爆炸性物质等。

工作危害分析的主要目的是防止从事此项作业的人员、其他船员、船舶及海洋环境受到影响或受到损害。分析时不能仅分析作业人员工作不规范的危害,还要分析作业环境存在的潜在危害,因此,必须对环境因素有一个充分的认识和估计,例如较高的通航密度、恶劣天气和海况、自然水文条件的非常规变化以及区域政治变化等。

三、风险控制措施的制定

工作危害分析之后,评价可能导致的事故及风险级别,经过评审,应进一步确定正确的作业步骤,制定此项作业的标准操作规程。对事故苗头和潜在危害的正确判断和评价是有效控制事故的重要途径。只有对事故苗头和潜在隐患做出正确而及时的判断和评价,才能采取积极有效的控制措施。对识别的危害制定控制与预防措施,一般从能量隔离、行政管理、个人防护设备、临时措施四个方面考虑。控制措施应根据危险、危害因素来制定,语言描述要有针对性,内容要符合工作实际,用词一定要准确。

第三节 安全管理规则

1993 年,国际海事组织第十八届大会通过了《国际船舶安全营运和防止污染管理规则》[International Management Code for the Safe Operation of Ships and for Pollution Prevention,简称《国际安全管理规则》(ISM 规则)]的第 A. 741(18)号决议。ISM 规则的产生,是国际航运界在航运安全管理方面多年反思的结果。人们认识到,过于侧重船舶结构和船舶设备等工程技术的提高,并不能完全解决安全问题。无论是对事故个案的分析,还是事故统计,均表明事故与人有极大的关系。80%以上的海上事故与人为因素有关,且其中大多数又与公司和船员对船舶管理和操作不当有关。为解决此问题,IMO 致力于寻找有效控制公司和船员的人为因素的途径。在借鉴国际标准化组织的 ISO9000 标准的基础上,组织起草并推出了 ISM 规则。

1994 年 5 月,国际海事组织《国际海上人命安全公约》(SOLAS 公约)缔约国大会又通过了 SOLAS 第Ⅸ章“船舶安全营运管理”,使该规则成为强制性规则。这是 SOLAS 公约的一次重大修改,将原先的纯技术公约变成了“技术+安全管理”公约。

按照 SOLAS 公约第Ⅸ章规定,包括载客高速船在内的客船,500 总吨及以上的油船、化学品液货船、气体运输船、散货船、高速货船、其他货船和海上移动式钻井平台,均应满足 ISM 规则的要求;上述船舶及管理公司应分别取得“安全管理证书”和“符合证明”。否则,这些船舶将不可从事国际海上货物运输。

SOLAS 公约的缔约国负有履行该公约的义务。我国交通运输部授权中国船级社为实施 ISM 规则的船舶发证机构。交通运输部海事局负责对发证工作实施监督。船公司符合证明由交通运输部发放。

ISM 规则由“前言”、“A 部分 实施”和“B 部分 发证和审核”三部分组成。正文部分共 16 条,其中 A 部分包括:总则,安全和环境保护方针,公司的责任和权力,指定人员,船长的责任和权力,资源和人员,船上操作方案的制定,应急准备,不符合规定的情况、事故和险情的报告和分析,船舶和设备的维护,文件,公司审核、复查和评价。B 部分包括:发证和期间审核、临时发证、审核和证书格式。

一、安全管理的目标

ISM 规则提供了船舶安全管理、安全营运和防止污染的国际标准。ISM 规则的根本目标是保证海上安全,防止人员伤亡,避免对环境,特别是海洋环境造成危害以及对财产造成损失。ISM 规则为保证这一目标的实现,对公司的安全管理目标提出了明确的要求:

1. 提供船舶营运的安全做法和工作环境;

2. 针对已认定的所有风险,制定防范措施;

3. 不断提高岸上及船上人员的安全管理技能,包括安全及环境保护方面的应急准备。

二、安全管理内容

为了有效地实现上述三项具体的安全管理目标,必须确定相应的安全管理内容:

1. 预防——营造安全营运的环境

(1)提供船舶安全操作和营运的内外部环境;

(2)合格的资源配备,其中包括健康、适任和安全意识强的船员、岸上管理人员;

(3)高效、合理的管理机构和安全管理体系。

2. 预控——有效的防范措施

(1)日常安全管理和操作的规范程序;

(2)安全管理体系正常运作的保证,包括日常监控手段、管理体制的更新和规章制度的修订。

3. 预案——完善的应急措施

(1)定期的隐患和不符合规定情况的检查和评估;

(2)详细而有效的应急方案。

综上所述,安全管理内容的涉及面广,它不仅与航务管理、设备管理、调度指挥和人事管理等有直接关系,而且涉及业务支撑系统。但是,最关键的是人为因素。因此,人的思想教育和行为管理是企业安全管理的核心。

三、实施 ISM 规则的关键是建立安全管理机制

实施 ISM 规则的实质是建立船公司的安全管理体系(Safety Management System, SMS),而这个体系的建立是形成安全管理新机制的基本保证(见图 2-3-1)。安全运行机制、激励机制、自我调整机制和监督反馈机制的有机组合形成一个安全管理的闭环系统,这个安全管理的闭环系统由三个子系统作为基本的支撑:组织机构体系、规章制度体系和监督保障体系。

四、安全管理体系的功能

ISM 规则要求每个公司均应建立、实施并保证包括以下功能要求的安全管理体系:

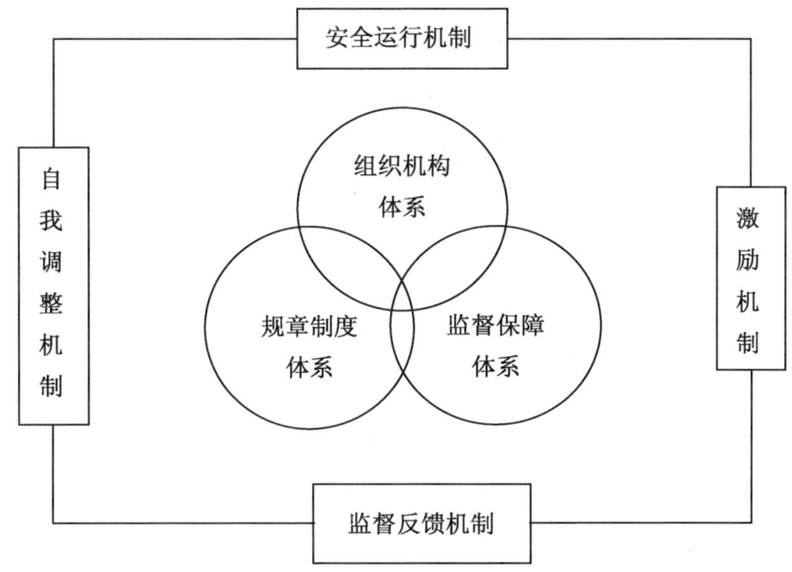

图 2-3-1 安全管理体系

1. 安全和环境保护方针；

2. 确保船舶的安全营运和环境保护符合有关的国际和船旗国立法的指令和程序；

3. 船、岸人员的权限和相互间的联系渠道；

4. 事故和不符合本规则规定情况的报告程序；

5. 对紧急情况的准备和反应程序；

6. 内部评审和管理性复查程序。

事实上，如果一个船公司建立起来的安全管理体系不仅具备上述六项基本功能，而且能够正常运行，安全管理的新机制也就形成了。归纳而言，安全管理新机制是由三个体系为基础的四个运作机制所组成的。

五、文件化的安全管理体系

ISM 规则吸收了许多领域先进的管理经验，特别是吸收了 ISO9000 族标准质量管理和质量保证的思想，提供了一个世界通用的、科学的管理标准。它的核心是要求船公司和船舶建立起文件化的安全管理体系，并按这个体系的要求有效地运行。

安全管理体系是指能够使公司人员有效实施公司安全和环境保护方针的结构化和文件化的管理体系。安全管理体系是一个闭环的、动态的、自我调整和完善的管理系统；涉及船舶安全和防止污染的一切活动；把船舶安全和防止污染管理中的策划、组织、实施和检查、监控等活动要求集中、归纳、分解和转化为相应的文件化的目标、程序、方案和须知；体系本身使所有的体系文件受控。

一般地，安全管理体系文件分为三个层次（见图 2-3-2）：安全管理手册、安全管理程序文件和安全工作规范与记录。

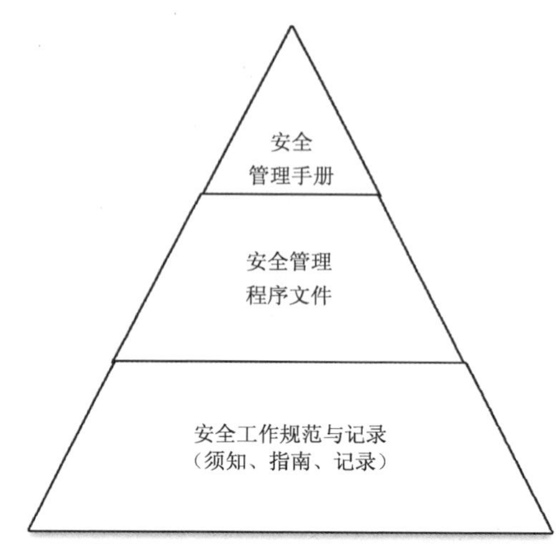

图 2-3-2　安全管理体系文件的三个层次

安全管理手册是公司建立和实施安全管理体系的内部法规性文件，是公司整个安全管理体系的纲要，它通过正式公布公司的安全和环境保护方针、目标、职责、措施等一系列规定明确了各项安全管理活动。

安全管理程序文件是在安全管理手册的基础上，把公司的各项安全管理活动进行分解，通过工作流程及其具体操作要求的规定落实到各部门各工作岗位，以使安全工作职责分明、任务落实、工作有效。

安全工作规范与记录是安全管理体系的最基本的支持文件，它是各项规章制度、操作手册和安全记录的汇集。

总而言之，执行安全管理体系的各项规定不仅是每个船员的基本职责，也是船舶营运中安全文化的重要体现。即不仅保证船舶运输生产的安全，也是对人能够安全、舒适、高效地从事一切活动的基本保障。

六、中华人民共和国船舶安全营运和防止污染管理规则

为了加强国内航行船舶的安全和防止污染管理工作，2001 年 7 月 12 日，交通部发布了《中华人民共和国船舶安全营运和防止污染管理规则》（NSM 规则）。为了保障水上交通安全，保护水域环境，应用 ISM 规则的原理，结合我国实际情况，制定该规则。该规则是为了提供船舶安全营运和防止污染的管理标准。考虑到航运公司及其船舶状况各有不同，该规则依据安全和防污染要求的一般原则和总体目标制定。该规则用概括性术语写成，船岸不同层次的管理人员应当对所列条款具有适应其岗位需要的理解和认识。高级领导层的承诺是做好安全管理工作的基础，各级人员的责任心、能力、态度和主观能动性则对船舶的安全和防污染起决定性作用。该规则实际是 ISM 规则的国内化。由于该规则的基本原则与 ISM 规则相同，因此本节

不详细介绍。

第四节 船旗国与港口国监督检查

为保障水上人命财产安全,防止船舶造成污染,海事管理机构对船舶安全和防污染技术状况、船员配备及适任状况、船上工作和生活条件等进行监督管理,包括船旗国监督检查和港口国监督检查。船旗国监督与港口国监督是相互对应的一对概念,船旗国监督是船旗国海事主管机关对悬挂本国国旗的船舶实施的监督检查,而港口国监督是港口国海事主管机关对外国籍船舶实施的监督检查。

一、船旗国监督检查

1. 船旗国

船旗国政府是公约所定义的主管机关(Administration),是IMO实现海上安全目标的关键环节。我国法律授权中华人民共和国海事局为我国沿海水域交通安全和防止船舶污染损害的主管机关。我国船舶检验局主管中国籍海船的法定检验,具体的检验事务则授权中国船级社(China Classification Society,CCS)进行。

2. 船旗国监督检查

为保障水上人命财产的安全,防止污染水域,除了针对船舶技术状况的船舶检验和发证以外,船旗国还应该依据有关国际公约和国内法规对悬挂本国国旗的船舶进行安全检查(Flag State Inspection,FSI),以加强对船舶技术设备状况和人员配备及适任状况的监督。

(1)检查的内容

对船舶安全检查的内容较广泛,主要针对船舶的营运管理状况和人员操作水平等,一般包括:船舶证书及有关文件、资料;船员及其配备;救生设备;消防设备;事故预防;一般安全设施;报警设施;货物积载及其装卸设备;载重线要求;系泊设施;推进和辅助机械;航行设备;无线电设备、防污染设备;液货装载设施;船员对其岗位职责相关的设施、设备的实际操作能力。

(2)检查程序

对船舶的安全检查,一般于船舶在港口停泊或作业期间进行。船舶检查人员进行船舶安全检查时,由船长如实报告船舶的安全状况,并指派有关人员陪同检查。

陪同检查的船员按检查人员的要求调试和操纵有关设备，回答有关问题。

检查人员对船舶进行安全检查后，按规定的格式填写船舶安全检查记录并签发安全检查通知书，注明所查项目、发现的缺陷及处理意见，签名并加盖船舶安全检查专用章。安全检查通知书通常一式三份，一份留船，一份由主管机关存查，一份寄交船舶所有人或经营人。

船舶必须按照船舶安全检查通知书的要求，对存在的缺陷予以纠正和改善，并申请复查。检查人员要求船舶在指定港口纠正缺陷的，船舶在离开指定港口前应当纠正。如果船舶存在的缺陷危及船舶、船员及旅客和水上交通安全或者可能造成水域严重污染的，按照规定的程序报经批准后，执行检查的主管机关会禁止船舶离港。被禁止离港的船舶在纠正缺陷后，经执行检查的主管机关复查合格，并按规定报批，船舶获得解除禁止离港的处理通知或文书方可离港。

(3)我国的安全检查规则

船旗国安全检查的主要依据是有关国际公约和国内法规，并按规定的程序进行。我国根据《中华人民共和国海上交通安全法》《中华人民共和国海洋环境保护法》《中华人民共和国内河交通安全管理条例》和我国缔结加入的有关国际公约，制定了《中华人民共和国船舶安全检查规则》。

二、港口国监督检查

1. 产生的背景

国际海事组织在过去的几十年中制定了一系列的国际标准以规范船舶的建造和运营，尤其是在海上安全和海洋环境保护方面做出了十分严格的强制性规定。各船旗国作为IMO公约的缔约国在履行各项国际法规时，由于国情、现实条件和主观努力上的差异，使得国际公约的履行很不一致。因此，有必要建立船旗国之间的国际监督与控制机制，使国际公约得到有效的履行。许多IMO公约赋予缔约国政府一定的权力，让它们可以检查停靠其港口的外国船舶，以确认这些船舶的技术状况及管理水平是否完全符合和达到公约的要求。

港口国监督是指港口当局根据有关国际公约规定的标准，对进入其港口的外国籍船舶实施的一种监督与控制，以确保船舶及其设备符合国际公约要求，船员配备和操作符合适用的国际规范。通过港口国监督，纠正与消除受检船舶存在的不符合标准的缺陷，以确保船舶航行、人身和财产的安全以及保护海洋环境，促进经济贸易的发展和航运经营水平的提高。就IMO和船旗国政府对海上安全和海洋环境保护方面发挥的作用而言，港口国监督是实施国际海事标准的重要的外部力量，是继船旗国政府监督之后，形成的保障海上安全和防止海洋污染的第二道防线。

2. 港口国监督组织

目前，世界上主要海运国家都实施港口国监督，以处理非标准船。最早建立区

域性港口国监督体系的是欧洲,即“巴黎备忘录”(Paris MOU)。1978 年 3 月 2 日,15 个欧洲参加国签署该备忘录,另外还有 5 个“合作国”。其他几个地区性港口国监督组织包括:拉丁美洲协议(Latin America Agreement,1992 年 11 月 5 日签字,有拉丁美洲 10 个国家参加)、亚太地区港口国监督谅解备忘录(ASIA-Pacific MOU,又称东京备忘录 Tokyo MOU,1993 年 12 月 2 日签署,有亚洲、太平洋地区共 17 个国家和地区参加)、加勒比海备忘录(Caribbean MOU,1996 年签署)、地中海备忘录(Mediterranean MOU,1997 年签署)、印度洋备忘录(Indian Ocean MOU,1998 年签署)、西部和中部非洲备忘录(Abuja MOU,1999 年签署)、黑海备忘录(Black Sea MOU,2000 年签署)、利雅得备忘录(Riyadh MOU,2004 年签署),美国则独立实施 PSC。

3. 港口国监督检查程序及内容

港口国监督具有详尽而严格的法律依据、实施的工作程序和工作的基本原则。在世界许多港口,根据有关当局规定,无论其检查官是在执行与港口国监督有关的公务中,还是通过其他渠道得知船舶存在缺陷,都应采取可行的合理措施以使船舶具有令人满意的适航性。检查官检查的重点在于确保船舶实际符合国际海上安全和防止污染公约的要求,并保持了与船员的福利、健康和安全相关的可行标准。

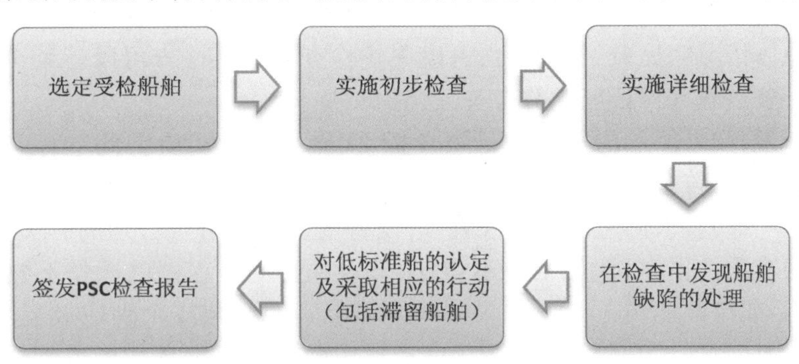

图 2-4-1 港口国监督检查基本程序

一般地,在遵循适用公约的监督程序中,如果 PSC 检查官收到关于某船的情报,会对船舶进行初步检查。在进行初步检查时,PSC 检查官会检查相关公约要求的相关证书和其他文件的有效性以及船舶的整体状况。在到达该船登船前,PSC 检查官会观察船舶在水中的外观并观察其油漆涂层、锈蚀或凹陷或尚未修理的损害,获得对该船维护标准的印象。PSC 检查官会尽可能首先确定该船的建造年代和尺度,以便决定应该适用哪些公约条款。PSC 检查官登船并向船长或船上负责的高级船员说明来意后,查验船舶的有关证书和文件。如果证书均有效,根据印象和船上的目测观察确认该船维护标准良好,PSC 检查官通常会将检查局限于报告的或观察到的缺陷(如果有的话)。

如果船舶没有携带有效的船舶证书,或者 PSC 检查官根据总的印象和在船上的观察,有明显依据认为船舶或设备的状况与证书的细节有重大不符,在实质上不符

合要求,或者船长或船员不熟悉基本的船上主要操作程序,PSC 检查官会对船舶进行详细检查。明显依据包括:

(1)缺少公约要求的主要设备或布置;

(2)证书明显无效的证据;

(3)航海日志、手册或其他要求的文件不在船上或不完整或未能保持或保持有误;

(4)PSC 检查官根据总的印象和观察认为船舶存在船体或结构上的严重变形或缺陷,会危及船舶的结构、水密或水密完整性;

(5)PSC 检查官根据总的印象或观察认为船上安全、防止污染和航行设备存在严重缺陷的证据;

(6)船长或船员不熟悉涉及船舶安全和防止污染的基本船上操作,或未执行这些操作的情报或证据;

(7)主要船员之间不能进行交流,或不能与船上其他人员进行交流的证据;

(8)误发射遇险报警信号后未接着执行正确的取消程序;

(9)收到的关于某船舶低于标准的报告或抱怨。

在特殊情况下,PSC 检查官通过详细检查,并综合考虑船员的情况,发现船舶及其设备的总体情况明显低于标准时,可以中止检查。中止检查可以持续至有关责任方已采取必要措施并保证船舶符合有关公约的要求。

一般来说,如果船舶的船壳、机器、设备,或操作安全实质上低于有关公约要求的标准,或船舶不符合安全配员文件的要求,那么该船舶将被认为是低于标准船舶,特别是:缺少公约要求的主要设备或装置;设备或装置不符合公约的有关要求;船舶或其设备的实质性损坏,例如维护不良;船员对主要操作程序的操作不熟练或不熟悉;配员不足或持证船员不足。如果这些明显因素的全部或个别造成船舶不适航,允许该船出海会对船舶、船上人员的生命造成威胁或对海上环境构成不合理损害威胁,该船被认为是低于标准船舶。

当船舶被滞留、检查中止时,港口国当局应立即向有关各方发出通知。通知应包括滞留情况,并说明检查已经中止,并将持续到港口国当局被通知说明船舶已经符合了所有有关规定。

除了上述检查形式外,随着港口国监督的发展和深入,检查逐渐从广度向深度发展。除传统的常规检查外,现在还引入了集中大检查的方式,即在一段时间内,对某一设备或某项操作进行专门的详细检查。

4. 区域性港口国监督组织一般可能优先检查的船舶

(1)客船、滚装船、散货船;

(2)可能产生特别危险的船舶;

(3)首次到达或经 12 个月之后再次抵达本备忘录成员方港口的船舶;

(4)具有明显缺陷的船舶;

(5)半年内还没有一个主管机关检查过的船舶；

(6)在以往3个月内因船舶缺陷发生过延误或滞留，而出现在“事故通报表”中的船舶；

(7)滞留率高于3年平均值的船旗国的船舶。

5. 港口国检查船舶时依据的主要国际公约、规则

(1)《1966年国际载重线公约》及其修正案和议定书；

(2)《1974年国际海上人命安全公约》及其修正案和议定书；

(3)《1973年国际防止船舶造成污染公约》及其修正案和议定书；

(4)《1978年海员培训、发证和值班标准国际公约》及其修正案；

(5)《1969年国际船舶吨位丈量公约》；

(6)《1972年国际海上避碰规则公约》；

(7)《国际控制船舶有害防污底系统公约》；

(8)《国际油污损害民事责任公约》及其议定书；

(9)《国际燃油污染损害民事责任公约》；

(10)《国际船舶压载水和沉积物控制与管理公约》；

(11)《2007年内罗毕国际船舶残骸清除公约》。

《2006年海事劳工公约》生效后，港口国监督检查对海事劳工方面检查予以关注，有关此类检查的指导意见增添了《遵循〈2006年海事劳工公约〉PSC官员执行检查指南》。

6. 船舶滞留的不良影响

港口国监督对船舶安全检查的统计结果，一定程度上反映了船籍国主管当局船舶安全监督管理的水平和船队自身安全管理的水平。如果统计结果表明某个船旗国或船级社或船东的船舶，滞留率连续或大幅度超出平均值，那么这些船舶将被列入检查的黑名单，从而导致港口国主管当局对该船旗国或船级社或船东所属船舶进行更频繁、更详细的检查。这无疑会直接或间接影响船队的经济利益，而且也必将对船旗国主管当局、船级社、船队的声誉造成不良影响和严重后果。船舶滞留将直接影响船员等相关人员的切身利益。

7. 降低船舶PSC检查滞留率

如何顺利地通过PSC的检查，是船舶、船东乃至船旗国所共同关心的问题。为了避免被滞留，船长及全体船员平时应不断加强对国际公约与规则、国内相关法规及公司安全管理体系等有关文件的学习，加深对上述公约、规则、法规及文件的理解，不断提高专业技术水平和岗位工作适任能力，端正态度，明确目的，从思想上高度重视PSC检查工作。

每次到港前，船长应尽可能了解所抵达港口的情况、代理情况、所在PSC备忘录组织的要求和近期重点检查项目、本船在设备和管理中所需要注意的事项、同类型

船舶在 PSC 检查中所发现的缺陷等内容,结合本船实际提出相应的工作计划,促使船舶在接受 PSC 检查前做好相应的准备工作。

PSC 检查官在检查完毕提出正式缺陷时,船长应予逐一确认,尽量做好解释和澄清工作,争取在第一时间取得检查官的理解。当检查官提出可能导致滞留的缺陷项目时,船长应一方面说服检查官缓签滞留令,一方面立即向公司指定人员和船舶管理部门汇报,与代理、附近的船级社机构取得联系以获得协助,避免被滞留,同时船舶或船公司也应及时与船旗国取得联系,当船舶遇到不公平待遇或受到歧视时,往往船旗国政府能提供有力的保护和必要的援助。

滞留对船舶的影响是非常大的,可能影响船期、船舶风险属性以及声誉等,船舶在未来可能面对更为频繁的 PSC 检查。因此,无论是航运公司还是船员,都应做好设备的维护保养、应急演练和操作等,尽可能避免滞留的发生。但是,由于 PSC 检查官的背景、学历、经验各不相同,对公约内容的理解可能存在差异,有时对相同缺陷的处理结果会不同,这可能导致不当滞留。如果对滞留有异议,船方、航运公司有权按程序和要求向港口国当局或备忘录秘书处等提出滞留申诉。

第五节　船员日常安全教育、船上培训及演习

船员日常安全教育及相关培训(以下简称安全教育),首先有利于巩固提高和不断更新船员的安全意识、知识和技能,使船员对安全始终保持较高的灵敏度;其次有利于培养船员良好的安全习惯,形成全船的安全人文环境,以便适应频繁的船员调动,适应科技高速发展,满足复杂多变的高风险职业需要,满足当局日趋严格的安全和防污染管理要求,从而实现保持身体健康和保护人身安全、保护船舶和货物安全、避免海洋环境污染损害的目标。

一、船员安全教育的功能和目的

安全教育是提高人员安全素质和控制人为因素的有效途径之一。所谓安全教育,是指用教育手段使人员认识安全的本质含义、重要性,获得必要的安全知识和技能,以提高安全意识、安全技术水平和安全管理水平的过程。

安全教育的功能是:提高公司管理者和船员搞好安全生产的责任感和自觉性;

提高安全意识、知识和技能水平,掌握安全生产的客观规律,学会预测、预防和消除事故;为保护船员人身安全、保证船舶安全、提高劳动生产率创造良好的条件。

安全教育的目的是:提高船员和岸上人员的安全素质,使之积极响应公司的安全管理,最大限度地防止和减少人身伤亡、财产损失和污染水域环境。

安全教育对每个员工的具体要求是:具有高度的责任感和事业心、良好的安全素质和严谨的工作作风,始终奉行安全方针,遵守安全规章,在工作中时刻保持警觉,有足够的知识和技能及时准确地判断和处理不符合项、险情和事故。

二、船员安全教育的主要方面

人普遍具有保护生命的本能,谋求身体、精神乃至社会环境安全的愿望,与家人和亲友相聚的归属欲;渴望得到人们的承认与尊重;希望不断提高和完善自己。安全教育从人的需要出发,将尊重人的生命、提高人的能力和素质放在首位。国际航运界的“以人为本”倾向正日趋明朗;SOLAS 公约做了大量的船舶技术规定,是为了海上人命安全;欧洲的港口国监督要检查船员的生活条件;对“人为因素”的控制已成为保障海上人命财产和海洋环境的关键,并通过修正 SOLAS 公约和 STCW 公约、实施 ISM 规则和 PSC 等方法予以保证。安全教育的主要内容包括法制教育、思想政治教育、劳动纪律教育、安全方针和规章教育、安全知识教育、安全技能训练、安全正反典型教育等。

船员安全教育须因材施教。对高级船员、水手长和机匠长等的内容包括:安全的意义和重要性;心理学、群众路线、行为科学等基础知识;现场监督者的作用与责任;操作方法的改善及工艺流程;操作人员的合理配置;操作指导及教育方法;操作中的监督与纠正,包括了解操作情况、不安全行为的纠正和使用人员的方法;操作设备及场所的保养和管理;出现异常和海事时的处理办法;安全教育监督人员应进行的安全工作和应组织的活动,随时保持对海事的警觉并研究防止海事的对策和措施等。对船员应突出人身安全和健康的教育。对新人应突出安全意识的树立。国际上常借鉴仁木茂雄的新人安全教育计划(见表 2-5-1),并要熟悉有关的安全规章。

表 2-5-1 对新人实施的安全教育计划

项目	内容
安全为何必要?	1. 工作岗位与学校的不同 2. 不要认为自己可以特殊 3. 海事是可以预防的 4. 安全会带来幸福 5. 岗位需要知识和技能,不需要眼泪
伤亡有多少? 伤亡损失有多大?	1. 伤亡的发生统计 2. 海事统计 3. 1 : 29 : 300 的规律 4. 伤亡事故难以预报

续表

项目	内容
受伤之后	1. 一般须知事项 2. 联系、医疗、急救、处置后应遵从医生的要求去做
伤亡实例	1. 新人常受其害的伤亡实例
安全作业须知	1. 安全教育一次不漏 2. 一般性问题 3. 着装 4. 灵活使用安全装置和护具 5. 要特别注意脚、手和眼睛 6. 注意做好精神和物质准备 7. 如果发现危险,应当现场纠正 8. 正规安排个人船上生活 9. 说不做的事坚决不做 10. 说做的事必定去做,且必定做好
安全知识	1. 安全第一、安全色、安全活动等

鉴于一次安全教育内容多、难消化,常在现场工作时辅以四阶段安全教育法(见表2-5-2)和四阶段安全作业法(见表2-5-3)。如果条件允许,还应考虑下述教育内容:安全的意义与重要性;岗位安全规则、安全须知和相关安全法规;机械、原材料的危险性和有害性以及处理方法;各安全装置的性能及使用方法;护具性能及用法;作业顺序及步骤;作业开始时的清点与检查要求;整理工具与物品,整顿并保持现场清洁;发生海事时的应急措施与如何避免发生伤害;应知的其他安全内容。

表2-5-2　四阶段安全教育法

阶段		要领和注意事项
第一阶段	进行学习准备	1. 放松紧张情绪 2. 讲清做何作业 3. 明确应掌握的程度和要求 4. 保持其掌握作业的自信心 5. 使之正确就位
第二阶段	作业说明	1. 讲解、示范和写出主要步骤 2. 强调须掌握的关键 3. 清晰、准确、耐心地示范 4. 不超过实际理解能力
第三阶段	令其操作	1. 试操作之后纠正错误 2. 令其边作业边加以说明 3. 直到完全搞懂为止

续表

阶段		要领和注意事项
第四阶段	教学后的查验	1. 令其承担工作 2. 不明白即确定其为提问对象 3. 再三抽查 4. 让他们认真提出问题 5. 逐渐减少指导
教练员的总结		教育对象有未掌握的内容是否由于自己未教过,为何会出现这种情况

表 2-5-3　四阶段安全作业法

安全作业阶段		查核要点
第一阶段	作业之前	1. 身体情况是否良好 2. 着装是否符合要求 3. 准备活动是否充分
第二阶段	作业准备	1. 工作内容是否充分领会和理解 2. 工作步骤是否正确及准备是否已就绪 3. 作业现场是否很好地清理和整顿过 4. 机械、器具及工具、材料是否清点检查 5. 有关规则及注意事项是否充分了解 6. 安全装置是否安全正常
第三阶段	作业之中	1. 作业方法是否符合规定要求 2. 是否充分掌握周围的情况 3. 已有护具是否正确使用 4. 工具的使用方法是否正确 5. 作业位置和知识是否正确 6. 共同作业中联系如何,步调是否一致
第四阶段	作业之后	1. 用完的工具、器具经检查保养后是否存放于规定位置 2. 现场是否良好地进行清理和整顿 3. 有无麻痹大意、疏忽松懈的现象 4. 机械器具出现异常、工具不良或损坏是否已向上级立即报告

三、日常安全教育的手段

日常安全教育的手段灵活多样,按活动形式划分,有安全活动日,班前、班后会,安全会议,广播,电视,录像,事故现场会,展览会等;按组织形式划分,有集体教育、个人教育等;按对象划分,有新人上岗教育,在职船员教育,新技术教育(采用新技术、新型船舶、新型设备操作),工作变动教育(换岗、调岗),航前、航中、航后的现场教育等。安全教育的方法主要有授课、集体讨论、会议、事例研究、角色演练法、实作训练、个别谈话或帮带等。

日常安全教育要行之有效,应有领导的重视、科学合理的计划、良好的师资,并激发起受教育者的兴趣和热情。领导的重视能保证有效地组织人员和必要的资源。计划关系安全教育的成效,应当结合实际情况确定适当的目标。对于船员,理想的师资主要是在船员中寻找,各种职务的船员都是候选人,只要其具备足够的相应知识、丰富的经验、较好的表达能力和诲人不倦的热情即可。船上人员必须全部接受安全教育,并应当全部合格。任何遗漏者和不合格者都是安全隐患,应予有效监控,迅速补课并坚决撤换不合格者。安全教育内容因人而异,要有实用价值。安全教育不可能和一劳永逸,应有计划地持之以恒。

日常安全教育计划应具有如下内容:安全教育目标、因人制宜的教育内容和方法、安全教育的适当时机和时间、适当的师资和教材、安全教育的准备、安全教育的实施以及安全教育效果评估。执行 ISM 规则的公司,一般将计划列入 SMS 的安全教育程序。

四、现场四阶段安全教育法和四阶段安全作业法

除了课堂讲课外,现场安全教育也是一种有效的安全技能训练方法。表 2-5-2 所示的四阶段安全教育法,特别适合于新船员安全和职业技能教育。

表 2-5-3 所示的四阶段安全作业法,既是通用性的安全作业程序,又是一种将安全教育和安全作业紧密结合于一体的安全教育和作业方式。该方法适用于参加作业的全体新老船员。认真遵循该方法,能有效地培养船员的安全操作意识、知识和技能,有效地减少人为因素造成的操作事故。

五、船上演习的价值和必要性

《国际海上人命安全公约》《国际防止船舶造成污染公约》《海员培训、发证和值班标准国际公约》《国际安全管理规则》《国际船舶和港口设施保安规则》等国际公约和规则对消防演习、弃船演习、防污染应急演习、船舶保安演习及进入封闭处所演习等做出了要求。

1. 每名船员每月应至少参加一次弃船演习和一次消防演习。

2. 如果有 25%以上的船员没有参加本船上月的弃船演习和消防演习,应在该船离港后 24 小时内举行这两项演习。

3. 客船每周应举行一次弃船演习和消防演习。

4. 客船水密门、舷窗、泄水孔的阀及关闭装置、出灰管与垃圾管的操作演习,应每周举行一次。对航期超过一周的船舶,在离港前应举行一次全面演习,此后在航行中至少每周举行一次。

5. 船舶保安演习应至少每三个月进行一次。此外,如果一次有 25%的船员发生变化,而这些人员在最近的三个月中没有参加过该船的演习,则必须在发生变更的

一个星期内进行这些演习。

6. 具有封闭处所进入或救助职责的船员应参加船上每两个月内至少举行一次的封闭处所进入和救助的演习。

7. 应至少每三个月进行一次应急操舵演习,以练习应急操舵程序。

另外,虽然公约中并没有明确确定防污染应急演习的具体时间及周期,但一般应在船员换班后一个月内进行一次。正常的演习周期一般不超过三个月,可以结合消防和弃船演习一起进行。

一般来说,人的工作能力在紧急情况下通常会降低,这种不利情形只有通过反复、真实的演习才能得到弥补。船上演习是确保船舶安全营运的重要环节,也是提高船舶应对突发情况的重要举措。船舶必须制订切合船舶实际的各种应急演练程序和计划,定期开展应急演习。一方面通过对船上人员的实际训练和指导,使全体船员熟悉预案,熟悉应急基本程序,提高技能,提高船员在困难局面中的应急处理能力,同时提高船长及船舶主要人员的组织和指挥能力;另一方面,通过演习验证预案的可行性,不断改进预案,使预案更符合实际应急应变的需要。这样才能达到演习目的,确保在紧急情况下执行正确的程序,减轻紧急情况的影响,保证应急行动正确、有效,进而满足公约和规则等方面的要求。

第三章 遵守安全作业方法

第一节 遵守安全作业方法的目的及重要性

一、安全科学概论

安全是人类生存和发展的首要条件。安全,即远离危险,没有伤害、损失、威胁,没有事故发生。研究安全就是研究如何预知和分析危险,如何控制和消除危险。危险是普遍存在的一种物变趋势,在人为因素、自然因素的激发下演化成事故和灾难。安全技术随着新技术的发展而发展。从原始社会到封建社会,安全控制处于感性阶段,以事故学习和事后控制为特征;工业革命后,工程技术的发展导致了风险规模的扩大和种类的增多,必须系统地考虑安全设计和安全管理,安全从以事后控制与事前预控相结合、技术与社会相协调为特征,上升到了理性的技术阶段,以安全系统工程为代表;现代科技高速发展,任何恶性事故都会造成巨大的人命财产损失和难以估量的环境损害,因此不允许也不可能通过大量事故来获得安全经验,而需要有完整的安全理论、方法和程序来严格预防事故的发生。据此,安全控制必须上升到科学阶段。

一切事故,都是"人、机、环境"相互作用下发生的出乎人们意料的和不希望发生的破坏性事件。要避免和减少事故的发生,人们就必须能控制"人-机-环境"系统,能预知和限制事故的发生。因此,安全科学的基本要素结构是由人、机、环境和控制四大要素构成的四面体结构,如图 3-1-1 所示。

科学的事故控制观将安全工作分为预测、预防、监测、应急四个阶段,每个阶段都要考虑安全科学的四大要素——人、机、环境、控制,进行系统化的安全控制。根

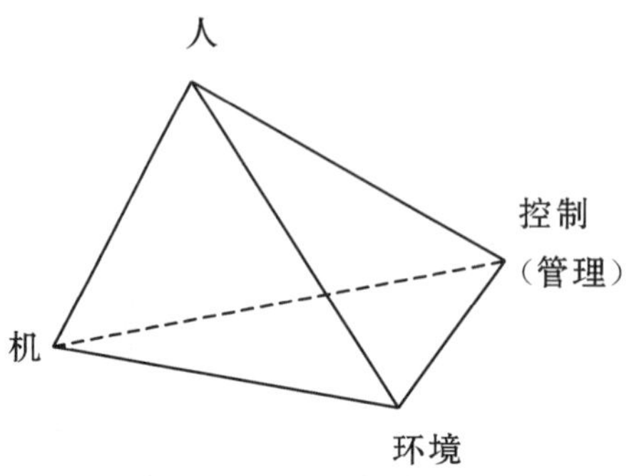

图 3-1-1 安全科学的基本要素

据安全科学基本要素结构，该系统中的船员属于“人”要素，船舶、货物属于“机（物）”要素，航道和港口属于“环境”要素，船公司属于“控制（管理）”要素，由此构成船舶营运系统的安全四面体结构。如图 3-1-2 所示，其平面映射即船舶营运系统安全要素关系图。每一要素都与其他要素有着广泛、密切的联系。

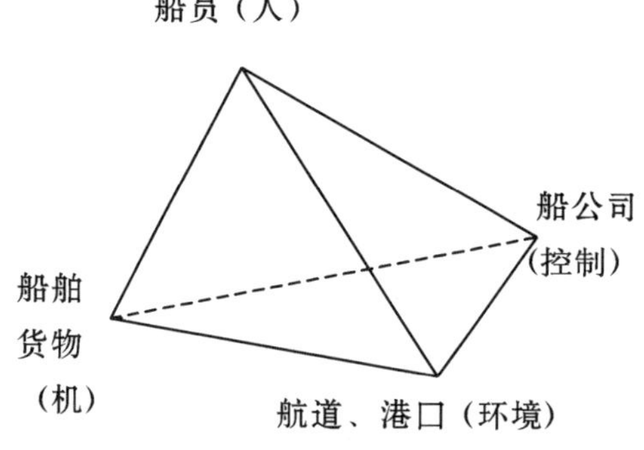

图 3-1-2 船舶营运系统的安全四面体

二、安全作业方法

安全作业方法，是在系统考虑作业的各种因素的基础上，能使“人、机（物）、环境、控制（管理）”四大安全要素和谐相处的安全做法的总称，通常称之为安全操作程序、须知、规程、注意事项、规章、制度、办法、要求、规定、操作指南、经验方法、习惯做法等。安全作业方法主要包括人员分工职责、对操作对象的认识和安全器材的要求、操作的先后顺序、关键动作的要求和所要达到的目的等。遵守安全作业方法，目的是顺应事物的客观规律，安全地完成作业任务。船上安全规章制度是成文的安全作业方法，系统的安全规章体系是船舶安全营运的重要保证。而不成文的安全作业方法，是指船员在长期的海上实践中总结出的行之有效的通常方法，也是安全作业方法的组成部分。

三、遵守安全作业方法对船员个人和社会的意义

遵守安全作业方法,船员始终是得益者。作业(操作)者因避免可能发生的事故,确保了自身免遭伤害;避免了船舶事故,从而保护了船上其他人员的安全;避免了可能引发的污染海洋事故,从而保护了自身和公司及其他职员的利益。从宏观角度看,船员遵守安全作业方法,保护了公司利益,保护了人类赖以生存和发展的海洋环境。可见,遵守安全作业方法,责任和意义都非常重大。而对于船员,做到遵守安全作业方法并不难,只要具备社会责任感和一定的安全作业知识与技能,严格遵守操作规程,就能安全优质地完成作业。

四、关键性操作

大多数人员伤亡、船货损失、海洋环境污染事故,是缺乏或不遵守安全管理和操作规章,违背船员通常做法所致,即不遵守安全作业方法所致。对涉及船舶安全和防止污染的关键性的船上操作,公司应当建立制定有关方案和须知的程序。与之有关的各项工作,应当明确规定并分配给适任人员。"关键性的船上操作"是指对船舶安全和防污染具有威胁的重要操作,可分为临界操作和特殊操作。

临界操作是指其错误会立刻导致危及人员、环境或船舶的事故或情况的操作。例如:在充满油气的场所明火作业,会引发爆炸事故,导致人员伤亡和船舶损坏。船舶临界操作通常包括:在限制水域和交通密集区域航行;在接近陆地水域或交通密集水域造成突然失去操纵能力的操作;视线不良条件下的航行;气象恶劣条件下的航行(见图 3-1-3);危险货物和有毒有害物质的装卸和积载;海上加油和驳油;气体运输船、化学品船和油船的货物操作;关键性机器操作等。在制定方案和须知时应强调严格执行和密切监督,进行临界操作应现场有人监督,严格按作业规程操作,保存经双方签署的记录或检查表。

特殊操作是指其错误仅在已造成危险情况或事故已发生时才会明显看出的操作。由于其具有过失显露的滞后性,在制定方案和须知时应强调预防和操作后的检查,要突出防患于未然。例如架设引航员软梯时,甲板端绳结未打好,或用来系绳结的船体构件严重锈蚀,直至有引航员登离船(见图 3-1-4)时发生危险,才发现是该操作的错误。船舶特殊操作通常包括:保证水密完整性;航行安全,包括改正海图和有关出版物;影响设备(如舵机)及其有关的备用机器可靠性的操作;维护操作;加油操作及港内驳油操作;保持稳性和防止超载与应力集中;集装箱、货物及其他物品的系固;船舶保安,暴力和海盗行为等。特殊操作的须知和程序应包括防患于未然的预防措施和检查。

图 3-1-3　气象恶劣条件下的航行

图 3-1-4　引航员登离船

五、违章作业行为与事故损害程度的比例关系

在对事故的调查中发现，许多事故责任人对违章行为的辩解是惊人的相似："以前我(们)一直这样做，(看到别人也是这样做)从没出过事故。"事实是，他们把有惊

无险和小事故不看成事故。他们不了解不同程度事故的发生概率。为此,美国的海因里希对同一人发生的 330 起同种违章作业行为的统计发现,致人严重伤害、轻微伤害和有惊无险的事故件数比为 1 : 29 : 300,这一统计结论被广泛地称为海因里希法则。该法则是对人为不安全行为和不安全状态无害的经验者的有力警告。该法则还说明事故与损害之间存在着偶然性,同类事故并非产生相同的损失。每次重大安全事故发生之前都会有较多次轻微事故,以及大量的安全隐患。为防止重大损害,唯一的途径是防止事故的发生,发现隐患,把事故消灭在萌芽之中。为了实现该目标,首先必须清除滋生事故的温床——人的不安全行为,这是防止事故和人员伤亡的最直接和最高效的手段。

国际损失控制协会(International Loss Control Institute)给出了 1 : 10 : 30 : 600 的事故损害统计结论,如图 3-1-5 所示。该统计综合考虑了违章行为造成的人身伤害和财产损失因素。该统计同样表明,每起事故会造成何种程度的人身伤害和财产损失是较难预料的,它服从于统计概率。例如在系离泊时,缆绳受力破断抽打到人员,重则当场死亡,轻则虚惊一场,事前难以预料后果。要避免严重损害,必须消除任何形式的事故苗头。

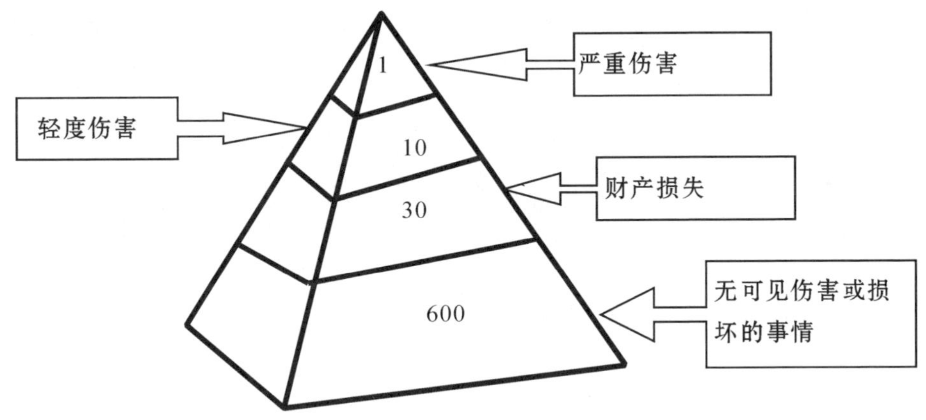

图 3-1-5 国际损失控制协会事故损害统计

第二节 熟悉船舶及船上危险

一、各种船型及有关通用航海术语

船舶有不同的分类方式，因分类方式的不同，同一条船舶可有不同的称呼。按用途的不同，船舶可分为客船、客货船、普通货船、集装箱船、滚装船、散货船、兼用船、特种货船（运木船、冷藏船、汽车运输船等）、油船、液化气体船、液体化学品船等。

1. 客船

客船（见图 3-2-1）是载运旅客以及行李和邮件的运输船。

图 3-2-1　客船

2. 客货船

客货船除了载运旅客之外，还装载有部分货物（水线以下的船舱尽可能用来装货）。客货船在要求上与客船相同。

3. 普通货船

普通货船俗称杂货船（见图 3-2-2），是专门运输包装成捆、成包、成箱的杂货的船。杂货，也称为统货，是指机器设备、建材、日用百货等各种物品。

4. 集装箱船

集装箱船（见图 3-2-3）是专门运输集装箱货物的船，可分为三种类型：

全集装箱船，是一种专门装运集装箱的船，不装运其他形式的货物；半集装箱船，船的中部区域作为集装箱的专用货舱，而船的两端货舱装载其他杂货；可变换的集装箱船，是一种多用途船，这种船的货舱，根据需要可随时改变设施，既可装运集装箱，也可以装运其他普通杂货，以提高船舶的利用率。

图 3-2-2　普通货船

图 3-2-3　集装箱船

5. 滚装船

滚装船(见图 3-2-4)的货物装卸不是从甲板上的货舱口垂直吊进吊出,而是通过船舶首、尾或两舷的开口以及搭到码头上的跳板,用拖车或叉式装卸车把集装箱或货物连同带轮子的底盘,从码头移至船舱或从船舱移至码头。滚装船的主要优点是:不需要起货设备,货物在港口不需要转载就可以直接拖运至收货地点,缩短货物周转的时间,减少货损。

6. 散货船

散装运输谷物、煤、矿砂、盐、水泥等大宗干散货物的船舶,都可以称为干散货船,或简称散货船(见图 3-2-5)。因为干散货船的货种单一,不需要包装成捆、成包、

图 3-2-4　滚装船

成箱来装载运输，不怕挤压，便于装卸，所以都是单甲板船。总载重量在 5 万吨以上的，一般不装起货设备。谷物、煤和矿砂等的积载因数（每吨货物所占的体积）相差很大，所要求的货舱容积的大小、船体的结构、布置和设备等许多方面都有所不同，因此，一般习惯上仅把装载与粮食、煤等货物积载因数相近的货物的船舶称为散货船，而把装载积载因数较小的矿砂等货物的船舶称为矿砂船。用于运输粮食、煤、矿砂等大宗散货的船通常分为好望角型、巴拿马型、轻便型及小型散货船几个级别。

图 3-2-5　散货船

7. 油船

从广义上讲，油船是指散装运输各种油类的船，其除了运输石油外，还装运石油的成品油、各种动植物油、液态的天然气和石油气等。但是，通常所称的油船（见图 3-2-6），是指运输原油的船，而装运成品油的船称为成品油船，装运液态的天然气和石油气的船称为液化气体船。油船的载重量越大，运输成本越低。由于石油货源充足、装卸速度快，所以油船可以建造得很大，最大的油船已达到 56 万吨。

图 3-2-6 油船

8. 液化气体船

液化气体船(见图 3-2-7)是专门散装运输液态的石油气和天然气的船,也有人称之为特种油船。按其运输时液化气的温度和压力,分为三种类型:

(1)压力式液化气体船

这种液化气体船,适用于近海短途运输少量的液化气体。它采用在常温下,将气体加压至液化压力,把液化气贮藏在高压容器中的方式进行运输。这种运输方式,船体结构及操作技术都比较简单,但容器重量大、船舶的容量利用率低。

(2)低温压力式液化气体船

这种船把液化气体的温度控制在常温 45 ℃以下,但高于液化气体的沸点,在这样的温度范围内,把气体加压至液态进行运输。采用这种方式运输,对于液化气体的温度和压力都需要进行控制,舱内要隔热绝缘,并且设置冷冻装置。

(3)低温式液化气体船

这种船在常压下将气体冷却至液态的温度以下进行运输。船上设有温度和压力控制装置。它适用于大量运输液化气体,目前这种类型的液化气体船较多。

9. 兼用船

兼用船是既可以装载原油,也可以装载散货或矿砂的两用船或三用船。散货船、矿砂船和油船等专用船舶,虽然载重量都比较大,但是由于所运输的货物种类单一,回航不能装运其他种类货物,只好压载空放。兼用船在往返航程中,可以装载不同种类的货物。兼用船主要有下列两种类型:

(1)矿/油两用船

该船型用于运输矿砂和原油,这种船的中间货舱比较窄,占整个船舶货舱舱容的 40%~50%。运输矿砂时,货物装在中间货舱内,而运输原油时,货物装在两侧边舱和中间舱内。

图 3-2-7 液化气体船

(2)矿/散/油三用船

该船型用于运输矿砂、较轻的散货和原油。

二、船舶工作环境

船舶工作,工作环境特殊、恶劣。

1. 海上自然环境的特殊性

海上水文和气象条件复杂,常遇浓雾、狂风巨浪、暗流浅礁;航行区域通航密度多变,狭窄水道航行,这些都影响航行安全。

2. 船舶生活和工作环境特殊性

(1)舱室密闭且通风差,活动空间狭小且固定;

(2)有噪声、振动、颠簸、高温、空气污染、湿度大;

(3)生活单调和封闭,获得信息少而迟缓,远离家庭和社会,个体与群体分离;

(4)新鲜食品蔬菜供应受限,膳食结构不合理会引起免疫机能下降;

(5)工作时间死板、机械,紧张度高,值班时间多而且时间安排特殊,劳动强度和体力消耗大,现代化船舶配员的减少使船员产生高度的精神与体力负荷累积。

3. 人员的流动性和多样性

船员来自五湖四海、世界各地,风俗习惯不同、每个人性格特点不一,人员流动性较大。

4. 船舶的流动性

船舶航行在不同的海域,停靠不同的港口码头。陌生的航线和环境会给船员带来不确定感和压力,远航时差会导致船员生物节律紊乱。

所有这些因素以及航海中潜在的随时都可发生的不可预测的各种特殊情况及事故,给船员带来了较多的生理和心理上的问题,都严重影响船舶安全和船员的身心健康。因此,上述的这些特点,决定了船员不仅要有强健的体魄、娴熟的专业技能,还要具备良好的心理素质、较强的环境适应能力和应对突发事件的应变能力,同

时还应具备相当高的职业素养。

三、船舶有关处所及可能存在的危险

船上一些处所或工作可能会存在危险，我们需要学会识别，在进入这些场所或进行相关工作时进行准确的判断和评价，排除隐患，做好防护工作，保证安全。

1. 安全登离船：使用舷梯或登船梯、便携梯、引航员软梯等登离船，可能发生掉入船和码头或浮桥等类似结构中间，或者掉到码头或浮桥或类似结构上、甲板上、水中，或者跌倒或绊倒等危险。

2. 在船上走动：船舶在海上不正常的倾斜或船舶剧烈的摇摆，可能导致在船上走动的人跌倒、被物体跌落砸伤、从高处跌落在甲板上，以及开关水密门时手部被挤压。

3. 进入和在封闭或限制空间工作：在进入货舱、双层底、压缩机室、油舱、压载水舱、隔离舱、空舱、箱形龙骨、壁间空间、污水舱、电缆管道、管道隧道、压力容器、锅炉、电池间、系索间、二氧化碳和灭火剂储藏间时，可能由于缺少氧气而窒息，或易燃和/或有毒气体/蒸气导致窒息，也可能产生火灾或爆炸的危险。

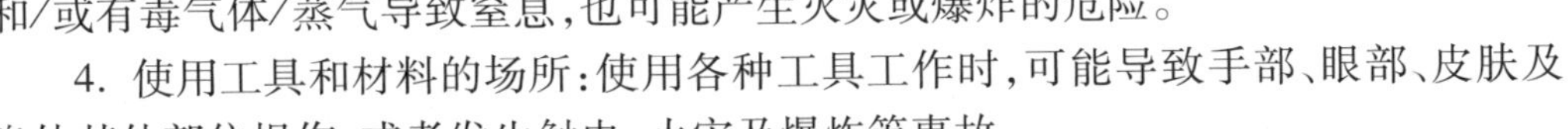

4. 使用工具和材料的场所：使用各种工具工作时，可能导致手部、眼部、皮肤及身体其他部位损伤，或者发生触电、火灾及爆炸等事故。

5. 在高处和舷外工作：可能发生从高处跌落到甲板上或水中的事故。

6. 工作中使用钢丝绳和纤维绳时（比如系泊、解缆、吊货、绑扎等），钢丝绳可能对手掌或者手指构成伤害，而绳索断裂会导致严重伤害。

7. 抛锚、靠码头、系泊、解缆时，人员可能掉落到舷外；锁链、绳子、缆绳断裂会导致人员的严重损伤；升起锚链可能对人员造成严重损伤；人员可能会跌倒和绊倒；沉重的制动和处理操作可能造成人员的手臂和肩部损伤等。

8. 装卸货作业时，起重机或吊杆可能对作业人员造成伤害，开关舱时可能对作业人员造成伤害，船上化学品可能对船员造成伤害。

9. 开敞的人孔、无限制的开口松动或丢失的格栅引起的人员跌倒。

10. 在机器处所工作可能发生身体部分被卷进旋转、来回摆动或移动的机器中导致手指、手掌、手臂等的损害；较低入口或突出头部的管子或其他突出的结构可能导致碰撞（尤其是头部）；由锋利工具划伤、工具的滑落或错误使用工具导致的手部损伤；从高处跌落；在光滑表面跌倒；高噪声导致的听力损害；由于长时间高温导致的中暑；由于漏油滴在热表面导致的火灾；高温、高压、蒸汽导致的损伤；被锁在冷却室内或冷剂泄漏导致的窒息等。

11. 在厨房、配膳间和其他食物操作区域工作，装载和储存食品时可能被跌落物体砸到；提升或移动重物可能导致背部损伤；可能陷在冷却室中；食物的准备过程中可能由于切、砍、锯食物等导致手指、手掌的损伤，也可能被飞出的物体例如骨头损伤眼部；接触热锅或热水可能导致烧伤和烫伤；湿滑的表面可能造成跌倒损伤等。

船上可能发生的危险不能一一列明列全，除上述可能存在的危险外，发生火灾、碰撞、搁浅、进水或沉没，遭遇海盗或偷渡事件、极端恶劣天气等，也会使船员面临受到伤害的危险。

第三节　个人防护设备的使用

个人防护设备是为防御物理、化学及生物等外界因素伤害所穿戴、配备和使用的各种护品的总称。

1. 头部防护

安全帽（见图 3-3-1）是保护人体头部使其免受坠物及其他特定因素伤害的帽子，它由帽壳、帽衬、下颌带和后箍等组成。帽壳呈半球形，坚固、光滑并有一定弹性。打击物的冲击和穿刺动能主要由帽壳承受。帽衬是帽壳内部部件的总称，包括帽箍、吸汗带、缓冲垫、衬带等。帽壳和帽衬之间留有一定空间，可缓冲、分散瞬时冲击力，从而避免或减轻对头部的直接伤害。冲击吸收性能、耐穿刺性能、侧向刚性、电绝缘性、阻燃性是安全帽的基本技术性能。

图 3-3-1　安全帽

在使用前应检查安全帽是否有外观缺陷，各部件是否完好、无异常。不应随意在安全帽上拆卸或添加附件，以免影响其原有的防护性能。帽衬调整后的内部尺寸、垂直间距、佩戴高度、水平间距应符合安全要求；安全帽应戴正、戴牢，锁紧帽箍，配有下颌带的安全帽应系紧下颌带，确保在使用中不发生意外脱落；使用者不应擅自在帽壳上涂油漆、涂料、汽油及溶剂等；不应随意碰撞挤压或将安全帽用作除佩戴以外的其他用途，例如坐压、砸坚硬物体等；使用者应确保安全帽内的永久标识齐

全、清晰。

安全帽的维护应按照产品说明进行,安全帽上的可更换部件损坏时应按照产品说明及时更换;安全帽应远离酸、碱、有机溶剂、高温、低温、日晒、潮湿或其他腐蚀环境存放,以免其老化变质;安全帽应远离热源存放,防止帽体变形;安全帽应保持清洁。

2. 手部防护

防护手套(见图 3-3-2)用于不同工作环境下的手部防护。可能接触尖锐物体或粗糙表面时,选具有防切割性质的手套;可能接触化学品时,选用防化学腐蚀、化学渗透的手套;可能接触高温或低温表面时,选用隔热防护手套;可能接触带电体时,选用绝缘手套;可能接触油或湿滑表面时,选用防滑手套。

图 3-3-2 防护手套

选用手套前,首先要对所从事的工作进行风险评估,评估该手套是否适合于该工作使用,是否可以有效地预防有关危害,尽量消除可能伤害手部的有害因素。薄帆布、纱线、分指手套主要用于检修工作、开吊车、配电工作和带解缆等;翻毛皮革长手套主要用于焊接工作;橡胶或涂橡胶手套主要用于电气、铸造等工作;插钢丝时应戴皮手套。使用前佩戴者应检查手套有无明显缺陷,损坏的手套不允许继续使用,比如裂痕、缝合处开裂、严重磨损、变形、烧焦、发泡、僵硬、有洞眼、发黏或发脆等。戴各种手套时,注意不要让手腕裸露出来,以防在作业时有害物溅入造成伤害。操作各类机床或在有被夹挤危险的地方作业时严禁戴手套。防护手套应储存在清洁、干燥通风、无油污或阳光直射、无腐蚀性气体的地方。

3. 眼睛防护

护目镜(见图 3-3-3)的作用是保护作业人员的眼睛,防止外来伤害。护目镜种类很多,有防尘眼镜、防冲击眼镜、防化学眼镜和防光辐射眼镜等。

防尘眼镜在尘埃较多的环境下使用,一般镜片强度要求不高,用一般平光玻璃镜片制作。

防冲击眼镜主要用于防御金属或沙石碎屑等对眼睛的机械损伤。眼镜片和眼镜架结构坚固,抗打击。框架周围装有遮边,其上应有通风孔。

防化学眼镜主要用于防御有刺激或腐蚀性的溶液对眼睛的化学损伤。可选用普通平光镜片，镜框应有遮盖，以防溶液溅入。

防光辐射眼镜主要用于电焊、气焊的作业人员。选择时应考虑作业时弧光的强弱。弧光强，颜色要深；反之，应选浅色镜片。如果弧光强，戴浅色护目镜，部分红外线会透过镜片刺激和损伤眼睛，长期下去会患职业性白内障；反之，弧光弱而长期戴深色护目镜，则会使视力大幅度下降。

要选用经产品检验机构检验合格的护目镜。护目镜的宽窄和大小要适合使用者的脸形；镜片磨损、粗糙，镜架损坏，会影响操作人员的视力，应及时调换。护目镜要专人使用，防止传染眼病。焊接护目镜的滤光片和保护片要按规定作业需要选用和更换。防止重摔、重压，防止坚硬的物体磨镜片和面罩。

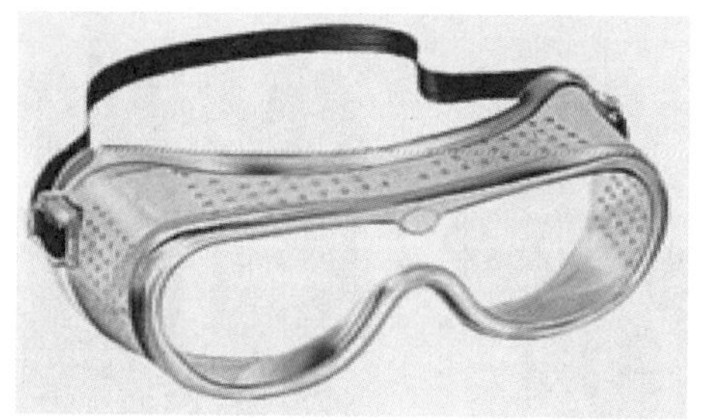

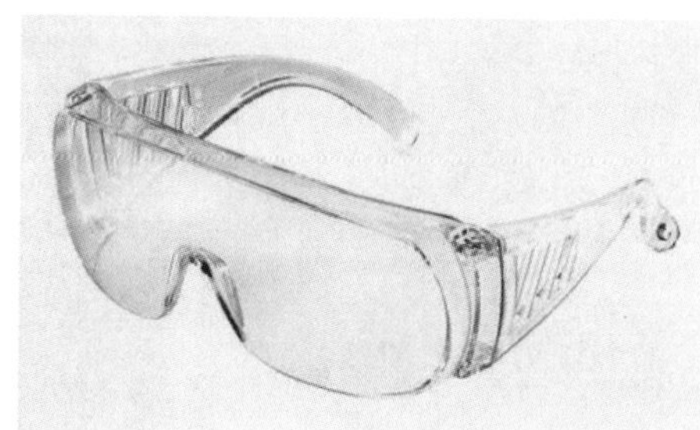

图 3-3-3 护目镜

4. 听力防护

听力防护器具可分为耳塞、耳罩和防噪声头盔三类。

（1）耳塞（见图 3-3-4）可插入外耳道内或插在外耳道的入口。它有可塑式和非可塑式两种，可塑式耳塞由上蜡棉纱、防声玻璃棉、橡皮泥等材料制成。使用者可以使之成型，每件使用一次或几次。非可塑性耳塞又称“通用型耳塞”，用塑料、橡胶等材料制成，有多种规格。

（2）耳罩（见图 3-3-5）形如耳机，常以塑料制成，呈杯碗状，内具泡沫或海绵垫层，装在弓架上把耳部罩住使噪声衰减。耳罩的噪声衰减量可达 10～40 dB，适用于噪声较高的环境。

耳塞和耳罩可单独使用，也可结合使用，结合使用噪声衰减效果比单独使用效果更好。

（3）防噪声头盔（见图 3-3-6）可把头部大部分保护起来，如再加上耳罩，防噪声效果就更好。这种头盔具有防噪声、防碰撞、防寒、防暴风、防冲击波等功能，适用于强噪声环境。

对防噪声工具的选用，应考虑作业环境中噪声的强度和性质，以及各种防噪声用具衰减噪声的性能。使用前应认真按照说明书使用，以达到最佳防护效果。

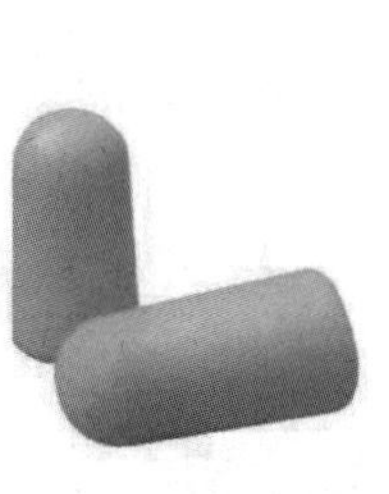

图 3-3-4 耳塞

图 3-3-5 耳罩

图 3-3-6 防噪声头盔

5. 呼吸防护

呼吸防护器具主要包括日常防护型口罩、自吸过滤式防颗粒物呼吸器、自吸过滤式防毒面具、自给式呼吸器等。在没有防护的情况下,任何人都不应暴露在可能危害健康的空气环境中。应根据国家有关的职业卫生标准,对作业中的空气环境进行评价,识别有害环境性质,判定危害程度,选择适合的呼吸防护用品。

(1)日常防护型口罩:日常防护型口罩(见图 3-3-7)适合普通人群在日常生活空气污染环境下佩戴。口罩的防护效果由高到低分为 A 级、B 级、C 级、D 级,适用的环境空气质量分别对应严重污染、严重及以下污染、重度及以下污染、中度及以下污染。正确佩戴符合标准的日常防护型口罩可以使吸入体内的空气质量达到良级以上水平。

图 3-3-7 日常防护型口罩

(2)自吸过滤式防颗粒物呼吸器:自吸过滤式防颗粒物呼吸器(见图 3-3-8)是预防作业环境中颗粒物对从业人员造成伤害的有效个体防护器具。面罩按结构分为随弃式面罩、可更换式半面罩、全面罩三种。其主要用于防护空气中粉尘、烟、雾及微生物等颗粒污染物进入人体呼吸器官从而保护生命安全，是通过人体自身呼吸来使用的呼吸防护用品，对接触颗粒物的作业人员的健康起到重要的保护作用。

图 3-3-8　自吸过滤式防颗粒物呼吸器

（3）自吸过滤式防毒面具：自吸过滤式防毒面具（见图 3-3-9）是一种能够有效地滤除吸入空气中的化学毒气或其他有害物质，并能保护眼睛和头部皮肤免受化学毒剂伤害的防护器材，主要由滤毒罐和面罩等组成。在使用这种防毒面具时，面具的呼吸阻力、有害空间和面罩的局部作用，会对人体的正常生理功能造成不同程度的影响。健康人员在平时尚可忍受，但在一些特殊情况下，就可能出现不良反应，造成一定的不良后果。因此，对不适合戴面具的人员，应根据情况限制或禁止其使用防毒面具。对心血管疾病、呼吸系统疾病、贫血、高血压、肾脏病患者等，应尽量缩短使用时间。使用者必须明确使用防毒面具现场的工作环境，包括有毒有害化学物质的种类、具体的浓度。

图 3-3-9　自吸过滤式防毒面具

（4）自给式呼吸器：自给式呼吸器（见图 3-3-10）适于人员在浓烟、毒气或缺氧等环境下安全使用。它以钢瓶内压缩气体为气源，具有重量轻、体积小、使用及维护方便、佩戴舒适、性能稳定等优点。使用时按规定进行检查和佩戴，用后做好保存保养工作。

（5）呼吸防护器具使用注意事项：

①任何呼吸防护用品的防护功能都是有限的，应让使用者了解所使用的呼吸防

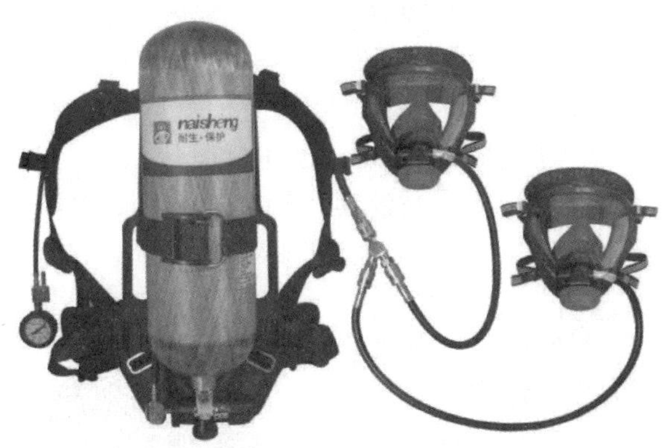

图 3-3-10 自给式呼吸器

护用品的局限性。

②使用任何一种呼吸防护用品都应仔细阅读产品使用说明,并严格按要求使用。

③在必须配备逃生型呼吸防护用品的作业场所内的有关作业人员和其他进入人员,应接受逃生型呼吸防护用品使用培训。空气呼吸器应限于受过专门培训的人员使用。

④使用前应检查呼吸防护用品的完整性、过滤元件的适用性、电池电量、气瓶储气量等,消除不符合有关规定的现象后才允许使用。

⑤进入有害环境前,应先佩戴好呼吸防护用品。在有害环境中作业的人员应始终佩戴呼吸防护用品。

⑥不允许单独使用逃生型呼吸防护用品进入有害环境,只允许从中离开。

⑦当使用中感到有异味,产生咳嗽、刺激、恶心等不适症状时,应立即离开有害环境,并应检查呼吸防护用品,确定并排除故障后方可重新进入有害环境;若无故障存在,应更换有效的过滤元件。

⑧胡须或过长的头发会影响面罩与面部之间的密合性,使用者应预先刮净胡须,避免将头发夹在面罩与面部皮肤之间。应考虑使用者面部特征,若因疤痕、凹陷的太阳穴、非常突出的颧骨、皮肤褶皱、鼻畸形等影响面部与面罩的密合时,应选择与面部特征无关的面罩。

6. 脚的防护

工作鞋(见图 3-3-11)用于保护足部,使之免受伤害,主要有保护足趾鞋、电绝缘鞋、防静电鞋、耐化学品鞋、防油鞋、防水鞋、防滑鞋、防寒鞋、防刺穿鞋及多功能防护鞋等。保护足趾鞋前包头处有抗冲击材料,是保护足趾免受冲击和挤压伤害的防护鞋;电绝缘鞋不导电,能使人的足部与带电物体绝缘,阻止电流通过身体,防止电击;防静电鞋能有效阻止静电的产生和积累;耐化学品鞋能有效阻止酸碱及相关化学品的腐蚀;防油鞋用于地面积油或溅油的场所;防水鞋用于地面积水或溅水的作业场所;防滑鞋用于地面光滑的场所,防止滑倒;防寒鞋用于在 5 ℃及以下的低温环境中

作业人员的足部保护，以免受冻伤；防刺穿鞋用于足底保护，防止各种尖锐物刺入足底；多功能防护鞋在实际生产中较为常见，比如焊接防护鞋。

为避免足部受到伤害，应根据工作场所的防护需求，正确选择相应的防护鞋种类。使用时，不得擅自修改防护鞋的构造；选择合适尺码的防护鞋；正确穿着，不要拖穿；明确防护鞋的防护性能，不要超越其防护功能使用，如穿不具有防酸碱功能的鞋子从事化学品有关操作；注意个人卫生，使用者应维持足部及鞋履清洁干爽。

图 3-3-11　工作鞋

7. 安全带

安全带（见图 3-3-12）是防止高处作业人员发生坠落或发生坠落后将作业人员安全悬挂的个体防护装备。安全带由系带、安全绳和连接器及金属构件组成，可加装缓冲器或速差自控器或自锁器（见图 3-3-13）。其优点是强度大、耐磨、耐用、耐霉烂、耐酸碱，简易轻便，安全适用。

图 3-3-12　安全带

系带是坠落时支撑和控制人体、分散冲击力，避免人体受到伤害的部件。安全绳是在安全带中连接系带与挂点的绳（带、钢丝绳）。连接器是具有常闭活门的连接部件。

缓冲器（见图 3-3-14）是串联在系带和挂点之间，发生坠落时吸收部分冲击能量，降低冲击力的部件。

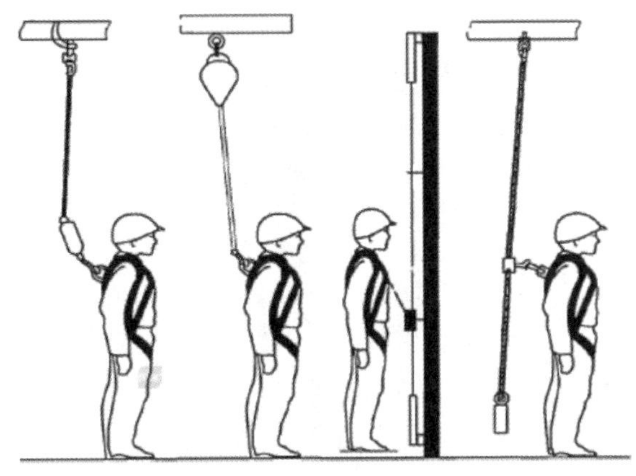

图 3-3-13 坠落悬挂安全带示意图

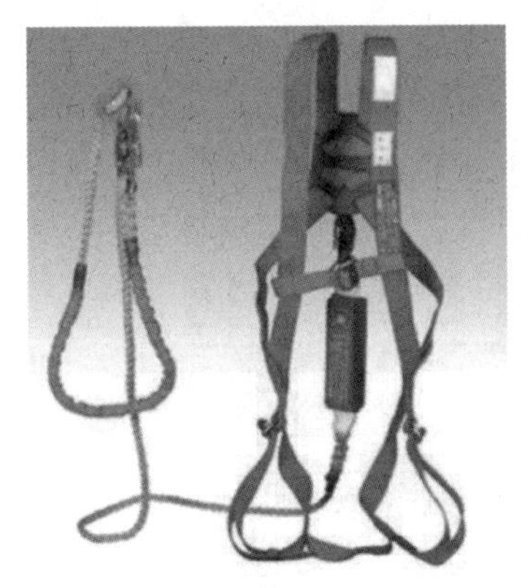

图 3-3-14 带缓冲器的安全带

速差自控器(见图 3-3-15),又叫收放式防坠器,是安装在挂点上,装有可伸缩长度的绳(带、钢丝绳),串联在系带和挂点之间,在坠落发生时因速度变化引发制动作用的部件。其用于人员高空作业,防止意外坠落,或在意外坠落时快速有效地保障人员安全。其能在限定距离内快速制动锁定坠落人员,保护人员的生命安全。

使用安全带时,应注意:

(1)高空作业或必要时,须系好安全带;使用人员必须经过专业培训,确保能正确使用安全带(见图 3-3-16)。

(2)使用安全带前应检查各部位是否完好无损,安全绳、系带有无撕裂、开线、霉变,金属配件是否有裂纹、是否有腐蚀现象,弹簧弹性是否良好,以及是否有其他影响安全带性能的缺陷。如发现存在影响安全带强度和使用功能的缺陷,应立即更换。

(3)安全带应拴挂于牢固的构件或物体上,应防止挂点摆动或碰撞。

(4)使用坠落悬挂安全带时,挂点应位于工作平面上方(见图 3-3-17)。

(5)使用安全带时,安全绳与系带不能打结使用。

(6)高处作业时,如安全带无固定挂点,应将安全带挂在刚性轨道或具有足够强

图 3-3-15　速差自控器(收放式防坠器)

图 3-3-16　正确使用安全带

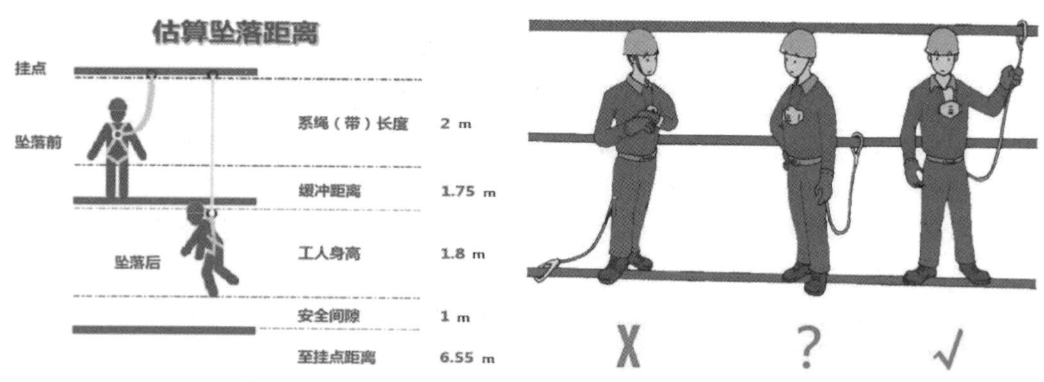

图 3-3-17　安全带要挂在适当的位置

度的柔性轨道上,禁止将安全带挂在移动的或带尖锐棱角的或不牢固的物件上。

(7)使用中,安全绳的护套应保持完好,若发现护套损坏或脱落,必须加上新套后再使用。

(8)安全绳(含未打开的缓冲器)不应超过 2 m,不应擅自将安全绳接长使用。如果需要使用 2 m 以上的安全绳,应采用自锁器或速差式防坠器。

(9)使用中,不应随意拆除安全带各部件。

(10)使用连接器时,受力点不应在连接器的活门位置,螺纹式连接器除外。

(11)安全带不使用时,应由专人保管。存放时,不应接触高温、明火、强酸、强碱或尖锐物体,不应存放在潮湿的地方。

(12)安全带的使用期一般不超过 5 年。储存时,应对安全带定期进行外观检查,发现异常必须立即更换,检查频次应根据安全带的使用频率确定。

第四节 可能造成损害的船上作业

一、上高、舷外作业

上高作业是指在工作基面 2 m 以上的桅杆、吊柱、吊货设备、上层建筑和烟囱外部、空货舱或机舱的顶部或高处舷墙作业,比如油漆驾驶台前面舱壁(见图 3-4-1)、桅杆、机舱顶棚,清洁或油漆烟囱(见图 3-4-2),雷达天线、起重机或吊杆的滑轮和钢丝的加油、维护或修理,货舱敲锈、油漆、清洁或检查,油漆驾驶台两翼底部等。

舷外作业是指在空载水线以上的船体外部作业,比如油漆船舷,描水尺、载重线等。这里我们把舷外作业视作上高作业一并讲授。

(一)上高作业可能存在的危险

1. 作业人员可能由于失去平衡或绳子断裂等原因从高处跌落;

2. 上高作业时从高处掉落的材料或工具可能对作业区下面的人员造成人身伤害;

3. 作业时由于接触到高温表面,例如烟囱或汽笛喷出的蒸汽可能导致作业人员烫伤;

4. 燃烧、焚烧和锅炉吹灰等从烟囱排出的二氧化碳或有毒气体可能对作业人员造成伤害;

5. 作业人员长时间暴露在大风或寒冷环境中可能冻伤;

6. 接近雷达或无线电设备天线时,作业人员可能面临触电或受到辐射的危险。

(二)上高作业前,必须事先通知有关责任人

1. 在烟囱附近工作时要避免锅炉吹灰或焚烧,在汽笛附近工作时要关闭汽笛的蒸汽,并且在这两个处所工作要在作业前通知值班轮机员。

图 3-4-1　油漆驾驶台前面舱壁

图 3-4-2　油漆烟囱

2. 在雷达天线附近工作时，要提前通知值班驾驶员。

3. 在无线电天线或卫星通信天线整流罩附近工作时要提前通知值班驾驶员和电报员；在甲板工作时要提前通知大副。

4. 当某设备操作对上高作业会造成危险时，设备责任人应当管好和标识好设备。

5. 上高作业检查要点和操作程序应该在独立的检查表和工作许可证中说明。

（三）上高作业注意事项

上高作业注意事项如下所述。另外，机舱人员的上高作业必须在甲板船员配合下进行。

1. 作业部门的值班高级船员对人员作业安全负责，应加强巡查、监督、指导，必要时命令暂停作业并报告船长或部门长。

2. 应选派身体和技术条件适宜的水手从事上高作业，并由水手长在现场指挥。作业前，应向全体作业人员布置工作内容和安全注意事项，必要时应进行操作示范；作业中要胆大心细，谨慎操作，相互照顾，确保安全。

3. 上高作业设备应与油漆和化学品分开存放，每次使用前都要由合格的人员进行检查。作业前必须对作业用具如系索、令圈、滑车、座板、安全带、绳梯等严格检查

有无损伤或内蚀，绝对禁止凑合将就使用；这些设备不能挪作他用。

4. 打绳结方法要正确，并认真完成。尤其是合成纤维绳，要防止其滑脱。绳索不应在高温表面或锋利边缘上使用。座板及任何安全带装置的上下移动，不能借助绞缆机。安全带和滑车索的锚点（固定点）应牢固，并无法移动。

5. 安全网应尽可能搭在上高作业点下方，尤其是在悬空的座板下面，该阶段应确保防止船舶移动。

6. 工具和材料应装于密封容器如工具袋（桶）内，用手和绳子传递，不应抛投。

7. 禁止一手携物，另一手扶直梯上下；上下座板应借助梯子完成，而不是利用悬挂在座板上的绳索，并且刚性梯子应放置在牢固的底座上并固定。

8. 作业处的工具和设备应固定，并放置在不易跌落的地方，不能放置在边缘。新船员和年龄小于 18 岁的船员不能从事上高作业和舷外作业。

9. 上高作业时应保证壁梯无损伤；当上层有人作业时应尽量避免在其下方停留或作业。如属必需，应戴安全帽。现场照顾人员应戴安全帽；座板升降绳下端绑固于甲板固定物；安全绳和座板升降绳分开系固；在舱口上高作业应先将舱盖板全部盖妥。

10. 应派专人在现场附近照顾配合。

11. 舷外作业时除穿戴常规的个人防护设备外，还应穿救生衣。当有人舷外作业时带有救生绳和自亮灯的救生圈应处于随时可用状态。舷外作业还应注意：

(1)作业前检查保险带和座板系绳是否系牢；保险带和座板（脚手板）绳分别系固于甲板不同固定物；每块座板作业人数以两人为限。

(2)如在浮具（工作筏）上作业，船上应挂慢车信号；浮具两端系缆有专人照料，并通知作业人员防范过往船只的波浪；浮具上应备有救生圈，作业人员应穿好救生衣；作业人员应从绳梯上下，禁止随浮具升降。

(3)舷外除铲油漆前，应先了解港方有关防污染规定。

12. 当船舶在海上摇摆剧烈时，应禁止上高作业。船舶航行时不能进行舷外作业。

二、系离泊作业

系泊就是将船舶系在码头边或泊位上。每次系泊前，船长向驾驶员做操作部署。三副会同大副、二副试验对讲机以保证联系畅通。离泊前，值班驾驶员应结合看开航水尺，检查首尾系缆，使其能顺利解除。

1. 系泊操作时，大副在船首、二副在船尾指挥。操作人员必须规范使用安全帽等劳保用品，提前到达现场落实分工，做好准备。禁止无关人员进入现场。

2. 作业前必须检查绞缆机和锚机等系泊设备，确保状况良好。系泊所需的撇缆、引缆、制动索（链）、卸扣、碰垫（见图 3-4-3）、锚球（见图 3-4-4）等用品应提前备妥；系缆、拖缆均应置于随时可带之处；系泊前要试转起锚机和绞缆机；大副、二副应将出缆次序和挽桩部署向全体操作人员布置清楚。

图 3-4-3　碰垫

图 3-4-4　锚球

3. 如果系泊作业需要抛锚，大副在抛锚前应确保下方无船舶；不得在禁锚区内抛锚。抛起锚时，现场工作人员不可站在锚链前方或骑跨锚链。靠妥泊位后，应将外档开锚锚链松至垂直，收妥备锚。

4. 收带缆时动作要正确迅速，缆绳在滚筒上应有足够圈数，系泊作业过程中具有一定的危险性。尤其是在缆绳受力的情况下缆绳附近区域（见图 3-4-5）非常危险，可能会造成严重的伤害。作业人员必须有风险意识，谨慎小心，远离受力的缆绳，应与滚筒保持安全距离，切勿站在缆圈中。前倒缆应派有经验人员操作。系缆受力过大时不可跨越，缆绳挽桩须绕四圈以上（见图 3-4-6）。使用拖船协助靠离时，操作人员应远离拖缆，谨防缆绳破断或滑出时伤人。投掷撇缆应先招呼后撇出，防止撇缆头伤人。

5. 靠离时，大副应随时向驾驶台报告船首前物距及动态和缆绳收放情况，二副应及时向驾驶台报告船尾物距及动态和缆绳收放情况，未经驾驶台同意禁止带缆或

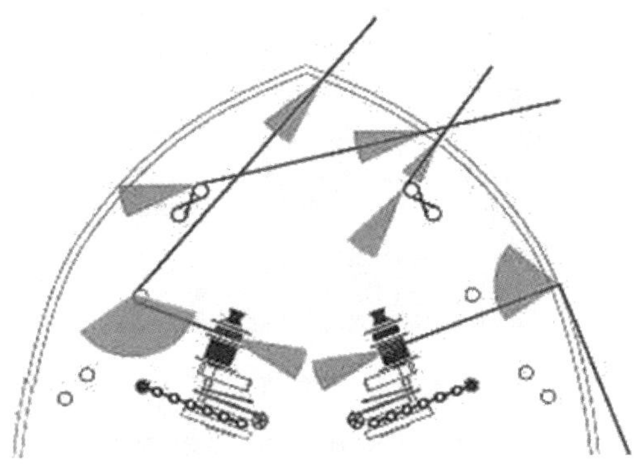

图 3-4-5 缆绳受力时扇形区域为危险区域

图 3-4-6 缆绳挽桩须绕四圈以上

解缆，以免动车时缆绳绞缠桨叶。系缆带上缆桩或浮筒后，驾驶台动车应先通知大副、二副注意。

6. 带缆操作，首尾必须与驾驶台密切配合，及时调整系缆受力，使船舶均匀贴紧泊位；船体靠拢困难时应暂停绞缆，弄清原因再处理，以防损伤绞缆机或发生断缆、搁浅的危险。系泊时我们可能会带首缆、尾缆、横缆和倒缆，系缆根数由船舶吨位、装载和风流等因素决定。系缆不得挽在绞缆机或锚机的非专用滚筒上代替挽桩。

7. 利用滚筒收紧缆绳时，带缆人员必须手持缆绳活端，当缆绳受力并在滚筒上滑动时，应立刻松手。

8. 在风大、浪高、流急、涌高和雨天等情况下，系泊作业将会更加危险。大风急流时应停止使用自动缆车的自动张力装置。

9. 靠妥泊位后，应使每根系缆均匀使力，在缆绳和导缆孔接触处垫衬帆布或麻袋以防磨损缆绳，靠泊后应在每根系缆上装妥防鼠挡（见图 3-4-7）。缆绳在靠离泊妥后应放置和绑罩妥善，现场工具收回放妥，离泊后应系固锚链和缆绳。靠离完毕，经船长同意方可离开现场。

10. 可能受到台风威胁的系浮筒船舶，船首必须系带锚链，船尾加带保险缆。冬

图 3-4-7　防鼠挡

季,首尾系带缆现场如有冻冰,可在甲板和滚筒上撒黄沙或其他防滑物,以利安全操作。

11. 当装卸货速度比较快、潮差大或流急、有强风或在无遮蔽的码头时,或者在狭窄的港口当其他船只经过时,值班人员要特别关注缆绳的状态。

三、货物装卸作业

常见的船舶类型包括客船、杂货船、散货船、集装箱船、滚装船、油船、化学品船、液化气船等,不同类型的船舶载有不同的货物,货物装卸作业过程存在不同的风险。

1. 杂货船、散货船和集装箱船一般使用船上或岸上的起重机和吊杆装卸货物。在船上货舱内和码头边等场所,危险主要来自头顶上起吊的货物、起吊设备和卡车及叉车等装卸设备。

2. 装卸货时,非经授权,任何人不得进入作业区。货物装卸作业时所有工作人员应利用外舷侧甲板工作或通过。

3. 滚装船和汽车运输船有多层由斜坡或升降机相连的装货甲板。货物自行上下船,并通过斜坡或升降机到达各层甲板。滚装船或汽车运输船装卸时,货物高速移动,容易撞伤站在通道上的人员。

4. 油船、化学品船和液化气船上货物为液态存储,并通过管路装卸。油船、化学品船和液化气船上货物的主要危险为易燃性、毒性或引起缺氧等性质。在危险品船舶上工作的船员必须了解相关危险品的知识,并熟悉工作程序,这些具体内容会在危险品船的熟悉培训课中详细讲授。

5. 客船和渡船既可载运汽车也可运输其他货物。除甲板部和轮机部船员外,客船上还有大量厨师、服务员、售货员以及娱乐人员、医疗人员、宗教人员等其他工作人员。客船上的人员必须具有人群管理的知识,尤其是在紧急情况下的人群管理知识。

四、开关舱扫舱作业

1. 所有参加开关舱作业的人员应对本船舱盖的结构、性能、各制动销的位置、钢丝绳的正确走向、开关舱的作业程序及危险部位作业的防护措施以及相互间联系信

号了解清楚方能参加作业。

2. 操作者要听从指挥，集中精力，站在安全位置，互相照应。参加开关舱作业人员必须将劳动防护用品穿戴齐全。

3. 开关舱作业须由专人（驾驶员或水手长）指挥，指挥者必须熟悉本船开关舱设备的性能、开关舱程序，掌握参加作业人员的业务技术水平，并具有处理一般故障的知识和能力。指挥时要根据作业环境充分照顾到作业人员的安全。

4. 作业前应对开关舱设备、索具、属具进行全面的检查，开启电源，保证作业顺利进行。如发现机械声音异常，制动不灵，滑轮不活络，索具、钢丝绳不合规格等有碍操作安全的情况，应及时修理，严禁凑合使用。

5. 开关舱作业的操作者应配合默契，协调一致。开关舱前后务必打扫清除轨道上的垃圾杂物，避免运动不畅或卡死等故障出现。

6. 开关舱时严禁任何人上下舱盖，严禁将手脚放于舱盖、导轨上，所有人员必须避开钢丝绳、链条及舱盖危及的范围。

7. 禁止在舱内有人的情况下进行开关舱作业。如舱盖不是处于全部关闭或全部开启的状态，要用绳拦住舱口围，防止人员坠入大舱。

8. 操纵起货机人员精神要高度集中，操作应平稳，特别注意首端盖板的曳行速度要慢。其他人员在操作过程中，要协助指挥者，发现问题及时报告，尤其要注意盖板之间相连接的铁链应保持对称，防止舱盖板脱轨。

9. 在开关舱、扫舱作业过程中，特别是在使用吊杆协助作业时，所有人员一定要注意自身安全，选择正确的站位。

五、明火作业

焊接、切割、燃烧、加热、铲锈以及使用产生热量、明火、电弧或连续火花的动力工具等作业都属于热工作业，这些作业能够产生足够热量或火花，会点燃可燃气体和空气的混合物，可能发生火灾、爆炸、热损伤、强光损伤或触电等。这里我们重点介绍明火作业。

明火作业是指伴有裸露的火焰和炽热工件的作业，如电焊、气焊、气割、喷灯等设备的作业。船上明火作业实行许可制度。进行明火作业，须由部门长事先填写书面申请，经轮机长同意后报告船长审批；船舶在我国港口应事先报经海事主管部门批准，在国外港口应事先报经港口当局批准。

（一）明火作业的一般要求

1. 作业环境考查范围

（1）不属于危险区域的开敞甲板，以作业点为中心、10 m 为半径，向上 2 m，向下至平台或甲板的柱形空间；

（2）危险区域（指可能产生或集聚可燃气体、粉尘或装卸、储存易燃易爆货物、物

品的场所)的开敞甲板,以作业点为中心、15 m 为半径,向上 2 m,向下至平台或甲板的柱形空间;

(3)不属于危险区域的舱室内,以作业点为中心、5 m 为半径的空间;

(4)危险区域的舱室内,考查作业舱室及毗邻的舱室。

2. 禁止明火作业场所和状况

(1)进行加油、涂刷油漆等有火灾危险的工作现场;

(2)盛有或残存易燃易爆油、气的容器或管道,未经泄至正常气压的压力容器;

(3)正在装卸易燃易爆货物或可能产生易燃易爆气体或粉尘货物的船舶;

(4)油船在装卸、洗舱、除气和压载作业(专用压载舱压载作业除外)时;

(5)航行中的油船的货油舱和货油管上;

(6)未经测爆合格的油舱、油柜周围以及距离该油舱、油柜的空气管 1 m 范围内;

(7)未经测爆合格的可能产生或聚集可燃气体、粉尘的其他场所。

3. 作业要求

(1)测爆合格的舱室或处所,明火作业应在 4 h 以内开工,否则应重新测爆认可。作业前和作业中应有专人对施工区域及有影响场所的可燃气体浓度进行检测。

(2)明火作业的设备质量应符合相关标准。使用前应确认设备技术状态良好。

(3)焊工应持有主管机关认可的资格证书。

(4)可燃气体浓度不大于爆炸下限的 1%、相对风速小于 13.8 m/s。

(5)明火作业应满足以下要求:

①确认作业考查范围内符合作业要求;施工现场应清除易燃易爆物品,备妥足够有效的消防器材,并处于随时可用状态,同时应有防止火花扩散的安全措施。

②应拆除作业现场内有影响的电缆或切除其电源并对其安全遮盖。

③应了解环境考查范围内船舶防火分隔要求。在隔热舱壁或间架板上进行明火作业,应事先拆除距焊割边缘 0.5 m 内的一切可燃物,如因结构原因无法拆除的,应采取足够有效的安全措施;对 0.5 m 以外的一切可燃物,应采取防止焊割热传导的措施并有效遮盖。

④可以拆除的管子等构件,应移至电焊间或安全地点焊补,对无法拆除拆卸的油管、污水管等,应进行有效清洗,使管内可燃气体达到前述要求,或采取充满惰性气、水,或拆开管子接头等方法,对作业点两端进行有效阻隔。

⑤应查清作业面的反面和周围,并确认无易燃易爆物品。

⑥在长期封闭的舱室或狭小通道明火作业前,应进行足够的通风,使空气中含氧量保持在 19.5% ~ 21%,并且人员进入后无明显不适感。作业期间应保持连续通风。

(6)明火作业时,应由对船舶结构有一定了解并熟悉明火作业安全知识的专业

人员对作业现场及周围区域进行监护。作业完毕，应彻底清理现场，在确认无残留火种后，监护人员方可撤离。为防止复燃，监护人员撤离后，船上值班人员应定时对作业处所进行巡查。

（二）电焊作业

1. 电焊作业前，检查确认电焊机（见图 3-4-8）完好，应确保接地良好，调节正常；电缆线和焊具绝缘良好，接地可靠，禁止利用船体、管道或机械设备作地线。

图 3-4-8　**电焊机**

2. 操作人员应按规定使用劳保用品，使用合格工具；电焊防护用品齐全并保持干燥绝缘，包括面罩（见图 3-4-9）、墨镜（见图 3-4-10）、防护服、隔热手套、绝缘鞋及脚盖、焊工锤等。

图 3-4-9　**面罩**　　　　图 3-4-10　**墨镜**

3. 不应在高峰负荷时开电焊机；开机时应逐步启动，不可过快；电焊线通电情况下禁止在油舱附近拖拉。

4. 船厂施焊修理应派专人监护，备妥消防器材，监督施焊，有不安全情况时，应立即制止；注意作业区下方有无过热现象。

5. 敲打焊渣应戴防护镜，注意方向，防止发生工伤事故；停焊时焊夹不应触地，长时间停焊应切断电源；焊件未冷透不得离开现场。

6. 电焊时必须有足够的固定照明，不得使用手提灯；照明灯具应使用低压型的并注意电线不能距离施焊处过近；经常注意检查焊机温度及运转是否正常，禁止在施焊时调整电流。

7. 严禁对存有压力的容器、未经清洁和通风的油柜、油管施焊；在狭窄舱柜内或其他空气不够流通的部位施焊要特别注意通风，施焊持续时间不应太久。

8. 焊件的焊处应清洁、干燥，防止焊后产生裂缝；焊接大件时，应先预热以消除内应力，必要时可加夹具；对有色金属或合金施焊时应注意通风，作业人员应在上风位置或戴防护面具，以防中毒。

9. 施焊完毕应立即切断电源，收归电缆，清理现场，确认无火种隐患，消防器材放回原处。

（三）气焊作业

1. 氧气瓶与乙炔瓶必须垂直放置并固定；两瓶间距应大于 3 m，瓶与烧焊处距离应大于 5 m。

2. 胶管连接各部分焊具前，应先吹净阀口，检查并确认各阀门无漏气；注意焊枪一端的颜色标志，蓝色或黑色接氧气，黄色或红色接乙炔，不能反接。胶管接口要紧密，不可用铁丝捆扎胶管口，以免使胶管穿孔或断裂。

3. 钢瓶在开阀前应仔细检查，打开乙炔气瓶总阀应缓慢，开度不超过 3/4 以便应急关闭。

4. 任何时候，气瓶阀口和焊枪喷嘴均不应对人；烧焊时胶管不应拉得过紧，并尽量远离火焰和焊件。

5. 施焊中发生回火应迅速将胶管曲折握紧，先关焊具上的氧气阀，再关闭乙炔阀；施焊时若发生火险，在无法扑灭时应先撤离钢瓶。

6. 施焊结束应立即关闭钢瓶上的总气阀，熄火时应先关小氧气阀，再关闭乙炔阀，火即熄灭，然后关闭氧气阀（如使用割炬时，则应先关切割氧气阀，再关乙炔和预热氧气阀）；收集胶管焊具，放回气瓶，清洁场地，确认冷却、无隐患后才可离开现场。

7. 钢瓶内气体不能用空，剩余气压应保持不小于 98～196 kPa；待灌的空瓶应做好明显标记并按原来气体充灌，不准互换使用或改灌其他气体。

8. 氧气、乙炔钢瓶是高压容器，而乙炔又是易燃易爆的危险性气体，故在装卸或搬运时不准跌落或抛扔，避免碰撞。插好瓶口钢帽，取下钢帽时不准敲击；钢瓶不准在电焊间存放，应放在阴凉处，禁止暴晒或靠近锅炉、火焰等热源；钢瓶如结冻，不能用明火烘烤，应使用 40 ℃以下的温水解冻。

9. 监督员必须认真检查，作业结束后确认无火灾隐患后向部门长汇报。部门长应到现场检查操作质量和有无安全隐患。

六、金工作业

1. 金工作业时注意力必须高度集中，不得做与工作无关的事情。

2. 作业时必须穿工作服或紧身服，上衣下摆不能敞开，袖口要扎紧，戴好防护眼镜，禁止戴手套操作。

3. 在车床、钻床作业时应严格遵守操作规程，工件应夹持牢固，夹头扳手用完应

立即从夹头上取下。

4. 在磨制工具与砂轮机作业时(包括除锈、除炭时),作业者应戴防护眼镜和口罩,并和砂轮旋转方向略偏一角度。

5. 禁止使用手柄不牢的手锤。

6. 工作完毕,养成随时切断设备电源的好习惯,做好设备、量具、工具等的整理工作。

七、机舱值班和维修

机舱内及周围的主要设备包括主机、发电机、锅炉、压缩机、泵、电气设备、舵机、制冷设备、蓄电池、液压或气动设备等。图 3-4-11 所示为机舱局部。

图 3-4-11 机舱局部

1. 机舱可能发生的危险

(1)机舱内的蒸汽管、热表面或焊接火星等可能引起燃烧。

(2)头顶上的障碍物或掉落的物体等可能引起头部损伤。

(3)梯道、开敞的肋板、凸物等区域容易发生滑倒、绊倒或坠落事故,而有时匆匆忙忙也会导致这样的伤害。

(4)在高噪声环境下工作如果没有正确使用听觉保护装置则可能引起听力下降。

(5)设备转动的部件,例如砂轮、飞轮或推进器轴等可能导致人身伤害。

2. 避免机舱意外事故的发生

图 3-4-12 所示为机舱维修保养。为避免意外事故的发生,机舱值班和维修人员应正确使用个人防护装备,掌握适当的安全工作方法,在进行任何工作任务之前,首先进行工作风险分析和适当的规划,以正确的方式使用正确的工具和个人防护设备完成任务。比如在使用前认真检查用于起重和其他用途的设备;在使用前对测试设备进行适当校验。除此之外,机舱值班和维修人员养成如下日常良好管理习惯,更有助于保障作业安全。

(1)立即清除泄漏的油,并更换沾有油渍的绝缘层材料,舱底保持清洁干燥。

图 3-4-12　机舱维修保养

(2)含油破布和棉纱应放置在封闭容器内,严禁随意丢弃,以防自燃。

(3)工作过程中应小心操作,以防工具掉落,工作完成后,工具要收妥。

(4)机器内部运转部件的防护罩应完好无损。

(5)备件物料及拆卸的零部件应绑扎并固定,以防移动。

(6)机舱应有足够的照明。

(7)机舱底层平台的防滑钢板不应处于打开状态,除非该处被围起来并张贴警告标志。

(8)通往消防器材的通道、逃生通道和应急出口处不应堆放备件和设备。

八、进入封闭处所

封闭处所是指用于出入的开口受限或通风不佳或者不是为作业人员持续停留而设计的处所,是指船上具有通风不良、有害气体聚集、氧气含量低于正常水平、人员进入时如果不采取适当的保护措施就可能面临窒息、中毒等风险的处所。

人员贸然进入封闭处所,常会发生人员窒息或中毒死亡事故,对已发生的伤亡事故进行的调查显示,在大多数情况下,船上发生意外不是因为缺乏指导,而是因为不够了解,或者忽视了采取预防措施的必要性。任何封闭处所内的气体都可能是缺氧的或富氧的和/或含有易燃和/或有毒气体或蒸气。这种不安全空气也可能会出现在先前认为是安全的处所之中。已知的危险处所毗邻处也有可能出现不安全空气。因此,所有船舶的船员都应掌握进入封闭处所的注意事项和安全措施。

图 3-4-13 所示为进入封闭处所。

缺氧/有毒气体存在于货舱、双层底、燃油舱、压载舱、货泵室、货物压缩机室、隔离空舱、锚链舱、空舱、箱形龙骨、保护层间处所、锅炉、发动机曲拐箱、发动机扫气箱、污水柜和相邻处所及其他类似舱室。这些气体可能从货物、船舶物料中或在船舶作业过程中挥发出来。

(一)通常导致缺氧的原因

1. 舱室关闭一段时间后,未经充分通风;

图 3-4-13　进入封闭处所

2. 载运蔬菜和耗氧制品，有机物质腐烂，例如蔬菜、谷物或水果等；

3. 舱室最近失过火；

4. 使用惰性气体或二氧化碳灭火，或者惰性气体从惰性气体舱室流入或渗入相邻的封闭舱室；

5. 舱室的空气中含有蒸汽；

6. 舱室中金属生锈氧化过程；

7. 舱室中油漆变干过程；

8. 舱室中制冷剂泄漏；

9. 焊接或气割时没有适当通风；

10. 内燃机在封闭的空间里运转。

缺氧会导致缺氧症，开始时人会感到头昏、目眩、气喘和神志不清；发展到脑部损伤会导致失去记忆、精神错乱、瘫痪、昏迷甚至死亡。特别应禁止船员在无人照料或无人知道的情况下，单独进入封闭的货舱或其他封闭舱室。

（二）风险评估和进入许可

1. 风险评估：为确保安全，船上适任人员应经常对将要进入的空间中的任何潜在危险做出初步评估，应考虑之前运载的货物、处所的通风、处所的涂层和其他相关的因素。初步评估中须判定出现缺氧、富氧、易燃或有毒空气环境的可能性。适任人员须谨记对相邻连接处所的通风措施不同于封闭处所的通风措施。在评估过程中，除非能够确实证明是可以安全进入的，否则应假定即将进入的处所存在危险。

2. 进入许可：拟进入封闭处所的人员应该在进入前获得由船长或指定责任人员签发的许可证。未经允许或未采取针对特定船舶设定的相应安全措施时，任何人不得打开或者进入封闭处所。

（三）进入封闭处所的一般预防措施

1. 无须进入时，通向封闭处所的门和舱口应始终锁闭防止人员进入。

2. 当打开封闭处所的门或舱口盖来提供自然通风时，可能会错误地暗示人员以为里面的空气环境是安全的，因此这时应当在入口处安排守护人员或者用绳子或铁

链拦在入口处并悬挂警告标识，以防止人员意外进入。

3. 船长或者责任人员在确定可安全进入封闭处所时，应确保：

(1)通过评估确定了潜在的危险，并尽可能进行了隔离或消除；

(2)该处所已经通过自然方式或机械方式彻底通风，排出了所有有毒或易燃气体，并确保在整个处所内有足够的氧气；

(3)使用经过正确校准的仪器进行检测后，处所内的氧气水平显示正常，处所内部的易燃或有毒蒸气的水平都达到了可以接受的程度；

(4)处所设有安全保护并有良好的照明，可以进入；

(5)对在进入封闭处所期间各方所使用的通信系统，已进行了商定和测试；

(6)有人员进入封闭处所时，应该在入口处安排一名守护人员；

(7)处所入口处的救援和急救设备已安排到位，同时也商定好了救援计划；

(8)进入人员需正确着装并带好装备，以便于进入并完成后续任务；

(9)取得经签发的进入许可证。

4. 只有接受过培训的人员才能被指派进入封闭处所或者承担守护人员或救援小组成员的职责。应对承担救援和急救职责的船员进行救援和急救程序方面的定期训练。训练至少应当包括：

(1)识别进入封闭处所后可能会面临的危险；

(2)进入过程中，由于暴露在危险状态中，能识别对健康造成不利影响的迹象；

(3)对进入封闭处所人员所需防护装备的了解。

5. 在使用前，应对所有与进入封闭处所相关的设备进行检查，并确保其处于良好工作状态。

(四)空气检测

1. 对封闭处所内空气的检测需使用经准确校准的设备，并由经过培训的人员在人员进入封闭处所前进行操作。

2. 为了能够进入，应获得以下所需数据的稳定读数：

(1)使用氧气含量计测量氧气体积百分比大于等于19.5%，且小于23.5%；

(2)如果初步评估确定处所内可能存在可燃气体或蒸气，经适当精度的可燃气体测试仪测量，不超过可燃下限(LFL)的1%；

(3)暴露在有毒蒸气或有毒气体中，读数不超过职业暴露极限(OEL)的50%。

3. 在进行任何的气体检测时，应停止对封闭处所的通风，并在此环境状态稳定后进行，以便于获得准确的读数。

4. 如果初步评估认定处所内存在有毒气体和蒸气，需使用固定式或便携式的气体或蒸气测试设备进行适当的检测。设备读数应低于公认的国家或国际标准中给出的有毒蒸气或气体的职业暴露极限。应当注意的是，对易燃性气体或氧含量的检测，不能作为有毒性测量的检测方法，反之亦然。

5. 处所内部的结构、货物、货物残余和储罐涂料也可能会造成缺氧区域，应对此

始终保持警惕,即使是经过检测可以进入的封闭处所。这种情况尤其可能会发生在通风进出口都被结构件或货物堵塞的处所内。

(五)进入封闭处所后的预防措施

1. 处所内有人员进入时,应经常对空气进行检测,并在状况发生恶化时提示处所内的人员离开。

2. 应当为进入封闭处所的人员提供经校准的、试验合格的多种气体测试仪,用以在需要的情况下监控氧气、一氧化碳和其他气体的含量。

3. 在人员进入处所后以及在人员临时休息期间,应持续对处所进行通风。休息过后再次进入时,应再次对空气进行检测。如果通风系统发生故障,处所内的所有人员必须立即离开。

4. 在处所内进行管道和阀门作业时,要特别注意。如果工作过程中情况发生变化,应增加空气检测频率。可能出现的情况变化包括气温升高、使用氧燃料火炬、移动设施、在封闭处所内可能会产生蒸气的工作、工作间歇,或者在工作进行期间船舶进行压载或平舱作业。

5. 一旦出现紧急情况,在救援到达并对现场情况进行评估,确保可以安全进入处所实施救援之前,任何在场船员不得进入此处所。只有训练有素和装备完善的人员可以在封闭处所内从事救援工作。

(六)进入已知或怀疑空气不安全的处所的附加注意事项

1. 人员拟进入的未经检测的处所均被视为非安全处所。如果怀疑封闭处所的空气或已确认为不安全,则仅在没有可行的替代方案的情况下才能安排人员进入。进入的目的只为实施进一步的检测、必要操作、保证生命安全或船舶安全。进入处所的人员数量应为执行相应工作所需要的最低数量。

2. 只有接受过设备使用培训的人员,在配备了适宜的呼吸器(例如空气管式或自给式呼吸器)的情况下,才允许进入此处所。不应使用过滤式防毒面具,因为这种设备需要利用处所内部的空气,不能提供独立的清洁空气。

3. 应当为进入封闭处所的人员提供经校准的、试验合格的多种气体测试仪,用以在需要的情况下来监控氧气、一氧化碳和其他气体的含量。

4. 应使用救助护具,除非不可行;应使用救生绳。

5. 应穿适宜的防护服,特别是当进入处所内部的人员的皮肤或眼睛存在接触有毒物质或化学品的风险时。

(七)封闭处所进入和救助演习

考虑到人员进入船上封闭处所工作会面临严重的威胁,国际海事组织引入了SOLAS第Ⅲ章的第19条新规定,要求船员必须参加船上每2个月举行一次的封闭处所进入和救助的演习。每次封闭处所进入和救助演习均应包括:

1. 检查并使用进入所需要的个人保护设备;

2. 检查并使用通信设备和程序；
3. 检查并使用测量封闭处所内空气的仪器；
4. 检查并使用救助设备和程序；
5. 急救和复苏技术的指导。

第五节 《中华人民共和国海船船员值班规则》中有关适用标准

为了规范海船船员值班，保障海上人命与财产安全，保护海洋环境，加强船舶保安管理，根据《中华人民共和国海上交通安全法》《中华人民共和国海洋环境保护法》《中华人民共和国船员条例》，以及我国缔结或加入的有关国际公约要求，交通运输部制定了《中华人民共和国海船船员值班规则》。该规则 2012 年 12 月 17 日由交通运输部发布，根据 2020 年 7 月 6 日《交通运输部关于修改〈中华人民共和国海船船员值班规则〉的决定》修正。下面是规则的部分内容。

一、一般要求

1. 100 总吨及以上中国籍海船的船员值班适用本规则，但军用船舶、渔业船舶、游艇、构造简单的木质船除外。

2. 交通运输部海事局是实施本规则的主管机关。各级海事管理机构按照职责具体负责海船船员值班的监督管理工作。

3. 航运公司应当根据本规则以及有关国际公约的要求编制《驾驶台规则》《机舱值班规则》等船舶值班规则，张贴在船舶各部门的易见之处，要求全体船员遵守执行，以保证船舶航行安全。

4. 航运公司应当确保指派到船上任职的值班船员熟悉船上相关设备、船舶特性、本人职责和值班要求，能有效履行安全、防污染和保安等职责。

5. 船长及全体船员在值班时，应当遵守法律、行政法规、相关国际公约以及当地有关防治船舶造成海洋污染的要求，采取一切可能采取的预防措施，防止因操作不当或者发生事故等造成船舶对海洋环境的污染。

二、值班安排

航运公司和船长应当为船舶配备足够的适任船员，以保持安全值班。船长应当

安排合格的船员值班，明确值班船员职责。值班的安排应当符合保证船舶、货物安全及保护海洋环境的要求，并保证值班船员得到充分休息，防止疲劳值班。在船长统一指挥下，值班的驾驶员对船舶安全负责。轮机长应当经船长同意，合理安排轮机值班，保证机舱运行安全。船长应当根据保安等级的要求，安排并保持适当和有效的保安值班。

（一）甲板部航行值班

1. 负责航行的值班驾驶员负责船舶的安全航行，并按照经过修正的《1972 年国际海上避碰规则》和其他安全航行规定进行操纵和避让。

2. 船长应当合理安排航行值班船员，以保持连续正规的瞭望。

3. 瞭望人员和舵工的职责应当分开，舵工在操舵时不应当同时承担瞭望人员职责。

4. 在操舵位置四周的视野未被遮挡且没有夜视障碍，不妨碍保持正规瞭望的情况下，舵工可同时承担瞭望人员职责。

5. 夜间航行时应当至少有一名值班水手协助驾驶员瞭望。

（二）轮机部航行值班

1. 值班轮机员是轮机长的代表，主要负责对与船舶安全有关的机械设备进行安全有效的操作和保养，并根据要求，负责轮机值班责任范围内的一切机械设备的检查、操作和测试，保证安全值班。

2. 轮机值班的组成应当适合当时的环境和条件，以确保影响船舶安全操作的所有机械设备在自动操作方式、手动操作方式模式下均能安全运行。

3. 确定轮机值班组成时，应当考虑下列因素以保持船舶的正常运行：船舶类型、机械设备类型和状况；对船舶安全运行关系重大的机械设备进行重点监控的值班需求；由于天气、冰区、污染水域、浅水水域、各种紧急情况、船损控制或者污染处置等情况的变化而采用的特殊操作方式；值班人员的资格和经验；人命、船舶、货物和港口的安全及环境保护的要求；有关国际公约、国家法规和当地规定。

4. 值班轮机员应当维持既定的正常值班安排。机舱值班的普通船员应当协助值班轮机员使主机、辅机系统安全和有效运行。

5. 轮机值班的所有成员都应当熟悉被指派的值班职责，并掌握本船内部通信系统的使用方法；熟悉机舱逃生途径；熟悉机舱报警系统并具备辨别各种警报的能力；熟悉机舱的消防设备和破损控制装置的数量、位置和种类，以及它们的使用方法和应当执行的各种安全预防措施。

6. 轮机值班开始时，应当对所有机械设备的工作情况、工况参数加以验证、分析，以确保其在正常范围。

7. 值班轮机员应当对运转失常、可能发生故障或者需要特殊处理的机械设备，以及已经采取的措施做详细记录。需要时，应当对拟采取的措施做出安排。

8. 值班轮机员应当执行驾驶台的命令。对主推进动力装置进行换向和变速操作的,应当做好记录。当人工操作时,值班轮机员应当确保主推进动力装置的操纵装置有人不间断地值守,并随时处于准备和操作状态。值班轮机员应当掌握正在维护保养的机械设备(包括机械、电气、电子、液压和空气系统)及其控制装置和与此相关的安全设备、所有舱室服务系统设备的维护保养情况,并注意其物料和备品的使用记录。

9. 值班轮机员应当确保,在自动设备失灵时履行维修职责的轮机部普通船员能够立即协助其对机器进行手动操作。

10. 值班轮机员应当了解失去舵效或者因机械故障导致失速会危及船舶和海上人命的安全,当发生机舱失火或者机舱中即将采取的行动会导致船速下降、瞬间失去舵效、船舶推进系统停止运转、电站发生故障或者类似威胁安全的情况,应当立即通知驾驶台。如可能,应当在采取行动之前通知,以便驾驶台有最充分的时间采取一切可能的措施来避免发生海上事故。

11. 值班轮机员应当给予其他机舱值班人员适当的指示和信息,以保持安全值班。常规的机械设备保养应当纳入值班工作。全船的机械、电子与电气、液压、气动等设备的维修工作,应当在轮机长和值班轮机员知情的前提下进行,并做好记录。

12. 值班轮机员应当保证提供鸣放声号用的空气或蒸汽压力,并随时执行驾驶台变速、换向的命令,还应当备妥用于操纵的一切辅助机械。

13. 值班轮机员接到船舶进入通航密集水域航行的通知时,应当确保涉及船舶操纵的机械设备能够随时置于手动操作模式,舵和其他设备的操作有足够备用动力,应急舵和其他辅助设备处于随时可用状态。

(三)港内值班

1. 船舶在港内停泊时,船长应当安排适当而有效的值班。对于具有特种形式的推进系统或者辅助设备,以及装载有危害、危险、有毒、易燃物品或者其他特殊货物的船舶,还应当按照有关规定的特殊要求值班。

2. 船长应当根据停泊情况、船舶类型和值班特点,配备足够具有熟练操作能力的值班船员,并安排好必要的设备。

3. 船舶在港内停泊期间的值班安排应确保人命、船舶、货物、港口和环境的安全;确保与货物作业相关机械的安全操作;遵守有关国际公约、国家法规和当地规定;保持船舶工作正常。

4. 停泊时,甲板值班人员应当至少包括一名值班驾驶员和一名值班水手。

5. 轮机长应当与船长协商确定轮机值班安排。

6. 决定轮机值班人员组成时,应当至少安排一名值班轮机员;推进功率 750 kW 及以上的船舶,至少安排一名值班机工协助值班轮机员。

7. 轮机员在值班期间,不应当承担妨碍其监控船上机械系统的其他任务。

8. 船舶载运危险货物、污染危害性货物时,船长应当做出保持货物安全的值班

安排。载运散装危险货物的船舶,安全值班应当由甲板部和轮机部各至少一名高级船员和普通船员组成。

三、驾驶轮机联系制度

1. 船长应当提前 24 h 将预计开航时间通知轮机长,如停港不足 24 h,应当在抵港后立即将预计离港时间通知轮机长;轮机长应当向船长报告主要机电设备情况,燃油、润滑油和炉水存量;如开航时间变更,应当及时更正。

2. 开航前 1 h,值班驾驶员应当会同值班轮机员核对船钟(见图 3-5-1)、车钟(见图 3-5-2),试舵等,并分别将情况记入航海日志、轮机日志及车钟记录簿内。

图 3-5-1 船钟

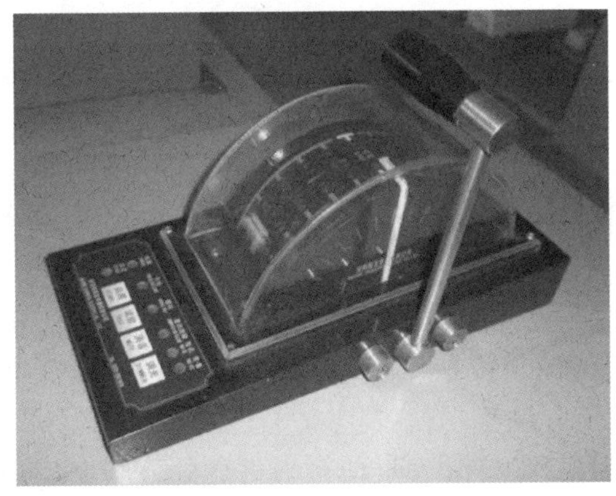

图 3-5-2 车钟

3. 主机试车前,值班轮机员应当征得值班驾驶员同意。待主机备妥后,机舱应当通知驾驶台。

4. 调换发电机、并车等需要暂时停电时,值班轮机员应当事先通知驾驶台。

5. 在应变情况下，值班轮机员应当立即执行驾驶台发出的信号，及时提供所要求的水、气、汽、电等。

6. 抵港后，船长应当告知轮机长本船的预计动态，以便安排工作，动态如有变化应当及时更正；机舱若需检修影响动车的设备，轮机长应当事先将工作内容和所需时间报告船长，取得同意后方可进行。

7. 因装卸作业造成船舶过度倾斜，影响机舱正常工作的，轮机长应当通知大副或者值班驾驶员采取有效措施予以纠正。

8. 驾驶和轮机部门应当就船舶压载的调整以及可能涉及海洋污染的各种操作，建立起有效的联系制度，包括书面通知和相应的记录。

9. 添装燃油前，轮机长应当将本船的存油情况和计划添装的油舱以及各舱添装数量告知大副，以便其计算稳性、水尺和调整吃水差。

四、值班保障

1. 航运公司及船长应当采取有效措施防止船员疲劳操作。除紧急或者超常工作情况外，负责值班的船员以及被指定承担安全、防污染和保安职责的船员休息时间应当满足以下要求：

(1)任何 24 h 内不少于 10 h。

(2)任何 7 天内不少于 77 h；可以有例外，但任何 7 天内的休息时间不得少于 70 h。不应当超过连续两周。在船上连续两次例外时间的间隔不应当少于该例外持续时间的 2 倍。

(3)任何 24 h 内的休息时间可以分为不超过两个时间段，其中一个时间段至少要有 6 h，连续休息时间段之间的间隔不应当超过 14 h。可以有例外，分成为不超过三个时间段，其中一个时间段至少要有 6 h，另外两个时间段不应当少于 1 h，连续休息时间间隔不得超过 14 h。例外在任何 7 天时间内不得超过两个 24 h 时间段。

2. 紧急集合演习、消防和救生演习，以及国内法律、法规、国际公约规定的其他演习，应当以对休息时间的干扰最小且不导致船员疲劳的形式进行。船员处于待命情况下，因被派去工作而中断了正常休息时间的，应当给予补休。

3. 因船舶、船上人员或者货物出现紧急安全需要，或者为了帮助海上遇险的其他船舶或者人员，船长可以暂停执行休息时间制度，直至情况恢复正常。情况恢复正常后，船长应当根据实际情况尽快安排船员获得充足的补休时间。

4. 船舶应当将船上工作安排表张贴在易见之处。船舶应当对船员每天休息时间进行记录，并制作由船长或者船长授权的人员和船员本人签注的休息时间记录表发放给船员本人。船上工作安排表和休息时间记录表应当参照《国际劳工组织(ILO)和国际海事组织(IMO)编制船员船上工作安排表和船员工作时间或休息时间记录格式指南》，并使用船上工作语言和英语制定。

5. 船长在安排船员值班时，应当充分考虑女性船员的生理特点和国家的有关

规定。

6. 船员不得酗酒。值班人员在值班前 4 h 内禁止饮酒，且值班期间血液酒精浓度(BAC)不高于 0.05%或呼吸中酒精浓度不高于 0.25 mg/L。

7. 船员不得服用可能导致不能安全值班的药物。

8. 航运公司应当制定相应的措施防止船员酗酒和滥用药物。船员履行值班职责或者有关安全、防污染和保安值班职责的能力受到药物或酒精的影响时，不得安排其值班。

五、法律责任

船员有下列情形之一的，由海事管理机构处 1000 元以上 1 万元以下罚款；情节严重的，并给予暂扣船员适任证书 6 个月以上 2 年以下直至吊销船员适任证书的处罚：

1. 未按照要求保持正规瞭望、履行值班职责和值班交接；
2. 不采用安全航速航行；
3. 不按照规定守听航行通信、测试、检修船舶设备；
4. 发现或者发生险情、事故、保安事件或者影响航行安全的情况未及时报告；
5. 未按照要求填写或者记载有关船舶法定文书；
6. 在船上值班期间，体内酒精含量超过规定标准；
7. 在船上履行船员职务，服食影响安全值班的违禁药物；
8. 不遵守本规则规定的其他情形。

第六节 船上常见工伤事故

一、船员常见工伤事故

海上常见的工伤事故有击伤、坠落、人落水、轧伤/压伤、触电、窒息/中毒等。

1. 击伤

击伤事故主要是人与物之间的接触能量超过了人体承受能力所致。例如：不戴安全帽被上方的坠落物击伤(见图 3-6-1)；站位不当被受力或破断的缆绳击伤；抛锚时紧靠锚链而被高速飞出的锚链击伤；敲铲或敲除焊渣时不戴防护镜而被溅出的碎

屑击伤眼睛；大风浪中横摇剧烈时被工作场所或居所未固定的物体飞出击伤；用抛掷方法传递物具时被击伤等。

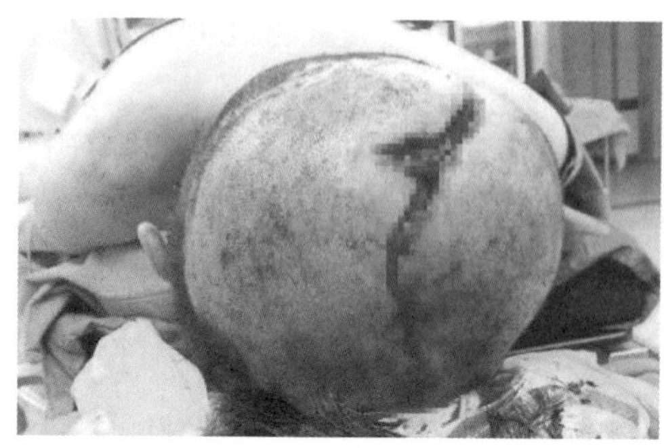

图 3-6-1　不戴安全帽被上方的坠落物击伤

2. 坠落

常见的坠落事故：人员在高处作业时嫌麻烦不用安全带或使用不当（见图 3-6-2）而坠落摔伤；在舱口上空作业前，未按规定关闭舱盖，工作时不慎摔落货舱；未采取安全措施就冒险攀高而摔伤；因使用严重锈蚀或损伤的直梯踏步断裂而摔伤；作为人员在高空的支承物的栏杆和构件，因严重锈蚀而发生断裂、脱落，导致人员坠落等。

图 3-6-2　在高处作业时嫌麻烦不用安全带或使用不当

3. 人落水

常见的人落水事故：船员舷外作业不用安全带或使用不当而掉落水中；舷梯或桥板未使用安全网或使用不当导致人员落水；未及时架设舷梯或桥板，或无人照看和调整而导致人员落水；使用的绳梯严重损坏或不会使用而使人掉落水中；大风浪中船员到舱面甲板工作未使用安全系绳而被甲板上浪卷入海中；倚靠严重锈蚀的栏杆或防浪墙而掉入水中等。

4. 轧伤/压伤

常见的轧伤/压伤事故：在检修转动的机械时，衣服、手指等被卷入而伤害人员；

收绞缆绳时，操作者距卷筒过近，被受力回抽的缆绳拉入卷筒而轧伤；修理机械或开关舱时，因操作者配合不当而被轧伤；疏忽作业现场环境，被高垒或直立的货物或物具倒塌压伤等。

5. 触电

常见的触电事故：船员乱拉电线和私接电器而触电；违章带电操作而触电；损伤电线、电器而触电；在健康不良、过度疲劳、严重晕船的情况下进行带电操作而触电等。

6. 窒息/中毒

常见的窒息/中毒事故：人员擅自进入长久封闭的处所，因缺氧或吸入积聚的有害气体而衰竭；在未充分通风和无人接应的情况下，进入大量存放农产品的封闭处所而窒息；违反熏舱操作和管理规定，导致中毒伤亡等。

二、常见工伤事故的原因分析

1. 违反安全操作规章制度，检查不到位、措施不落实，无知、盲目、疏忽大意造成对人员的伤害。

2. 丧失安全意识和自我防范的警觉性，目无纪律、目无安全、自以为是，造成不必要的伤亡事故。

3. 缺乏团结协作精神，未能互相照应、互相提醒，安全隐患没有及时消除，安全事故在所难免。

4. 安全监督机制不健全，现场指挥或负责人检查、监督不力，超前预测、预防能力不强。

5. 机械事故，外界的客观因素而引发的工伤事故。

6. 船员自身的身体健康状况和过度疲劳而引发的工伤事故。

三、防范工伤事故的措施

1. 加强“人-机-环境-管理”系统诸要素的管理，预防常见工伤事故。前面提到，80%以上的船舶安全事故是人为因素造成的。究其原因，有失误，有侥幸，有盲目，有失职。要想从根本上去除这些不良人为因素，必须时刻做到四个字——“小心谨慎”。预防船员工伤事故，可从“人-机-环境-管理”系统中的各要素着手：

(1)对“人”，重在通过教育和培训，增强船员的安全意识，提高船员的职业安全素质和应变能力，减少或避免不安全行为的发生。人是安全生产的关键。船舶安全生产的人包括船舶领导及每个船员，而船长作为船舶安全生产的第一责任人，是做好船舶安全生产的关键。

(2)对“机”，重在防止和消除机(物)的不安全状态，消除安全隐患，满足船舶安全生产的要求。船舶的设备和机械是保障船舶安全生产的一个重要环节，设备和机械在使用中的自然损耗、缺陷、隐患及人为操作不当均是发生事故的因素。

(3)对“环境”,重在创造安全的工作环境、必要的生活环境,营造良好的船风,全体船员保持良好的精神状态。不利的环境是事故产生的因素之一,在生产过程每一个环节应不断改善环境,从而消除事故在这一方面的不利因素。良好的环境有助于过程的运作。

(4)在“管理”上,重在健全安全管理和规章制度并保证切实执行,有效落实。

2. 加强安全教育,注意增强船员自我保护意识和能力。

(1)所谓安全教育,是指用教育手段认识安全的本质含义、重要性,获得必要的安全知识和操作技能,以提高安全生产意识、自我保护意识、安全技术水平和安全管理水平的过程。

(2)要教育船员在工作中必须始终奉行“安全第一、预防为主”的方针,自觉遵守安全规章制度和各项操作规程;在工作中时刻保证安全的警觉性,避免随意性和盲目性,掌握足够的知识和技能,及时准确地判断和处理不符合项、险情和事故。

(3)让安全文化教育在心灵的深处发生质的改变,让大家自觉地变“要我安全”为“我要安全”,安全不再仅仅是一种责任和义务,更多的是一种需要,是一种船舶企业公共道德范畴的代名词,就会变习惯成自然,经验变本能,成为一种氛围。

3. 规范作业,注意安全。

(1)作业之前做“四查”:查身体情况是否良好;查着装是否符合要求;查用具是否适用;查周围环境是否安全。

(2)作业准备“六充分”:工作内容充分领会和理解;工作步骤及准备充分就绪;作业现场充分清理和整顿;机械、器具及工具、材料充分清点检查;有关规则及注意事项充分了解;安全装置和保护装置充分检查。

(3)作业之中“六务必”:作业方法务必符合规定要求;务必掌握现场周围的情况;保护用具务必正确使用;务必熟悉工具的正确使用方法;务必注意作业时的安全位置;共同作业中务必相互联系,步骤协调。

(4)作业之后再检查:查用完的工具、器具保养后是否存放于规定位置;查现场是否良好地进行清理和整顿;查有无麻痹大意、疏忽松懈现象;查机械器具出现异常、工具不良或损坏是否已向船上领导报告等。

第四章 采取防止海洋环境污染的措施

第一节 船舶对海洋环境的污染损害

船舶对海洋环境的污染损害是由人类活动及其特性造成的。人类活动污染海洋的途径,主要有陆源的排放、船舶和飞机的倾倒、大气沉降等。排放方式包括泵出、溢出、泄出、喷出和倒出等。

“海洋环境污染损害”是指直接或间接地把物质或能量引入海洋环境,产生损害海洋生物资源、危害人体健康、妨碍渔业和海上其他合法活动、损坏海水使用质量和环境质量等影响。尽管这些物质和能量是人类需要的和可以回收利用的,但如果排入海洋会产生上述后果,就属于广义的海洋污染物(见图 4-1-1)(狭义的海洋污染物由《国际海运危险货物规则》规定)。

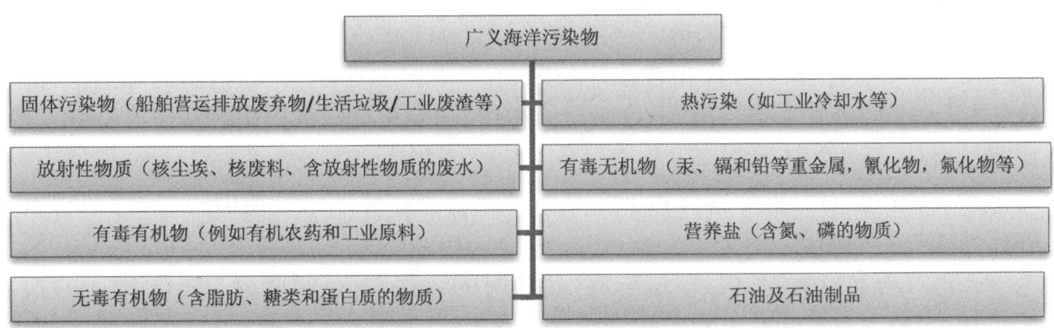

图 4-1-1 广义的海洋污染物

船舶对海洋环境的可能污染源有:船舶营运中产生的废弃物的污染;船舶海损事故引发的污染;利用船舶向海上倾倒废弃物所致污染;船舶修造、打捞和拆解造成的污染等。而对于营运船舶，污染途径主要有操作性排放污染和海难事故所致污染。以石油类污染为例，工业排放和城市排泄占 37%，船舶操作性排放占 33%，油船事故排放占 12%。

一、操作性污染

船舶营运中造成操作性污染途径主要有：

1. 船舶运输石油（原油、成品油）和船舶使用燃油可能造成的油污染；
2. 船舶运输散装液体化学品可能造成的散装有毒液体物质污染；
3. 船舶运输包装有害物质可能造成的包装有害物质污染；
4. 船舶生活污水造成的污染；
5. 船舶垃圾造成的污染；
6. 船舶废气造成的污染。

为此，IMO 制定了针对性的国际公约——《国际防止船舶造成污染公约》即 MARPOL 73/78 公约予以控制。依法排放船舶废弃物，为海洋的自净能力所允许；否则，就会造成船舶的操作性污染损害。

操作性油污染的具体形态有：

1. 机舱含油污水排放浓度超过 15ppm（百万分之十五）；
2. 排放油船压舱水、洗舱水时，油量瞬间排放率超过 30 L/n mile，排油总量超过上航次载油量的 1/30000；
3. 在绝对禁止排放的海域排放油类或含油污水；
4. 将油类、残油和油泥排放入海；
5. 管系泄漏事故；
6. 舱柜满溢事故；
7. 船壳泄漏事故；
8. 为了船舶安全的故意排油（如脱浅、镇浪）；
9. 为了救助海上人命的故意排油等。

对于 1~4 应严格遵守防范性法律规定，对于 5~7 应有应急反应计划并能有效实施，对于 8、9 应事先报告当局，不论属于何种情况，船东均应承担法律责任，特别是经济赔偿责任。

操作性散装有毒液体物质污染的具体形态与操作性油污染类似，只是污染物质和排放条件不同而已。

操作性包装有害物质污染形态有：装卸时的包件散落；倾倒含有有害物质的扫舱垃圾；排放含有包装有害物质的洗舱水等。

操作性船舶生活污水污染，主要是不当排放人的粪便水和尿液、医务室的脸盆和洗澡盆的排出物、活动物处所的排出物等。

操作性船舶垃圾污染，主要是不当排放船舶垃圾造成的污染。海生物常因误食

塑料制品和被废渔网围困而死亡，船舶的推进器被合成绳网缠绕，机舱进水口被垃圾封堵，海面被垃圾覆盖和腐败等。

操作性船舶废气污染主要有以下三个方面：

（1）燃料燃烧排出二氧化碳（CO_2）、一氧化碳（CO）、氮氧化物（NO_x）、硫氧化物（SO_x）等，造成大气污染。

（2）船舶使用的制冷剂、灭火剂、洗涤剂、发泡剂（隔热材料）等，产生氟氯烃（CFCS）、卤化烃（Halon）等，对大气中的臭氧层造成了严重的危害。

（3）液货中的烃类气化物或有害气体，扩散到大气中造成大气污染。

二、海损事故所致污染

海损事故意味着人命、船舶和货物等财产的损失，而海事引起的海洋环境污染损害则危及人类的现在和将来，是难以用金钱估量的。处理污染损害使船东承受巨大的经济压力，直接影响着船员的就业和经济收入，“埃克森·瓦尔迪兹”轮因海损事故引发油污事故，迄今费用已逾 80 亿美元就是证明。

引起污染的海损事故主要有：搁浅、火灾或爆炸、碰撞、船壳破损、严重横倾等。其中严重横倾通常是由进水或货物移动引起的。而诸如操舵设备、推进器、供电系统、重要的船载导航设备等影响船舶适航性的机械和设备的损坏或故障，常常是引发海损事故进而引发污染事故的原因。海损事故所致的污染损害常常是举世震惊，严重危害人类赖以生存和发展的海洋环境。因此，一旦发生上述损害和故障，应考虑立即修复的可能性，以及发展成海损事故和污染事故的可能性，及时向当局报告和采取应急措施。

1. 国际著名的海损所致污染事故

（1）“托利·坎荣”（Torrey Canyon）触礁溢油 10 万吨

1967 年 3 月 18 日，载重量 118285 吨的利比里亚籍油船 Torrey Canyon，载运 117000 吨波斯湾原油驶往美国米尔福港，途经英吉利海峡的锡利群岛。因大副值班时严重偏航，船长顺势选择狭窄的锡利群岛东航道。由于瞭望、定位和操舵等的综合失误，船舶在七岩礁触礁，船身折成两截，10 万多吨原油流出，当时出动 42 艘船只，使用了 1 万吨清洁剂，后英国派军舰播撒 13500 吨毒性很高的化学剂处理海面原油。因除油和围控失效，3 月 26 日英国派飞机轰炸烧掉舱内原油。浮油造成了法国北部海岸严重污染，大量海洋生物死亡（见图 4-1-2、图 4-1-3），腥臭味弥漫数月，使英、法两国蒙受了巨大损失，举世震惊。由此 IMO 召开特别理事会就安全技术和法律问题进行讨论，成立了专门“立法委员会”，并成为 IMO 一个常设委员会。

（2）“阿莫柯·卡迪兹”（Amoco Cadiz）舵机损坏导致触礁溢油 22 万吨

1978 年 3 月 6 日，利比里亚籍油船 Amoco Cadiz 满载原油从波斯湾驶往荷兰鹿特丹港，在法国布里塔尼海域舵机损坏，延误 10 h 才接受施救，导致船舶漂上礁石断裂，溢出原油 22 万吨，形成近 2000 km^2 的黑油层。尽管法国动用万人到海岸设置栏

图 4-1-2 “托利·坎荣”海难

图 4-1-3 被污染的海鸟

木浮栅,派出 32 艘船舶围捞浮油 4 万吨,依然污染法国沿岸 250 km,致使无数鱼类、海鸟死亡,毁坏贝类水产的繁殖海床,海滨浴场全部被污染,海洋环境遭受巨大破坏,直接经济损失 3 亿美元,估计经济损失高达 12~15 亿美元,见图 4-1-4。

图 4-1-4 “阿莫柯·卡迪兹”溢油事故

(3)“埃克森·瓦尔迪兹”(Exxon Valdez)避让不当触礁溢油 1100 万加仑

1989 年 3 月 24 日,利比里亚籍油船 Exxon Valdez 在美国阿拉斯加威廉王子港避让冰山不当而触礁,溢油 1100 万加仑,污染海岸 1609 km、海域 7770 km^2,见图 4-1-5。事故造成直接、间接生态破坏,10~30 万只海鸟死亡,约 4000 头海獭死亡,恢复生态

系统需要 5~25 年。该事故导致美国《1990 年油污法》(OPA 90)的问世,促使 IMO 修正了 MARPOL 73/78 公约。迄今为止,该事故有关费用已达 80 亿美元。

图 4-1-5 “埃克森·瓦尔迪兹”溢油事故

(4)“威望”(Prestige)溢油 7.7 万吨

2002 年 11 月 13 日,载有 7.7 万吨燃料油的油船 Prestige 在西班牙加利西亚省海域遇风暴船体破裂,11 月 19 日油船最后断裂成两半,燃料油泄漏,形成一条巨大的污染带,造成西班牙、法国和葡萄牙近 3000 km 海岸线遭受污染,对西班牙境内菲尼斯特雷角和马尔皮卡间 33.6 km 的海域造成严重污染。在污染最严重的海域,泄漏的原油有 38.1 cm 深,一眼看去海面上一片黑,原油泄漏对当地的生态环境造成毁灭性打击,一些珍贵物种可能会从此不复存在。2018 年 12 月,西班牙最高法院就“威望”沉船事件赔偿案做出终审裁决,高院支持该案一审判决,判令互助保险公司伦敦保赔分公司和“威望”船长共同承担近 16 亿欧元经济赔偿责任。图 4-1-6、图 4-1-7、图 4-1-8、图 4-1-9 所示为“威望”沉没过程,图 4-1-10 所示为“威望”海难事故中被污染的海鸟。

图 4-1-6 船体侧翻

2. 中国海上溢油概况

《中国海洋发展报告 2011》显示,1973—2009 年,中国沿海共发生船舶溢油事故

图 4-1-7 断裂后正在下沉

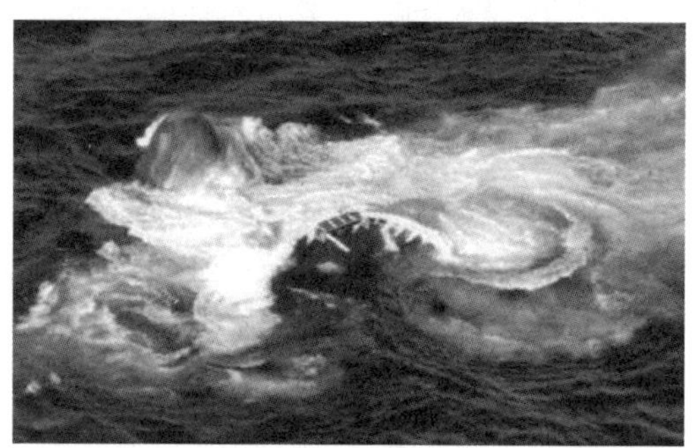

图 4-1-8 沉没瞬间

图 4-1-9 平静下的不安

2821 起，平均每 4~5 天发生一起。其中危害较大的重大溢油事故 51 起，平均每年超过 2 起。自 1994 年以来，重大溢油事故增至每年 5~7 起。特别是自 2005 年以来，全国沿海和内河水域共发生船舶污染事故 253 起，其中溢油量 50 吨以上的事故 9 起。每次重大事故造成的直接经济损失达几百万至上千万元，导致一些水产养殖户损失惨重，沿海旅游胜地遭到破坏。其中，渤海湾、长江口、台湾海峡和珠江口水域被公认为中国沿海四个船舶重大溢油污染事故高风险水域。

下面是几起国内典型溢油污染事故情况。

图 4-1-10 被污染的海鸟

(1)“东方大使”溢油事故

1983 年 11 月 25 日,船长 207 m 的巴拿马籍油船“东方大使”在青岛港黄岛油区装载 43000 多吨原油出港途中,行驶到中沙礁搁浅,导致货舱受损,漏出原油 3343 t。

溢油在港内油层最厚处达半米以上,溢油影响了胶州湾及其附近长达 230 km 海域岸线,同时对附近 15000 余亩的水产养殖区及 0.9 km^2 的风景旅游区和海滨浴场造成严重污染,经济损失达数千万元,损害赔偿 1775 万元,虽然政府组织大量人力物力进行清污,但其影响仍长期难以消除。

(2)“闽燃供 2 号”溢油事故

1999 年 3 月 24 日,福建省厦门港油船“闽燃供 2 号”(船长 59 m)装载重油 1032 t 从厦门驶往东莞途中,与离开广州虎门电厂码头驶往上海港途中的浙江省台州港“东海 209 号”(船长 99 m),在珠江口伶仃水道发生碰撞,“东海 209 号”船首插入“闽燃供 2 号”右舷 2、3 舱,“闽燃供 2 号”船体受损后沉没,溢出重油 589.7 t,珠海、深圳、中山、金星门、淇澳岛等地逾 300 km^2 海域及 55 km 岸线遭到污染。

受污染沙滩上的油污平均厚度逾 10 cm,部分地区达 20~30 cm。珠海市著名的旅游风景区、海滨浴场、情侣北路岸线,到处沾满油污。香洲、淇澳岛 19 万亩养殖场被严重污染,淇澳岛上 70 公顷红树林被污染,生态环境遭到严重破坏。尽管当地政府组织 2000 多人,调用大量设备清污 20 多天,但部分污染依然难以清除,溢油事故给当地造成直接经济损失 4000 多万元。

(3)“现代开拓”和“地中海伊伦娜”碰撞溢油事故

2004 年 12 月 7 日,船长 182 m 的巴拿马籍集装箱船“现代开拓”由深圳盐田港驶往新加坡途中,与由深圳赤湾驶往上海的船长 300 m 的德国籍集装箱船“地中海伊伦娜”发生碰撞,“地中海伊伦娜”燃油舱破损,导致 1200 多吨船舶燃料油溢出,在海上形成一条长 9 n mile(约 16.5 km)的油带,成为我国最大的一次船舶碰撞溢油事故,造成珠江口海域污染,全部损失达 6800 万元。

所幸事件发生后,交通部和广东省政府组织各有关单位,积极行动,在海上有效地控制和清除了泄漏的燃油,没有造成岸线污染,保护了珠江口水域的敏感资源,使损失没有进一步扩大。

彻底消除船舶污染源是不现实的。就个案而言，海难事故所致污染所造成的损害是非常巨大的，比如船舶发生搁浅或碰撞，大量燃油或货油泄漏，往往会对局部生态环境造成毁灭性打击。海难事故的发生有其必然性，但从发生的总量上看，却远远低于操作性排污。操作性排污几乎是每天都存在的，比如船舶垃圾或生活污水未经检查随意排放，船舶舱柜的清洗和管路的冲洗，散装或包装的化学品未经检查随意排放，船舶压载水的排放，船舶加油和货物作业等。随着世界人口的急剧增长以及人类物质生活的提高，各种工业垃圾和生活废物的数量正在成倍地增长，近 50 年来，人类向海洋倾倒的废物已为初期的 20 倍，这个增长幅度还在加大。尤其是来往于大洋间的数以 10 万吨计的超级油船越来越多，严重地威胁着海洋鱼类等生物的生存。一些有害有毒物质长期在这些生物中聚积，一旦进入人体，将会严重影响人体健康。这些油船即使不出事故，按惯例在卸完油后，在公海用海水清洗油舱后将油垢泄入海里，这种不易觉察的污染远远超过发生事故造成的污染，这也是海洋污染的一个因素。

因此我们应当重视对操作性排污的控制。通过限制和控制污染物的产生和排放，将船舶对海洋环境的污染损害降低到最低限度。国际社会非常重视对船舶污染源的控制，包括通过国家立法和多国条约控制船舶向海洋倾倒废弃物；控制船舶的防污染构造；协同对付油污事故；加强船舶的安全管理等。

三、海洋环境多样性

海洋蕴藏着包括矿产、油气、水和生物等多种形式的资源，并且资源储量极其庞大，已成为人类未来生存和发展的资源库。

浩瀚的海洋哺育着种类繁多、形态各异、大小不同的海洋生物（见图 4-1-11），目前已知的海洋生物有 20 多万种。根据它们的生态习性或生物学特性，可以将它们分为浮游生物、浮游植物、浮游动物、底栖生物、游泳动物、海洋鱼类、甲壳动物、软体动物、哺乳动物、深海动物等。它们分布在海洋中的不同地理区域或不同水层，组成了海洋生物的大千世界。整个海洋生物资源蕴藏量很大，有人估计，海洋每年约可生产 1350 亿吨有机碳。在不破坏海洋生态系统生态平衡的情况下，海洋每年可为人类提供 30 亿吨水产品，足以养活 300 亿人口。但是，目前的海洋生物开发利用的范围只占整个海洋面积的 10%，仅向人类提供 2% 的食物，绝大多数海域尚未开发，即使在已经开发的海域里，也还有很多种类的海洋生物由于科学技术水平的原因，至今还无法利用。

一般来说，物种的多样性和复杂性与群落的稳定性有关，物种丰富，其群落相对比较稳定，一个物种多样性水平高的群落其系统结构较为完善。物种多样性可以保证捕食者有多样选择的空间，而被捕食者就有更好的生存机会。物种多样性使得物种间存在竞争，优胜劣汰的自然选择使得物种向更高级进化以适应环境。物种是生

图 4-1-11 海洋生物的多样性

物多样性最关键的成分，每一个物种都有其存在的生态意义，人为造成物种的灭绝，是对生态系统的一种破坏。所以我们要爱护海洋，保护海洋生物的多样性。

四、海洋对人类的影响

海洋占了地球表面积的 71%，孕育了地球上的原始生命，为人们提供了丰富的生产、生活资源和空间资源，是全球生命支持系统的重要组成部分。在全球经济迅速发展和人口激增的情况下，海洋对人类实现可持续发展起到了重要的作用。

海洋向大气中提供着四分之三的氧气；海洋调节着全球气候，充裕的水汽和适当成分比例的空气通过大气经向环流向两极输送，通过世界风带遍布全球；随着世界人均耕地的减少，海洋中丰富的鱼类、贝类和藻类能向人类提供充足的食物；海洋有着巨大的环境净化能力；海洋为人类提供了优良的休息和旅游场所。

海洋是重要的水上通道；海底矿藏是工业发展的后盾；海洋是化工原料和医药资源的重要供应地；海洋是人类用水的最大源泉；海洋还是良好的科学实验场所。

21 世纪是人类全面开发海洋的世纪。保护海洋环境是保护人类的现在和将来。但随着海洋资源的开发和使用，海洋也受到了严重的污染，其中石油污染表现得尤为突出。

五、船舶污染物的排放对海洋环境造成的危害

船舶污染主要是指船舶在航行、停泊港口、装卸货物的过程中对海洋环境产生

的污染,主要污染物有含油污水、生活污水、船舶垃圾等,也会产生粉尘、化学物品、废气等污染物。

垃圾如果直接抛投入海,漂浮在海面的垃圾会遮挡悬浮生物所需的阳光,漂浮垃圾多时,不仅影响海洋环境“容貌”,而且会堵塞一些鱼类的鳃,损伤船壳和螺旋桨,直接影响到船舶航行的安全;有些垃圾会沉入海底,使海底慢慢变成一个“垃圾场”,破坏海底的生态环境;有些垃圾把病菌、毒物带入海洋中,海洋生物可能被感染;有些垃圾在水中慢慢分解,消耗水中溶解氧或产生有毒物质。

船舶更大量的污染行为是排放压载水、洗舱水以及含油污水。由于船舶操作性污染发生的时间和地点极为分散,往往被人们所忽视。这些污水含大量石油,直接排放对海洋造成石油污染。石油会破坏海洋水质,严重危害鱼、虾、贝类及其他海洋生物的生存,破坏水产养殖业发展。油污还会使海鸟的羽毛丧失防水保护的作用,翅膀粘有油污难以飞行,并且油污使鸟类食用的许多海洋生物死亡,严重地破坏了海鸟的栖息生存环境,威胁着它们的生命。油污浮在水面会降低阳光辐射量,影响水生植物的生长,进而又会影响以水生植物为食物的其他生物,从而影响到整个海洋环境的生态平衡,最终殃及人类。

船舶生活污水污染不像石油污染那么直观,因此常常被人们忽视。其实,船舶生活污水流入海洋,大量细菌、寄生虫甚至病毒进入海洋中,使海洋生物感染,其中一些有机成分和悬浮成分对海水中氧气有很高的生化需求,包括沉淀于海底的固体颗粒也要消耗氧气,会破坏海水的自然净化过程,严重的会导致海水富营养化,破坏海洋生物群的组成,使水中溶解氧减少,影响鱼类的生存。

由于海洋生物独特的生物特性,它们对环境中的重金属及有毒的有机化合物均有不同程度的富集作用。如果海洋环境受到污染,海水及海底沉积物中的各种污染物都有可能进入海洋生物体内。人们如果食用了被污染的海产品,海洋中的污染物就会通过这个途径进入人体,从而产生对人体的危害。

六、海洋环境污染对人类、海洋生物和人类生活造成的危害

海洋环境严重污染多出现在船舶密集区域和沿海工业发达的海区。人们过高地估计了海洋的自净能力,致使海洋一度被视作天然的垃圾处理厂,工业污水和陆地废弃物全都向海洋排放,船舶则毫无限制地排放着含有各类有害物质的洗舱水和船舶垃圾,致使沿海海域和封闭海域被严重污染。波罗的海、地中海、日本的濑户内海和东京湾、墨西哥湾等一度成为污染最严重的海域。这些海域污染的共同症候是海水变色发臭,鱼类和鸟类大量死亡和灭绝,浮油和垃圾使海滨浴场及旅游胜地废弃,沿海树林和植物病枯,海洋生物畸形和变异,海洋底土腐臭使贝壳类生物全部死亡,以及出现了“公害病”人群等。

日本在20世纪70年代前后,大量工业污水排入海域,使东京湾、濑户内海和伊势湾等严重污染。沿岸海水透明度下降,呈褐色或黑色。一些水产资源濒临灭绝,

而具有油臭味的鱼、带有烂斑的海带大量出现，食用被污染海产品而得病的人越来越多。濑户内海海底全是发臭的污泥，成了海洋生物的坟墓。日本一度成了“公害列岛”。一些地区的居民由于长期食用受污染的海产品，大量的有毒物质和重金属积累于人体，使大批居民患上了痛苦难忍的“水俣病”或“骨痛病”（见图 4-1-12），一些居民因不堪痛苦而自尽。严酷的事实引起了政府的重视，从调查到赔偿花费了十多年时间，最终促使日本政府下决心从严治理海洋环境污染。

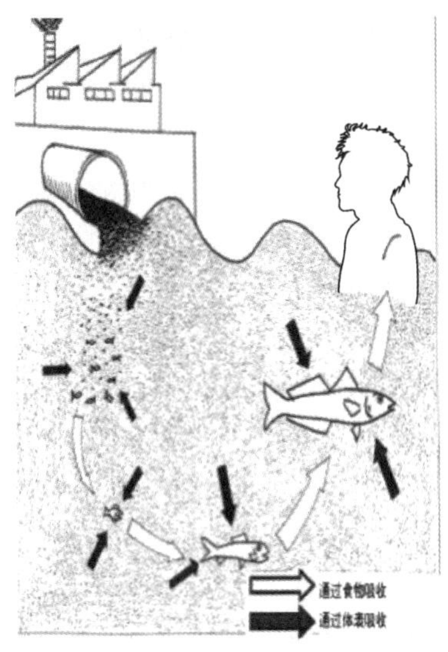

图 4-1-12 “水俣病”的形成

波罗的海是封闭型海域，周边国家众多，工业发达，海上交通繁忙，但大量的污染物排放和倾废一度使该海域几乎成为死亡之海。海洋生物体内的汞、DDT、多氯联苯含量严重超标。过量的营养盐使藻类疯狂繁殖，导致海水水体出现无氧区，大部分海底被含有硫化氢的海水覆盖，一部分海域已无海生物存在。残酷的事实终于使波罗的海国家达成了联合治理污染的共识。

海域污染加剧导致赤潮肆虐。近 20 年来，赤潮已经成为国际最严重的海洋生态灾害。中国沿海的很多海域都是赤潮高发区，同时中国也是世界上赤潮发生比较频繁的国家之一，每年都有多起赤潮（见表 4-1-1）。2014 年北秦皇岛海域发生单次最大面积赤潮，持续 85 天，最大面积 2000 km^2。2015 年单次持续时间最长、面积最大的赤潮发生在辽宁绥中至滦河口海域，持续时间近 3 个月，最大面积为 825 km^2。2016 年单次面积最大的赤潮发生在长江口水域，最大面积 2000 km^2，持续时间 6 天。2017 年单次面积最大的赤潮发生在广东茂名水东湾附近海域，最大面积 495 km^2，持续时间 19 天。

表 4-1-1　2004—2017 年国家海洋局对赤潮监测的数据

年份	2004	2005	2006	2007	2008	2009	2010	2011	2012	2013	2014	2015	2016	2017
赤潮发生次数	96	82	93	82	68	68	69	55	73	46	56	35	68	68
赤潮累计面积/km^2	26630	27070	19840	11610	13738	14100	10892	6076	7971	4070	7290	2809	7484	3679

七、保护海洋环境是每个船员的社会责任

海洋环境是指人类赖以生存和发展的，包括海洋水体、海底和海水表层上方的大气空间，以及同海洋密切相关，并受到海洋影响的沿岸和河口区域在内的自然环境。

保护海洋环境，既是国际公约、港口国立法和港口规定赋予船员的法律义务，违法者将被追究行政责任、民事责任乃至刑事责任，更是船员作为一个社会人应有的职业道德和应承担的社会责任。保护海洋环境，不仅有利于社会，有利于船员自身和家人，更关系到子孙后代的生存和健康，因此是每个船员应尽的家庭责任。那些为了贪图方便，或为公司省钱着想而故意违章排放船舶污染物的行为，显然不符合社会利益和家庭利益，为社会公德和个人良知所谴责，为法律所不容。

日趋严格的港口国监督和船旗国监督，先进的遥感技术的应用、频繁的检查和严厉的污染处罚，使得任何心存侥幸的排污行为随时可能面临承担法律责任和巨额的经济赔偿。《中华人民共和国刑法》第 338 条规定，对构成破坏环境资源保护罪的污染行为，处 3 年以下有期徒刑或者拘役，并处或者单处罚金，后果特别严重的，处 3 年以上 7 年以下有期徒刑并处罚金。2015 年美国根据消费价格指数的变化调整了美国《1990 年油污法》项下船舶责任限制金额。与此相适应，美国海岸警卫队颁布了最终规则。根据 2015 年生效的新责任限制规则，3000 总吨以上的单壳油船，调整为“每总吨 3500 美元或 25845600 美元，以二者中赔偿限额高者为准”；3000 总吨以上的非单壳油船，调整为“每总吨 2200 美元或 18796800 美元，以二者中赔偿限额高者为准”。OPA 90 对于小于等于 3000 总吨的单壳及双壳油船和“其他任何船舶包括任何装载食用油的油船和溢油应急反应船舶”的责任限额也做了相应调整。属于油污事故责任方或其雇员，或责任方的合同关系人员有重大过失或故意不当行为的，不能享受责任限制。不能享受责任限制的油污事故，对于大公司意味着巨大的经济损失和船员收入的减少，对于中小型公司则意味着公司倒闭和船员失业。

不论是从法律的或道德的角度，还是从社会、家庭和个人的角度，每个船员都应自觉地保护海洋环境，具备保护海洋环境的意识、知识和技能。在日常工作和生活中应自觉做到：

(1)自觉遵守国际、国家、地方、公司的有关防污染法律和规定，严格按照禁止排放的规定和限制排放的条件执行，确保船上的防污设备和设施随时处于良好技术状态，严格遵守对船舶污染物的操作规程，接受港口国当局的作业指挥和指导。

(2)鉴于除不可抗力外，船舶发生污染事故不论有无过失都要承担法律责任这

一事实，船员应时刻保持防污染的警惕，严格防范可能发生的污染事故。

(3)本船一旦发生或可能发生污染事故，全体船员应按应变部署(应急计划/程序)全力应急，及时控制和消除污染。应急指挥有责任随时判断有无危及人身安全的情况，必要时组织人员撤离。

(4)船员发现他船违章排污，或本船发生污染事故，或发现海面严重污染，应立即报告船长、值班负责人并通知机舱；船上负责人应立即向当局报告。

(5)对于船旗国和港口国当局的安全检查或污染事故调查，每位船员应予积极配合，如实陈述污染经过和排放数量等事实，提供有关资料和证明。

(6)多船协同对抗污染事故时，不论是援助他船，还是接受他船援助，本船船员都应严格服从船长的指挥，认真履行所分配的职责，积极配合群体行动。

第二节 国际防止船舶造成污染公约

在 20 世纪 60 年代前，人们坚信海洋能净化人为的任何污染，但 1967 年超级油船“托利·坎荣”(Torrey Canyon)的触礁油污事故，触动了国际航运界，IMO 制定了 MARPOL 73 公约(未生效)，1978 年 2 月又制定了 MARPOL 78 议定书。1978 年 3 月，超级油船“阿莫柯·卡迪兹”(Amoco Cadiz)触礁，导致法国海域和海岸的严重污染，使得国际社会清醒地认识到了船舶污染对海洋环境损害的严重后果，促成了 MARPOL 73/78 公约的迅速生效。该公约由公约正文、议定书、六个附则及其修正案组成。这六个附则是：

1. 附则Ⅰ：防止油类污染规则；
2. 附则Ⅱ：控制散装有毒液体物质污染规则；
3. 附则Ⅲ：防止海运包装有害物质污染规则；
4. 附则Ⅳ：防止船舶生活污水污染规则；
5. 附则Ⅴ：防止船舶垃圾污染规则；
6. 附则Ⅵ：防止船舶造成空气污染规则。

按公约规定，在 1973 年公约上签字批准的国家必须承认(接受)附则Ⅰ和附则Ⅱ，其他附则是任选的。

MARPOL 73/78 生效以来，在保护海洋环境方面取得了积极成效。随着人类对生活质量、可持续发展认识的提高和经济水平的提高，对人类赖以生存和发展的海洋环境提出了更为严格的保护要求。

MARPOL 73/78 防止船舶污染海洋环境的策略,是控制船舶的设备状态和人员操作。即由船旗国负责(委托船级社)对有关技术设备根据公约进行检验,对符合要求的发给证书;明确船舶污染物的排放标准;对特殊操作制定操作程序或手册;要求船舶对这些操作进行记录。港口国则通过检查船舶证书、操作程序和操作记录,判断该船是否符合公约的要求。目前,MARPOL 73/78 的要求已成为几乎遍布全球的港口国监督(PSC)检查的必查项目。防污染证书和设备不符合要求,违章操作和违反排放标准,记录不符合要求等,很可能导致船舶被港口国滞留。掌握该公约的有关要求是必要的。在此概要介绍 MARPOL 73/78 各附则的内容。

一、附则Ⅰ 防止油类污染规则

该附则于 1983 年 10 月 2 日生效。除另有明文规定外,本附则的规定适用于所有船舶。150 总吨及以上的油船和 400 总吨及以上的非油船,应通过检验并获得“国际防止油污证书”(IOPP 证书)。IOPP 证书的有效期由主管机关规定,但不得超过 5 年。

(一)定义

1. 油类:系指包括原油、燃料油、油泥、油渣和石油炼制品在内的任何形式的石油。

2. 油性混合物:系指含有任何油分的混合物。

3. 燃油:系指船舶所载并用作推进和辅助机器的燃料的任何油类。

4. 油船:系指建造为或改造为主要在其装货处所装运散装油类的船舶,并包括兼装船以及全部或部分装运散装货油的化学品液货船。

5. 最近陆地:系指按国际法划定的领海基线。(公约对澳大利亚东北海面的“最近陆地”有特别规定。)

6. 特殊区域:由于其海洋学和生态学的情况以及其运输的特殊性质等公认的技术原因,需要采取防止海洋油污的特殊强制办法的海域。本附则的特殊区域有:地中海区域、波罗的海区域、黑海区域、红海区域、海湾区域、亚丁湾区域、南极区域、西北欧区域、阿拉伯海的阿曼区域、南非南部海域。

7. 油量瞬间排放率:任何一瞬间每小时排油量(L/h)除以同一瞬间的船速(n mile/h),其单位为“L/n mile”。

8. 清洁压载水:系指装入已清洗过的货油舱内的压载水。该压载水晴天从静态的船舶排入清洁而平静的水中,不会在水面或邻近的岸线上产生明显痕迹,或形成油泥或乳化物沉积于水面以下或邻近的岸线上。如果压载水是通过主管机关认可的排油监控系统排出的,而根据这一系统的测定查明该废液的含油浓度不超过 15ppm,那么,尽管出现明显痕迹,仍应确定该压载水是清洁的。

9. 专舱压载水:系指装入与货油或燃油系统完全隔绝并固定用于装载压载水的

舱内的水。

10. 船长：系指量自龙骨板上缘的最小型深85%处水线总长的96%，或沿该水线首柱前缘至舵杆中心的长度，取大者。

（二）所有船舶机器处所排油操作控制

除为保障船舶安全或救助海上人命缘故、船舶或其设备遭到损坏缘故、主管机关为降低污染损坏的特殊原因而批准，不得将油类或含油混合物排放入海。

1. 在特殊区域外的排油控制

400总吨及以上的船舶不得将油类或含油混合物排放入海，除非符合下列所有条件：

（1）船舶正在航行途中；

（2）含油混合物已通过本附则规定的滤油设备处理；

（3）未经稀释的排出物的含油量不超过15ppm；

（4）油船的含油混合物不是来自货油泵舱的舱底；

（5）油船的含油混合物不混有货油残余物。

2. 在特殊区域内的排油控制

400总吨及以上的船舶不得将油类或含油混合物排放入海，除非符合下列所有条件：

（1）船舶正在航行途中；

（2）未经稀释的排出物的含油量不超过15ppm；

（3）油船的含油混合物不是来自货油泵舱的舱底；

（4）油船的含油混合物不混有货油残余物；

（5）本附则要求的船上滤油设备，正在运转；

（6）当排出物含油量超过15ppm时，该过滤系统备有的报警装置报警，停止装置能确保自动停止排放。

禁止任何船舶在南极区域将油类或含油混合物排放入海。

3. 对于小于400总吨的船舶在除南极区域以外所有区域的排放要求

（1）船舶正在航行途中；

（2）船舶经主管机关设计认可的设备正在运转并保证未经稀释的排出物的含油浓度不超过15ppm；

（3）油船的含油混合物不是来自货油泵舱的舱底；

（4）油船的含油混合物不混有货油残余物。

（三）油船货油区域排油操作控制

除为保障船舶安全或救助海上人命缘故、船舶或其设备遭到损坏缘故、主管机关为降低污染损坏的特殊原因而批准，油船货油区域内的油类或含油混合物禁止排

放入海,除非符合下列所有条件:

1. 在特殊区域外的排油控制

(1)油船不在特殊区域之内;

(2)油船距最近的陆地 50 n mile 以上;

(3)油船正在航行途中;

(4)油量瞬间排放率不超过 30 L/n mile;

(5)排入海中的总油量不超过这项残油所属货油总量的 1/15000,1979 年 12 月 31 日后交船的油船,不超过这项残油所属货油总量的 1/30000;

(6)排油监控系统及污油水舱设施正在运转。

清洁压载水和专舱压载水可以直接排放入海。

2. 在特殊区域内的排油控制

(1)油船货油区域内的油类或含油混合物禁止在某一特殊区域排放入海;

(2)清洁压载水和专舱压载水可以直接排放入海。

3. 对于小于 150 总吨的油船的要求

应将残油保存在船上而后将全部的污染清洗液排放至接收设施,用于清洗和回收到集污舱的所有油和水应排至接收设施,除非有适当的布置对其排出物进行有效的监控,以保证其符合本条的规定。

(四)油类记录簿

150 总吨及以上的油船、400 总吨及以上的非油船,应备有油类记录簿第Ⅰ部分(机器处所作业);150 总吨及以上的油船,还应备有油类记录簿第Ⅱ部分(货油/压载作业)。油类记录簿均应符合本附则规定的格式。

当船舶进行下列任何一项作业时,均应逐舱填写油类记录簿。

1. 机器处所作业(按舱填入油类记录簿第Ⅰ部分)

(1)燃油舱的压载或清洗;

(2)燃油舱污压载水或洗舱水的排放;

(3)残油(油泥)的处理;

(4)机器处所积存的舱底水向舷外排放或处理;

(5)加装燃油和散装润滑油。

2. 货油/压载作业(按舱填入油类记录簿第Ⅱ部分)

(1)货油的装载;

(2)航行中货油的内部转驳;

(3)货油的卸载;

(4)货油舱和清洁压载舱的压载;

(5)货油舱的清洗(包括原油洗舱);

(6)压载水的排放,但从专用压载舱排放者除外;

(7)污油水舱的水的排放;

(8)污油水舱排放作业后,阀门或类似装置的关闭;

(9)污油水舱排放作业后,为清洁压载舱与货油和扫舱管路隔离所需阀门的关闭;

(10)残油的处理。

上述每项作业由高级船员或有关作业负责人记入油类记录簿并签字,每记完一页由船长签字。记完最后一项后留船保存3年。油类记录簿应存放在船上随时可取来检查的地方。缔约国政府的主管当局,可检查在港船舶的油类记录簿。

二、附则Ⅱ 控制散装有毒液体物质污染规则

该附则于1987年4月6日生效。除另有明文规定外,本附则适用于所有准予运输散装有毒液体物质的船舶。当有毒液体物质货船(NLS)的装货处所准予装载有关本公约附则Ⅰ所涉及的货物时,则本公约附则Ⅰ的相应要求也应适用。对通过检验的船舶,签发"国际防止散装运输有毒液体物质污染证书"(NLS证书),NLS证书的有效期最长为5年。

(一)定义

1. 化学品液货船:系指建造为或改造为用于载运《国际散装化学品规则》中所列明的散装液体物质的船舶。

2. 有毒液体物质货船:系指建造为或改造为用于装运散装有毒液体物质货物的船舶,包括附则Ⅰ定义的载运或部分载运散装有毒液体物质货物的油船。

3. 清洁压载水:系指装载入这样一个舱内的压载水,该舱自上次用于装载含有X、Y或Z类物质的货物以来,已予彻底清洗,所产生的残余物也已按本附则的相应要求全部排空。

4. 专用压载水:系指装入这样一个舱内的压载水,该舱与货物和燃油系统完全隔离并固定用于装载压载水或固定用于装载本公约诸附则中所定义的各种油类或有毒液体物质以外的压载水或货物。

5. 残余物:系指未经处理的任何有毒液体物质。

6. 特殊区域:本附则的特殊区域有波罗的海区域、黑海区域和南极区域。

(二)有毒液体物质的分类

就本附则而言,有毒液体物质分为以下4类:

1. X类:这类有毒液体物质,如从洗舱或排放压载的作业中排放入海,将对海洋资源或人类健康产生重大危害,因而应严禁向海洋环境排放该类物质。

2. Y类:这类有毒液体物质,如从洗舱或排放压载的作业中排放入海,将会对海洋资源或人类健康产生危害,或对海上的休憩环境或其他合法利用造成损害,因而

对排放入海的该类物质的质和量应采取限制措施。

3. Z 类：这类有毒液体物质，如从洗舱或排放压载的作业中排放入海，将被认为会对海洋资源或人类健康产生较小的危害，因而对排放入海的该类物质应采取较为宽松的限制措施。

4. 其他物质：以 OS(Other Substances，其他物质)形式被列入《国际散装化学品规则》第 18 章污染类别栏目中的物质，经评定认为不属于本附则所规定的 X、Y 或 Z 类物质之内，且目前认为当这些物质从洗舱或排放压载的作业中排放入海时，对海洋资源、人类健康、海上休憩环境或其他合法利用并无危害。排放仅含有被列为“其他物质”的物质的舱底水、压载水、其他残余物或混合物，不应受本附则任何要求的约束。

(三)有毒液体物质残余物的排放控制

有毒液体物质残余物或含有该类物质的压载水、洗舱水，或其他含有该类物质的混合物的排放控制应符合下列要求。

1. 排放规定

(1)定义或暂定为 X、Y、Z 类的物质，或含有此类物质的压载水、洗舱水，或其他含有此类物质的混合物应禁止排放入海，除非这种排放完全按照本附则中适用的操作性要求进行。

(2)在按本条规定进行的任何预清洗或排放程序前，相关货舱应根据手册中所规定的程序最大限度地被排空。

(3)未经分类或未经暂时分类或未按本附则予以评定的物质，或含有此类物质的压载水、洗舱水，或其他含有此类物质的混合物应禁止载运及排放入海。

2. 排放标准

(1)定义或暂定为 X、Y、Z 类的物质的残余物，或含有此类物质的压载水、洗舱水，或其他含有此类物质的混合物允许排放入海，但应符合下列排放标准：

①船舶在航行途中，如果是自航船，其速度至少在 7 kn，或如果是非自航船，其速度至少在 4 kn；

②在水线以下通过水下排放口进行排放时，排放速度不应超过排放口的最高设计速率；

③排放时距离最近陆地不少于 12 n mile，水深不少于 25 m。

(2)凡于 2007 年 1 月 1 日之前建造的船舶，对于把 Z 类物质或临时分类为此类物质的残余物或压载水、洗舱水，或水线以下含有此类物质的其他混合物排放入海是非强制性的。

(3)主管机关可以对仅从事于船舶有权悬挂其国旗的船旗国主权或所辖水域内航行的船舶免除关于 Z 类物质排放时距离最近陆地不少于 12 n mile 的要求。另外，只要两个相关沿岸国在不影响第三方的前提下，达成书面的免除协议后，主管机关

也可对有权悬挂其国旗的从事于其毗邻国家主权或所辖水域内航行的特殊船舶免除关于排放时距离最近陆地不少于 12 n mile 的相同要求。关于此协议的信息应在 30 天内提交 IMO。

3. 货物残余物的通风

经主管机关认可的通风程序可以用以驱除舱内的货物残余物。此类程序应符合本附则附录的要求。驱除残余物后输进舱的任何水应被视为清洁水,并不应受本附则排放要求的约束。

4. 预清洗的免除

如下列要求得到满足,接受方政府可根据船长要求,准予预清洗的免除:

(1)卸完货的舱将再装载相同物质或另一种与前者相容的物质,则该舱在装货前可不予清洗或压载;或

(2)卸完货的舱在海上既没被清洗也没被压载。按本条适用条款,可在另一港口进行预清洗,但应有书面证明该港口的接收设备是可用和充足的;或

(3)货物残余物应通过主管机关根据本附则附录认可的通风程序予以清除。

5. 清洁剂或添加剂的使用

(1)如使用非水清洗介质(如矿物油或氯化溶剂)替代水清洗货舱,其排放应符合附则Ⅰ或附则Ⅱ的规定。如果该介质被作为货物装运,则这些规定适用于该介质。涉及使用此类介质的货舱清洗程序应在《程序和布置手册》中予以明确规定并经主管机关认可。

(2)如果为了方便货舱清洗而在水中加入少量清洁添加剂(洗涤产品),则含 X 类污染成分的添加剂不得使用,除非这些防污成分有生物降解功能,并且总浓度不超过清洁添加剂的 10%。除因前载货物的原因而适用于货舱外,不应适用其他限制。

6. X 类物质残余物的排放

根据 1. 的规定,下列规定应适用于:

(1)已卸完 X 类物质货物的货舱,在船舶离开卸货港口之前,应予以预清洗,将清洗残余物排入接收设备中。如验船师对排入接收设备的排出物中物质浓度进行样本分析后确定,清洗残余物浓度处于或低于 0.1% ,则应把舱内剩余的洗舱水继续排入接收设备,直至把舱排空。这些作业应在货物记录簿内做相应记录,并由缔约国政府指定的验船师签署。

(2)预清洗后注入舱内的任何水可以按照上述 2. 的排放标准排放入海。

(3)如果接收方政府认为对排出物中物质浓度进行测量将会对船舶造成不当延误,则该当事国可以接受相当于达到本条(1)要求浓度的替代程序,如果:

已按照主管机关根据本附件附录批准的程序对货舱进行了预清洗;并在货物记录簿进行了适当的记录并经本条(1)所述的验船师签注。

7. Y 和 Z 类物质残余物的排放

(1)除 1. 的规定外,应适用下列规定:

①关于 Y 或 Z 类物质残余物排放程序,上述 2. 的排放标准应适用。

②如果 X 或 Y 类物质没有按《程序和布置手册》要求进行卸载,在船舶离开卸货港口之前,应予以预清洗,除非参照本附则规定,采取使验船师满意的、从船上去除本附则规定数量的货物残余物的其他措施。预清洗后的洗舱水应被排放至卸货港口的接收设备,或排放至有合适接收设备的另一港口,但必须有书面确认该港口的接收设备足以收纳该船的洗舱水。

③对于 Y 类物质中的高黏度或固化物质应适用下列情况:

a. 应适用附录中规定的预清洗程序;

b. 预清洗时产生的残余物/水混合物应被排放至接收设备,直至货舱排空;

c. 后续注入舱内的任何水可按上述 2. 的排放标准被排放入海。

(2)压载和减压载的操作性要求:

①卸货后和预清洗后(如要求),可对液货舱进行压载。此类压载水的排放程序在上述 2. 中有明确规定。

②如船舶离最近陆地不到 12 n mile,其所在位置水深不到 25 m,而已被清洗的液货舱所注入的压载水中含有不到 1ppm 的前载物质,则该压载水可不考虑其排放速度、船舶航速及排放口位置,而被排放入海。当附录中规定的预清洗进行完后,所要求的清洁度就已达到了。而于 1994 年 7 月 1 日前建造的船舶之货舱接着要用清洁机,以不少于 $k=1.0$ 的水量完整彻底地清洗一遍。

③清洁或专用压载水的排放情况不适用本附则的要求。

8. 南极区域排放

南极区域系指南纬 60°以南海域。禁止任何有毒液体物质或含有此类物质的混合物排放入南极海域。

(四)货物记录簿

1. 凡本附则适用的船舶,应备有一本规定格式的货物记录簿。

2. 每项记录应由负责该项作业的高级船员签字,每一页还应由船长签字。货物记录簿的记录应至少使用英文、法文或西班牙文写成。货物记录簿在完成最后一次记录后应保留 3 年。

3. 货物记录簿应存放于随时可以取来检查的地方。

4. 缔约国政府的主管当局可在船舶在港时上船检查货物记录簿。

5. 附则所列项目清单中的涉及有毒液体物质任何类别的作业都要求记录到货物记录簿中。

(五)船舶海上有毒液体物质污染应急计划

1. 每艘准予载运散装有毒液体物质的 150 总吨及以上的船舶,应备有主管机关

认可的船舶海上有毒液体物质污染应急计划。

2. 该应急计划应根据IMO制定的导则要求,并应以船长和高级船员所用的工作语言写成。该计划至少应包括:

(1)根据本组织制定的导则,本公约要求的由船长或其他负责人员报告有毒液体物质污染事故所遵循的程序;

(2)在发生有毒液体物质污染事故时应与之联系的当局或人员名单;

(3)在事故发生后由船上人员为减少或控制减少有毒液体物质所立即采取的措施的详细说明;

(4)在处理污染时与政府及地方当局协调船上行动的程序和船上联系人。

3. 对本公约附则Ⅰ也适用的船舶,此计划可以与本公约附则Ⅰ所要求的船上油污应急计划结合使用。在此情况下,该计划的标题应为"船上海洋污染应急计划"。

三、附则Ⅲ 防止海运包装有害物质污染规则

该附则于1992年7月1日生效,除另有明文规定外,适用于所有运输包装有害物质的船舶。附则所指"有害物质",是指在《国际海运危险货物规则》中列为海洋污染物的物质或符合本附则附录所述标准的物质。一般要求如下:

1. 包装应根据有害物质的性质,以便使其对海洋环境的危害减至最低限度。

2. 盛装有害物质的包装件,应耐久地标以正确的学名(不应仅用商业名称),并加以耐久的标记或标签,以指明该物质为海洋污染物。

3. 所有关于海运有害物质的文件应用该物质的正确学名。

4. 每艘装运有害物质的船舶,应有一份特别的清单或舱单,列明船上所装的有害物质及其位置。

5. 有害物质应予正确积载和系固,以便能使对海洋环境的危害减至最低限度,且不损害船舶和船上人员安全。

6. 对某些有害物质,由于科学和技术的原因,可能需要禁止装运,或对某一船舶的装运数量加以限制。在限制数量时应充分考虑船舶的大小、结构和设备,同时还应考虑这些物质的包装和自身性质。

7. 禁止将以包装形式装运的有害物质抛弃入海,但为保障船舶安全或在海上救护人命所必须者除外。

四、附则Ⅳ 防止船舶生活污水污染规则

该附则于2003年9月27日生效,适用于400总吨及以上的船舶和小于400总吨且核准载运15人以上的船舶。通过检验的船舶可获得国际防止生活污水污染证书,该证书的有效期最长为5年

(一)定义

1. 生活污水:任何形式的厕所和小便池的排出物和其他废弃物;医务室(药房、

病房等)的面盆、洗澡盆和这些处所排水孔的排出物;装有活动物的处所的排出物;或混有上述排出物的其他废水。

2. 新客船:是指 2019 年 6 月 1 日或之后,已签订建造合同,或如无建造合同,其龙骨已安放,或处于类似建造阶段;或交船日期为 2021 年 6 月 1 日或之后的客船。

3. 现有客船:是指非新客船的客船。

4. 特殊区域:本附则的特殊区域是指波罗的海区域和 IMO 按指定防止船舶生活污水造成污染特殊区域的标准和程序指定的任何其他海域。

(二)一般要求

当船舶在另一缔约国的港口或近海码头时,按附则的有关操作性要求,如果有明显证据证明船长或船员不熟悉船上有关防止生活污水污染的基本程序,该缔约国正式授权的检查官可实施检查。

要求船舶配备生活污水处理装置或者经主管机关认可的生活污水粉碎和消毒系统或者生活污水储存舱。

1. 除客船外的船舶在所有区域的生活污水排放和客船在特殊区域外的生活污水排放

(1)除为保障船舶及船上人员安全或救助海上人命所必须、船舶或其设备损坏缘故,禁止将生活污水排放入海,除非:

①船舶在距最近陆地 3 n mile 外,使用主管机关认可的系统,排放经粉碎和消毒的生活污水,或在距最近陆地 12 n mile 外排放未经粉碎和消毒的生活污水。但任何情况下,都不得将集污舱中储存的或来自装有活体动物处所的生活污水即刻排光,而须在船舶以不低于 4 kn 的航速航行时,以适当的速率排放;排放速率须由主管机关根据本组织制定的标准予以批准;或

②船舶所配备的经认可的生活污水处理装置正在运转,该装置已由主管机关验证符合本附则的操作要求,其排出物须不在水中产生可见的漂浮固体或使周围海水变色。

(2)第(1)款的规定须不适用于在一国管辖水域内航行的船舶,以及在这些水域内依据该国可能实行的较宽松排放要求正排放生活污水的其他国家的来访船舶。

2. 客船在特殊区域内的生活污水排放

除为保障船舶及船上人员安全或救助海上人命所必须、船舶或其设备损坏缘故,禁止客船在特殊区域排放生活污水。

除非满足:船舶所配备的经认可的生活污水处理装置正在运转,该装置已由主管机关验证符合本附则的操作要求,其排出物须不会在水中产生可见的漂浮固体或使周围海水变色。

否则,在以下日期后严禁在波罗的海特殊区域内排放生活污水:

(1)2019 年 6 月 1 日,适用于新客船;

(2)2021 年 6 月 1 日,适用于现有客船,下文(3)段所指的船舶除外;

(3)2023 年 6 月 1 日,适用于直接往来特殊区域外的港口及往来特殊区域内经度 28°10′E 以东的港口,不停靠特殊区域内任何其他港口的现有客船。

3. 一般要求

当生活污水混合了现行 MARPOL 公约其他附则涵盖的废弃物或废水时,除满足本附则的要求外,还须满足其他附则的要求。

五、附则Ⅴ 防止船舶垃圾污染规则

该附则于 1988 年 12 月 31 日 生效,除另有明文规定者外,适用于所有船舶。

(一)定义

1. 货物残留物:系指本公约其他附则未规定的、货物装卸后在甲板上或舱内留下的任何货物残余,包括装卸过量或溢出物,不管其是在潮湿还是干燥的状态下,或是夹杂在洗涤水中,但不包括清洗后甲板上残留的货物粉尘或船舶外表面的灰尘。

2. 食用油:系指任何用于或准备用于食物烹制或烹调的可食用油品或动物油脂,但不包括使用这些油进行烹制的食物本身。

3. 生活废弃物:系指其他附则未规定的、在船上起居处所产生的所有类型的废弃物。生活废弃物不包括灰水。

4. 食品废弃物:系指船上产生的任何变质或未变质的食料,包括水果、蔬菜、奶制品、家禽、肉类产品和食物残渣。

5. 垃圾:系指产生于船舶正常营运期间并需要连续或定期处理的各种食品废弃物、生活废弃物、操作废弃物、所有的塑料、货物残留物、焚烧炉灰、食用油、渔具和动物尸体,但本公约其他附则中所界定的或列出的物质除外。垃圾不包括因航行过程中的捕鱼活动和为把包括贝类在内的鱼产品安置在水产品养殖设施内以及把捕获的包括贝类在内的鱼产品从此类设施转到岸上加工的运输过程中产生的鲜鱼及其各部分。

6. 操作废弃物:系指其他附则未规定的、船舶正常保养或操作期间在船上收集的或是用以储存和装卸货物的所有固体废弃物(包括泥浆)。操作废弃物也包括货舱洗舱水和外部清洗水中所含的清洗剂和添加剂。操作废弃物不包括灰水、舱底水或船舶操作所必需的其他类似排放物。

7. 塑料:就本附则而言,“所有塑料”系指所有含有或包括任何形式塑料的垃圾,其中包括合成缆绳、合成纤维渔网、塑料垃圾袋和塑料制品的焚烧炉灰。

8. 特殊区域:本附则特殊区域系指地中海区域、波罗的海区域、黑海区域、红海区域、海湾区域、北海区域、南极区域和大加勒比海区域。

(二)排放要求

1. 禁止排放垃圾入海的一般规定

除本附则另有规定外,禁止排放任何垃圾入海。除本附则“例外”条款另有规定外,禁止排放任何塑料入海(包括但不限于合成绳、合成纤维渔网、塑料垃圾袋和塑料制品的焚烧炉灰);禁止排放食用油入海。

2. 在特殊区域之外排放垃圾

(1)仅当船舶处于在航状态且尽可能远离最近陆地时,方允许在特殊区域之外向海洋排放以下垃圾,但无论如何须:

①在距最近陆地不少于 3 n mile 处排放业经粉碎机或研磨机处理后的食品废弃物。这种经粉碎或研磨后的食品废弃物须能通过筛眼不大于 25 mm 的粗筛。

②未经上述第①项处理过的食品废弃物,在距最近陆地不少于 12 n mile 处排放。

③对于无法以常用卸载方法回收的货物残留物,在距最近陆地不少于 12 n mile 的地方排放。这些货物残留物不得含有任何被列为有害海洋环境的物质。

④对于动物尸体,其排放须尽可能远离最近陆地。

(2)货舱、甲板和外表面清洗水中含有的清洁剂或添加剂可以排放入海,但是,这些物质不得危害海洋环境。

(3)除谷物以外,SOLAS 公约规定的固体散装货物须按本附则规定加以分类,并由托运人申明其托运的货物是否对海洋环境有害。

(4)当垃圾中掺入其他禁止排放或有不同排放要求的物质,或是被此种物质污染时,须适用更为严格的要求。

3. 特殊区域内的垃圾排放

(1)仅当船舶处于在航状态并遵守以下规定时,方允许在特殊区域内向海洋排放以下垃圾:

①排放食品废弃物入海须尽可能远离最近陆地,但距最近陆地或最近冰架须不少于 12 n mile。该食品废弃物须业经粉碎或研磨处理且须能通过筛眼不大于 25 mm 的粗筛。食品废弃物须未受任何其他类型的垃圾污染。除非已经过无菌处理,否则禁止在南极区域排放包括禽类和禽类部位在内的外来鸟类产品。

②对于无法以常用卸载方法回收的货物残留物,须在满足下列所有条件后方可排放:

a. 根据本附则附录Ⅰ设置的标准,货舱洗舱水中包含的货物残留物中无任何被分类为对海洋环境有害的物质;

b. 除谷物以外,SOLAS 公约规则规定的固体散装货物须按本附则附录Ⅰ规定加以分类,并由托运人申明其托运的货物是否对海洋环境有害;

c. 根据本组织制定的指南,舱室洗涤水中包含的清洁剂或添加剂中无任何被分

类为对海洋环境有害的物质；

d. 出发港和下一目的港都在特殊区域内，且船舶在这些港口间航行时不会驶出特殊区域；

e. 这些港口没有足够的接收设施；和

f. 当满足本款前五项的条件时，排放包含残留物的货舱洗舱水须尽可能远离最近陆地或最近冰架，且距最近陆地或最近冰架不少于 12 n mile。

(2) 只有在对海洋环境无害的情况下，甲板和船舶外部表面清洗水中含有的清洁剂或添加剂才可以排放入海。

(3) 各缔约国须确保悬挂其船旗的船舶在进入南极区域前，船上有足够容积储存船舶在该区域营运期间产生的所有垃圾，且已完成离开该区域后把这些垃圾排至某一接收设施的安排。

(4) 当垃圾中掺入其他禁止排放或有不同排放要求的物质，或是被此种物质污染时，须适用更为严格的要求。

4. 例外

(1) 前述要求不适用于：

①保障船舶和船上财产安全或挽救海上人命所必需的船舶垃圾排放；或

②由于船舶或其设备损坏而导致的垃圾意外灭失，且在损坏发生前后已采取了一切合理的预防措施来防止意外灭失或使其降至最低限度；或

③渔具意外灭失，且已采取了一切合理的预防措施来防止这种灭失；或

④为保护海洋环境或保护船舶或其船员安全而从船上抛弃渔具。

(2) 在航的例外：如果船上留存的食品废弃物明显会立刻危害船上人员的健康，则前述关于在航的规定须不适用于这些食品废弃物的排放。

(三) 公告牌、垃圾管理计划和垃圾记录簿

1. 总长在 12 m 及以上的船舶须张贴公告牌，告知船员和乘客垃圾的排放要求。公告牌使用船员的工作语言，对于航行于本公约其他缔约国管辖权限范围内的港口或离岸式码头的船舶，还须使用英语、法语或西班牙语。

2. 100 总吨及以上的船舶，经核准载运 15 人或以上的船舶须配备垃圾管理计划，且船员均须执行。该管理计划须提供书面的有关垃圾减少、收集、存储、加工和处理，包括船上设施使用的程序。该计划还须指定一名或多名人员负责执行垃圾管理计划。该计划须使用船员的工作语言。

3. 400 总吨及以上的船舶和经核准载运 15 人或以上的船舶须配备垃圾记录簿。垃圾记录簿无论是否为官方日志的一部分或其他形式，均须使用本附则附录中规定的格式。

4. 每次排放入海或排至某一接收设施，或者完成的焚烧作业，须及时记录在垃圾记录簿中并且由主管高级船员在排放或焚烧作业的当日签署。垃圾记录簿每页

记录完成时须由船长签字。垃圾记录簿须至少使用英语、法语或西班牙语填写。如垃圾记录簿同时还以船舶的船旗国官方语言填写的,在出现争执或不一致情况时,须以船旗国官方语言填写的为准。

5. 每次排放记录须包括日期、时间、船位、垃圾种类和被排放的垃圾的估算量(以立方米计)。排放货物残留物时,除了记录上述内容,还应记录排放开始和结束时的船位。

6. 每次焚烧记录须包含日期、时间、焚烧开始和结束时的船位(船舶经纬度)、被焚烧垃圾的分类、每一类被焚烧的垃圾的估算量(以立方米计)。

7. 每次排放至港口接收设施或另一艘船舶,须在垃圾记录簿中填写垃圾接收日期、时间、港口接收设施或另一艘船舶的名称、垃圾的分类、每类垃圾的估算量(以立方米计)。

8. 垃圾记录簿附上从垃圾接收设施处获得的垃圾接收单证须留存在船舶上的适当处所,以备在所有合理时间内随时可查。该记录簿在完成最后一次记录后须至少保留 2 年。

9. 若发生本附则"例外"条款所指的任何排放或意外灭失,须在垃圾记录簿中予以记录,或者对于 400 总吨以下的船舶,须在船舶官方日志中予以记录。记录包括排放或灭失发生的日期、时间、所在港口或船位(经纬度和水深)、原因、排放或意外灭失的物品细目、垃圾种类和估计量(以立方米计)以及为防止或尽量减少这种排放或意外灭失业已采取的合理的预防措施和大致说明。

10. 主管机关可以对经核准载运 15 人或以上的、持续航行时间为 1 h 或以下的任何船舶免除垃圾记录簿的要求。

11. 当发生"例外"条款所规定的可能会对海洋环境或航行带来严重威胁的渔具意外灭失或抛弃时,须向该船的船旗国报告,如灭失或抛弃行为发生在某个沿岸国管辖水域内,还须向该沿岸国报告。

(四)垃圾种类

船舶应将垃圾分为 A~K 类,分别为:

A 类:塑料;

B 类:食品废弃物;

C 类:生活废弃物;

D 类:食用油;

E 类:焚烧炉灰渣;

F 类:操作废弃物;

G 类:动物尸体;

H 类:渔具;

I 类:电子废弃物;

J 类:货物残余(对海洋环境无害物质);

K 类:货物残余(对海洋环境有害物质)。

其中,A~I 类垃圾适用于所有船舶,记录在垃圾记录簿第一部分中;J 和 K 类垃圾适用于载运固体散装货物船舶,记录在垃圾记录簿第二部分中。

六、附则Ⅵ 防止船舶造成空气污染规则

该附则于 2005 年 5 月 19 日生效,除另有规定,适用于所有船舶。等于或大于 400 总吨的每一船舶,应通过检验并获得国际防止空气污染证书(IAPP)和国际能效证书(IEE),证书的有效期最长为 5 年。

(一)定义

1. 残油:系指燃料或润滑油分离器产生的油泥;主、辅机产生的废润滑油;或污水分离器、油过滤器或集油盘产生的废油。

2. 船上焚烧:系指在船上焚烧该船正常营运期间产生的废物或其他物质。

3. 船上焚烧炉:系指主要为焚烧而设计的船上设施。

(二)控制船舶释放的一般要求

1. 臭氧消耗物质

(1)对臭氧消耗物质的任何有意释放应予禁止。有意释放包括在保养、维修或处置系统或设备的过程中发生的释放,但有意释放不包括与臭氧消耗物质的回收或再循环相关的最低释放量。不论是否是有意的,臭氧消耗物质的渗漏造成的释放,可由当事国加以管理。

(2)在所有船上均应禁止使用含有臭氧消耗物质的新装置,但在 2020 年 1 月 1 日前允许含有氢化氯氟烃(HCFC)的新装置。

(3)本条所述物质及含有此种物质的设备,在从船上去除时,应送到适当的接收设施中。

2. 氮氧化物(NO_x)

(1)“新”船用柴油机 NO_x 排放限值要求(见表 4-2-1):

表 4-2-1 “新”船用柴油机 NO_x 排放限值要求

	适用柴油机	NO_x 排放限值
第Ⅰ级	2000 年 1 月 1 日或以后至 2011 年 1 月 1 日以前建造的船上安装的船用柴油机	1. 当 $n<130$ r/min 时,17.0 g/(kW·h); 2. 当 130 r/min$\leqslant n<2000$ r/min 时,$45\cdot n^{(-0.2)}$ g/(kW·h); 3. 当 $n\geqslant2000$ r/min 时,9.8 g/(kW·h)
第Ⅱ级	2011 年 1 月 1 日或以后建造的船上安装的船用柴油机	1. 当 $n<130$ r/min 时,14.4 g/(kW·h); 2. 当 130 r/min$\leqslant n<2000$ r/min 时,$44\cdot n^{(-0.23)}$ g/(kW·h); 3. 当 $n\geqslant2000$ r/min 时,7.7 g/(kW·h)

续表

	适用柴油机	NO_x 排放限值
第Ⅲ级	2016年1月1日或以后建造的船上安装的柴油机	1. 当 $n<130$ r/min 时,3.4 g/(kW·h); 2. 当 130 r/min $\leqslant n<2000$ r/min 时,$9 \cdot n^{(-0.23)}$ g/(kW·h); 3. 当 $n\geqslant 2000$ r/min 时,2.0 g/(kW·h)

表中:n—额定柴油机转速(每分曲轴转数);r/min—转/分;g/(kW·h)—克/千瓦时。

(2)"老"船用柴油机的追溯:

1990年1月1日或以后但在2000年1月1日以前建造的船舶上安装的、输出功率超过5000 kW且每缸排量在90 L或以上的船用柴油机,应经过主管机关认可,其 NO_x 排放限值应满足标准与"新"船用柴油机第Ⅰ级 NO_x 排放限值相同。

3. 硫氧化物(SO_x)

(1)船上使用的任何燃油的硫含量不应超过下述限值:

① 在2012年1月1日及以后,3.50% m/m;

② 在2020年1月1日及以后,0.50% m/m。

(2)当船舶在排放控制区域(ECA)航行时,船上使用的燃油的硫含量在2015年1月1日及以后,不应超过0.10% m/m。

(3)使用不同燃油以满足排放控制区 SO_x 排放限制要求的船舶,应持有书面的燃油转换程序,并将燃油转换作业记录在主管机关规定的航海日志中。

4. 挥发性有机化合物(VOC)

(1)按本条规定接受蒸气释放控制的所有液货船,应配备由主管机关根据IMO制定的安全标准批准的蒸气收集系统,并在装此种货物期间使用此种系统。

(2)当装货和容器系统的类型允许在船上安全存留非甲烷挥发性有机化合物或允许其安全返回岸上时,本条仅应适用于气体运输船。

(3)载运原油的液货船应持有经主管机关批准的挥发性有机化合物(VOC)管理计划。

5. 船上焚烧

船上禁止焚烧的物质:

(1)公约附则Ⅰ、Ⅱ和Ⅲ的货物残留物和相关的被污染的包装材料;

(2)多氯联苯(PCB);

(3)含有超过微量重金属的垃圾;

(4)含有卤素化合物的精炼石油产品;

(5)不是在船上产生的污泥和油渣;

(6)废气滤清系统的残余物;

(7)除获得型式认可的焚烧炉外,禁止其他焚烧炉焚烧聚氯乙烯(PVC)。

6. 燃油质量

船舶应以加油记录单的方式对供应并作为船上燃烧用的燃油的细节加以记录，该记录单应至少包含本附则附录 V 中规定的资料。加油记录单应保存在船上容易取到的地方以供随时检查。它应在燃油供应上船之后保存 3 年。

加油记录单应按规定附有 1 份所供燃油的代表样品。该样品应由供应商代表和船长或负责加油操作的官员在完成加油操作后密封并签署，并应由船方控制直到燃油被基本消耗掉，但无论如何其保存期自加油日期算起应不少于 12 个月。

第三节 国际船舶压载水和沉积物控制与管理公约

一、压载水管理公约背景

随着世界贸易和经济全球化的发展，海上运输越来越发达，大量的船舶压载水人为地在各大洋之间流通，成为地理性隔离水体间的有害生物传播的最主要途径。据统计，每年全球船舶携带的压载水大约有 120 亿吨，平均每立方米压载水中有浮游动植物 1.1 亿个，每天全球船舶压载水携带的生物就有 4500 种，已被确认约有 500 种生物物种是由船舶压载水传播入侵的。这些生物一旦入侵到新的适宜生存区域中，就能发生不可控制的“雪崩式”繁殖，疯狂地掠夺本地生物作为食物，使得有害寄生虫和病原体大面积迅猛传播，甚至引发本地物种灭绝。压载水随意排放可能带来的生物入侵和生态灾难，对环境、人体健康、财产和资源造成严重伤害或损害。

为了控制和防止船舶压载水传播有害水生物和病原体，国际海事组织（IMO）于 2004 年 2 月 9 日至 13 日在英国伦敦 IMO 总部召开了船舶压载水管理国际大会。大会以 IMO A. 868(20) 决议通过了《2004 年国际船舶压载水和沉积物控制与管理公约》(International Convention for the Control and Management of Ships' Ballast Water and Sediments, 2004，简称《压载水管理公约》)，旨在达成国际上的一致，“通过控制和管理船舶压载水和沉积物来防止、减少和最终消除有害水生物和病原体的传播”。压载水排放可能扰乱生态平衡，为了应对由此造成的对全球环境的威胁，需要配置得到 IMO 认可的处理系统。按照公约的要求，如果在 2009 年 1 月 1 日以后建成的新船，必须安装专门的处理设备；从 2012 年起所有的新船均应装设压载水处理系统，而全部现有船舶则在 2016 年底之前配备此项技术装置。

二、压载水管理公约的主要构成

《压载水管理公约》由22条正文和1个附则组成，附则作为公约的技术要求分为5部分。

公约正文内容包括：定义，一般义务，适用范围，控制有害水生生物和病原体通过船舶压载水和沉积物转移，沉积物接收设施，科学技术研究和检测，检验和发证，对违反事件的处理，船舶检查，对违反事件的调查和对船舶的监督，检查并采取行动的通知，避免对船舶的不当延误，技术援助、合作与区域协作，信息交流，争端的解决，与国际法和其他法律文件的关系，签署和批准，生效，修正程序和退出等。

公约的附则《控制和管理船舶压载水和沉积物以防止、减少和消除有害水生物和病原体转移规则》包括总则（A部分）、船舶压载水管理和控制要求（B部分）、某些区域的特殊要求（C部分）、压载水管理的标准（D部分）和检验发证要求（E部分）等5部分内容。

三、压载水管理计划和压载水记录簿

每一船舶均应在船上携带并实施压载水管理计划。每一船舶均应在船上备有压载水记录簿。船上加装压载水、为压载水管理目的对压载水进行循环或处理、将压载水排放到海中、压载水被排放到接收设施中及压载水的意外或其他异常加装或排放都应当记录到压载水记录簿中。压载水记录簿的记录事项应在完成最后一项记录后保留在船上至少2年；此后应在至少3年的期限内由公司控制。每一压载水作业均应及时记录在压载水记录簿中并由负责有关作业的高级船员签字，每一页填写完毕均应由船长签字。压载水管理计划和压载水记录簿中的记录事项都应使用该船的工作语言。如果该语言不是英文、法文或西班牙文，则该记录事项应载有其中一种语言的译文。

四、压载水更换

凡可能时，均应在距最近陆地至少200 n mile、水深至少为200 m的地方进行此种压载水更换。当船舶不能按上述要求进行压载水更换时，应在尽可能远离最近陆地的地方，并在所有情况下距最近陆地至少50 n mile、水深至少为200 m的地方进行此种压载水更换。在距最近陆地的距离或水深不符合上述要求时，港口国可指定船舶进行压载水更换的区域。

船舶进行压载水更换，其压载水容积更换率应至少为95%。对于使用泵入-排出方法交换压载水的船舶，泵入-排出量3倍于每一压载水舱容积应视为达到前面所述标准。泵入-排出量少于压载舱容积的3倍，如船舶能证明达到了至少95%容积的更换，则也可被接受。

第四节 油污应急器材和使用

船舶发生污染海域事故，应立即向当局（我国为海事局）报告。首先应该防止溢油继续溢漏，然后使用围油设备实施围控抑制溢油的扩散，再采取措施使用吸油材料将溢油回收，最后使用溢油分散剂等除油材料将残油清除。

一、围油栏

1. 围油栏基本结构和种类

围油栏是用于围控水面浮油及漂浮物的机械漂浮栅栏，可用于防止溢油扩散、缩小溢油面积、转移溢油和保护水域环境。船用围油栏大都为固体浮体式和充气式。围油栏的结构一般包括浮体、裙体、配重、接头等。根据围油栏的不同类型，可增加受拉构件、泄水孔、柔性隔、鳍、提手、支撑杆、固锚座等构件。围油栏的基本结构见图 4-4-1。

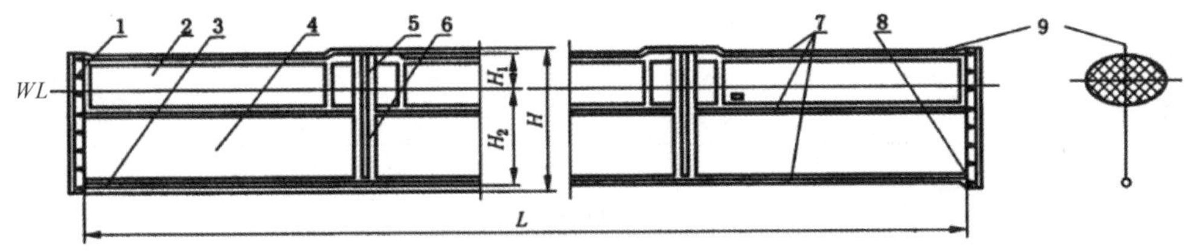

图 4-4-1 围油栏基本结构示意图

1—接头组件；2—浮体；3—配重；4—裙体；5—柔性隔；6—支撑杆；7—受拉构件；8—固锚座；9—鳍；H_1—干舷；H_2—吃水；H—总高；L—节长；WL—吃水线

应根据水域环境条件选择合适高度的围油栏，见表 4-4-1：

表 4-4-1 不同水域环境条件下围油栏的高度

不同水域	平静水域	平静急流水域	遮蔽水域	开阔水域
总高 H/mm	$150 \leqslant H \leqslant 600$	$400 \leqslant H \leqslant 800$	$600 \leqslant H \leqslant 1100$	$H>1100$

2. 围油栏使用方法

围油栏（见图 4-4-2）使用时需把多节围油栏连接起来。连接方法有卸扣连接、螺钉连接等。

围油栏在甲板上连接好后，尽可能用船舶装卸设备吊放入海，或用其他能避免围油栏与船体摩擦的方式投放。围油栏下水前必须整理裙体和绳系，避免扭曲和缠结，确保围油栏下水流畅和水中姿势正确。投放时，水面应有小艇配合，避免堆积。

如果有足够数量的围油栏，且溢油尚未大面积扩散，通常采取围控措施，即把溢油包围在船旁；如果围油栏数量不足以围控，可用两艘小艇拖带围油栏进行扫油，包围较多溢油后，腾出一小艇清除围住的油污。如果有三艘小艇，则可采取两小艇扫油，第三艇在围油栏内除油的方案。

除油结束后，应谨慎地回收、拆解和清洗围油栏，晾干后按厂家要求存放。

图 4-4-2　围油栏

二、吸油材料

目前使用的主要吸油材料有无机材料、天然有机材料、人造聚合材料等（见表 4-4-2）。

表 4-4-2　主要吸油材料

分类	主要材料	特点	吸油量	吸油性能
无机材料	蛭石、火山灰等	便宜，易获得	自重的 1~2 倍	差
天然有机材料	木屑、稻草、芦苇等	适于吸收风化的原油或重油	自重的 5~10 倍	较好
人造聚合材料	泡沫、纤维等（如吸油毡）		自重的 6~30 倍	优

这里概要介绍木屑、草袋、吸油毡的使用方法。

1. 木屑、草袋的使用

木屑、草袋属于天然有机吸油材料，具有吸油的表面，能够吸附自重 5~10 倍的溢油，最适用于吸附风化原油和重油。木屑和草袋吸水性强，应贮存于干燥通风处，谨防潮湿，严禁雨淋。

木屑和草袋用于吸附船上溢油时，可一边派人采取关阀、移驳等阻止继续溢油的措施，一边在溢油下游处铺设草袋和木屑围堵和吸油。油流大时应构筑围堰并在其上加压重物以防冲决；向回收（上游）的溢油抛掷足够的草袋和木屑，用扫帚等反复搅拌木屑使之充分吸油；清除上游已吸油的木屑和草袋，再次播撒木屑并搅拌，直

至甲板溢油全部吸干净。以同样方法处理下游的围油处所。该方法同样适用于有毒液体物质的处理,但处理人员应采取防毒措施。已吸附溢油的木屑和草袋应集中堆放和迅速处理,防止二次污染和积热自燃。通常是在船上焚烧处理或卸岸处理。

用木屑和草袋吸附水中溢油时,应:

(1)先用围油栏围控溢油,没有围油栏的船舶可用漂浮的化纤缆绳代替,以控制溢油和吸油材料的漂散,方便吸油作业和回收吸油材料;

(2)用小艇向溢油面播撒木屑或草袋;

(3)在吸油后应立即捞出木屑和草袋,因其吸水量大,长时间留在水中会因吸水后重量变大而沉入水下;

(4)已吸油的木屑不易回收,可用两小艇以拖网方式慢速拖曳少量围油栏聚拢木屑,边拖边捞,也可自制回收装置或请专业船回收;

(5)最后,一边收缩围控设施,一边用小艇捞起积聚在围控设施处的木屑;

(6)从水中捞起的吸油材料应尽快焚烧处理。

2. 吸油毡的使用

船用吸油毡是能在水面黏附、吸收、收集船舶、港口及其他事故处所溢油的固体吸油材料。吸油毡通常用聚丙烯等人造聚合物材料制作,也有用棉花纤维的,主要用于海事船舶、水面溢油应急处理,尤其适用于处理大面积原油的溢漏油事故。吸油毡吸油量通常为自重的10倍以上,吸水量在20 ℃时应小于自重的10%,在通常保管情况下性能变化很小,使用后容易回收,可以燃烧处理;一般具有易吸油、不亲水、比重小、吸油前后浮于水面不变形的独特优点,且具有吸油倍数高、吸油速度快、无污染、焚烧不产生有毒废气、易于储存、耐高温、可重复使用等优点。

海上使用吸油毡,通常在围控状态下,用小艇向溢油多处呈水平投放,在一面吸油后翻面充分吸油。对吸足油的吸油毡应及时回收。最好使用足够数量的吸油毡,使其处于吸油未饱和状态而不断吸油。当余油稀薄时,应逐步缩小围控范围。使用吸油材料时,不得使用溢油分散剂,以免降低吸油能力。回收的吸油毡应及时焚烧处理,并防止滴出的含油污水二次污染水域。

三、溢油分散剂

溢油分散剂是可将水面溢油乳化、分散或溶解于水体中的化学制剂,是目前使用最多的溢油处理剂,通常由表面活性剂的混合物和溶剂组成。溢油分散剂分为常规型分散剂和浓缩型分散剂。浓缩型分散剂分为可经水稀释和不可水稀释两种。溢油分散剂的使用多采用直接喷洒的方式。

在下述情况下可以考虑使用溢油分散剂处理水面漂浮油或事故溢油:

(1)水面漂浮油或事故溢油可能向海岸、水产养殖地以及其他对溢油敏感的水域移动,并且在到达上述敏感区域之前既不能通过自然蒸发或者风、浪、流的作用而自行消散,也不能用物理方法围堵或回收处理;

(2)对于物理的、机械的方法难于处理的溢油，采用溢油分散剂促使其向水体分散所造成的总的损害比把油留在水面上不处理的损害小；

(3)溢油发生在水深大于 20 m 的非港区水域；

(4)水面漂浮油或事故溢油的类型及水温适合化学分散(一般来说，水温需高于拟处理油的倾点 5 ℃以上)，气象、海况等环境条件宜于分散油扩散；

(5)在已经发生或可能发生油火灾、爆炸等危及人命或设施安全的不可抗拒的情况下。

下述情况不宜使用溢油分散剂，但发生或可能发生危及人命或设施安全的不可抗拒的情况除外。

(1)溢油为汽油、煤油等易挥发的轻质油，或呈现彩虹特征的薄油膜；

(2)溢油为高蜡含量、高倾点的难于化学分散的油；

(3)溢油在环境水温下不呈流态或经过几天风蚀后形成具有清晰边缘的油包水乳化物的厚碎片；

(4)溢油发生在封闭的浅水区或平静的水域；

(5)溢油发生在淡水水源或对水产资源有重大影响的区域。

第五节　油污应急计划

150 总吨及以上的油船和 400 总吨以上的非油船均应备有经主管机关批准的船上油污应急计划，油污应急计划根据 MARPOL 73/78 附则 I 的要求使用船员的工作语言编写。编写的目的是当船舶发生油污染事故时为船长和其他船员采取相应的措施提供指导。计划应包括国际海事组织(IMO)指定的《船上海洋污染应急计划编制指南》所要求的全部资料和操作程序。附件中包括所有与本计划有关联的单位名称、人员姓名、电话号码和其他有关资料。油污应急计划需经主管机关批准，除计划的第五章(其他信息)和附录外，未经主管机关许可，计划的任何部分不得随意改动。

油污应急计划的内容包括：计划的批准、计划的修改与审批记录、船舶主要参数、前言、绪论、报告程序、溢油控制措施、国家和地方的协作、其他信息、附录。

一、报告程序

1. 报告要求

当船舶不正常排油时，或者当船舶发生碰撞、搁浅、机器设备损坏及其他海难事故，考虑当时的各种情况，判断可能造成溢油时，船长或代行船长职责的其他人员必须立即向最近沿岸国海上安全主管部门报告。在港内发生油污事故，根据需要船长还应将事故概况向港口有关部门通报。回到国内第一个港口 24 h 内，向到达港的海事主管机关书面报告，船舶所有人向船籍港海事主管机关书面报告。

2. 报告的内容及程序

报告分为初始报告、补充报告和附加报告。发生油污事故或判断可能发生油污事故时应首先立即进行初始报告。补充报告是根据需要对初始报告做进一步补充或提供有关油污事态发展信息。附加报告是依据沿岸国的要求提供更详细的信息。报告都应按标准格式填写。

3. 联络单位及人员

附录提供的通信录列明了联络单位及人员资料，包括沿岸国主管机关、港口国有关单位、与本船有关的单位。

在国外沿海，应向海上安全主管机关报告，必要时船长应追加向最近沿岸国海上安全主管机关报告，并应尽一切努力向最近沿岸无线电台、船位报告中心或海上搜救指挥中心等报告。当本船在港内发生油污事故时，船长向港口有关部门通报事故概况。发生油污事故时，船长向船舶所有人、营运人、经营人报告，根据情况向其他与本船有关单位通报事故概况。

二、溢油控制措施

（一）船舶营运过程中的溢油

1. 发生溢油事故时的应急反应程序

（1）船长应立即发出应急反应部署命令，全体船员按“溢油应急反应部署表”规定的职责，迅速到达自己的岗位。

（2）船长按规定立即向主管机关报告并根据情况向港口有关部门以及与本船有关的部门通报。

（3）在确定漏泄源和原因的同时，立即用油污清除设备和材料，将已溢流在甲板上的油围住，收集在一起，将排泄到船外的溢油量限制在最低限度。

（4）在进行加装燃油作业中发生溢油事故时，应立即停止该项作业，直至查出溢油事故原因并清除。

（5）尽快用围油栏或代替物等将溢入海面的油围住防止扩散，同时用吸油材料回收溢油。

(6)最后可用溢油分散剂将油污清除。

(7)在做最后处理之前,船上应精心地保管回收的污油和清洁使用过的材料。

(8)当本船无力清除海面溢油时,应立即请求有关单位援助。

2. 发生溢油事故时的应急控制措施

(1)舱底污水超标排放

①立即切断油水分离器供给泵的电源,关闭舷外排出阀,超标排放原因未查出并消除之前不准再启动油水分离装置进行工作。

②检查15ppm油分浓度报警器工作是否正常,报警设定值是否是15ppm,如有问题参照说明书进行故障消除。

③检查重力分离元件是否脏污或堵塞,应用热水或蒸汽进行清洗。

④检查过滤元件是否破损或老化,如是应换新元件。

⑤检查自动排油阀动作是否正常,如不能打开应修复。

⑥确定操作是否按规定程序进行,并检查舱底水油分浓度是否过高、分离筒内是否被油充满。

(2)管路漏泄

①油管路发生漏泄时,立即降低该管内油压力,依靠重力或用泵将管内残油抽送到未满油舱内,然后将漏泄部位管路上的有关阀关闭,防止其他管路内的油窜入该管内。在装油和驳油时,应立即停止泵油,关闭连通阀或加固盲板。

②压载水管路有油漏泄时,应立即停止作业并关闭所有阀门,未查出原因并消除之前,不得恢复作业。

(3)燃油舱满舱溢油

①加装燃油发生满舱溢油时,应立即停止加油作业,开空舱阀,关闭溢油舱进口阀。

②用泵将溢油舱内的油驳到有空余舱容的油舱内。

③船内驳油时发生满舱溢油,应立即停止驳油泵运转,关闭向该舱驳油的有关阀门,将溢油舱内的一部分油驳到有空余舱容的油舱内。

(4)船体发生漏泄

①当漏泄发生在水线以上时,应立即采取堵漏和驳油措施,使该舱油位降到破损部位以下,但要充分注意船体应力和稳性。

②当漏泄发生在水线以下船侧时,首先立即关闭该舱所有开口(包括透气阀),使该舱能产生负压减少溢油量。只能用潜水泵从舱顶部将该舱的油驳到其他舱,当侵入舱内的海水液位达到破口处时即可停止驳油,这时一定要注意船体应力、稳性和吃水。

③当漏泄发生在船底时,立即关闭所有开口(包括透气阀),同时迅速将油驳到其他舱,使该舱油位降到水线以下,这时一定要注意船体应力、稳性和吃水。

④当考虑船体应力、稳性和吃水在船内调驳有困难时，应将油调驳到其他船或陆地油罐。

⑤当不能确定漏泄部位时，应派潜水员查明漏油原因及部位，再按上述要求采取相应控制措施。

（二）由于海损事故而发生的溢油

1. 发生海损事故时船长必须优先采取的措施

（1）最优先的措施是保证人命安全，首先检查是否有受伤人员，判断是否需要救助，决定是否弃船。

（2）检查是否有油溢出或判断是否可能有油溢出，如有，在保证船舶和人命安全的条件下，船长应立即采取控制溢油措施。

（3）根据周围环境判断如果船舶继续停在出事地点可使事态进一步恶化，则应将船舶移到安全场所。

（4）对各种海损事故采取应急措施时，都必须考虑船舶的应力和稳性。

（5）当船舶结构受损极其严重时，为防止和控制溢油，应采取减载措施。

（6）在所有的溢油事故中，应采取措施防止火灾和爆炸事故的发生。

2. 发生溢油时的应急反应程序

（1）船长应立即向全体船员发出应急反应部署命令，全体船员按“溢油应急反应部署表”规定的职责，迅速到达自己的岗位。同时考虑船舶的应力和稳性。

（2）船长按规定立即向海上安全主管机关报告并根据情况向港口有关部门以及与本船有关的部门通报。

（3）为减少溢油量，应按照不同溢油原因采取不同控制措施。

（4）如有可能应及时布设围油栏或其他等效器材（如可漂浮的缆绳等），以防止溢油扩散，并尽可能利用吸油材料和回收油设备等将油回收。

（5）如必要并可行，可将舱内余油调驳到其他船，以防止继续溢油。

（6）当弃船时，应关闭燃油管路的进口阀和旋塞以及连接到燃油舱的透气管的开口。

三、国家和地方的协作

1. 为清除溢油与沿岸国及地方当局的协作

为减轻油污染事故，本船在根据自己的防污染设备的种类、数量及“溢油控制措施”的有关要求而立即采取措施控制和清除油污的同时，应与沿岸国及地方当局保持密切的联系，并且明确本船与沿岸国及地方当局的职责范围。船长应将本船清除油污的负责人通告沿岸国及地方当局。

2. 沿岸国清除油污的机构和职责

各沿岸国地方当局清除油污的机构及其职责有较大的差异，一些国家有负责的机构并能及时反应，随后向船东收费，而另一些国家没有负责机构也不能做出反应。因此，为清除溢油需要沿岸国及地方当局的协助时，应参照附录中“国家及地方当局清除油污机构及其职责”提供的资料决定申请协助的方式。

四、其他信息

1. 应急计划修改

应急计划的附录中有关单位及人员通信录应该总是保持最新信息。当得知通信录中有变更事项时，船长应将这一信息通知给船舶所有人并进行修改。

2. 教育与演习

为保证在发生油污事故时能切实对控制溢油及清除油污等有关设备进行操作使用，按应急计划正常实施，船长应经常对全体船员进行教育并定期组织进行溢油反应的演习；对本计划全部内容的演习，包括与船舶有关的陆上人员至少3年进行一次。

3. 记录保存

油污事故中有关油污事故处理记录应保存3年；船上每次进行教育和演习都应做好记录并保存3年。

第五章 

船上信息交流和语言技能

作为人类社会最活跃的因素和力量,信息交流成为人类最基本的生活场景,信息交流和人们的日常生活、工作有着千丝万缕的关系,并成为社会生活和高效工作必不可少的手段。

第一节 信息交流概述

一、信息交流的含义和特点

信息交流是个人或团体通过符号向其他个人或团体传递信息、观念、态度或情感,是一个系统通过操纵可选择的符号去影响另一个系统(这些符号能够通过连接它们的信道得到传播),是通过信息进行社会的相互作用。信息交流是人类社会最基本的活动,是一切人类交流的实质,是信息运动的方式和形态。信息交流从本质上讲不同于信息传递或信息传播,它是相互影响的双向性信息传递或信息传播。

信息交流具有如下特点:

1. 信息交流具有物质性。信息交流必然借助于某种符号系统,利用某种传递通道来进行。

2. 信息交流具有实意性。信息交流中交流的不单单是信息载体,而信息内涵的交流才是其实质所在。

3. 信息交流具有双向性。信息交流的实质是信息的传输和交换,其中信息的传输是指信息从某一特定的时空向另一特定时空的流动和位移,信息的交换充分显示了信息交流在信息发送者和信息接收者之间双向作用的特征。

4. 信息交流具有目的性。信息交流有其具体的过程和方式,但其交流的主要目的并不在于过程和方式本身,而是通过具体的过程和方式极大地促进信息的利用和再生,信息交流的结果和效益是其目的所在。

二、信息交流的基本模式

图 5-1-1 描述了信息交流的基本模式：

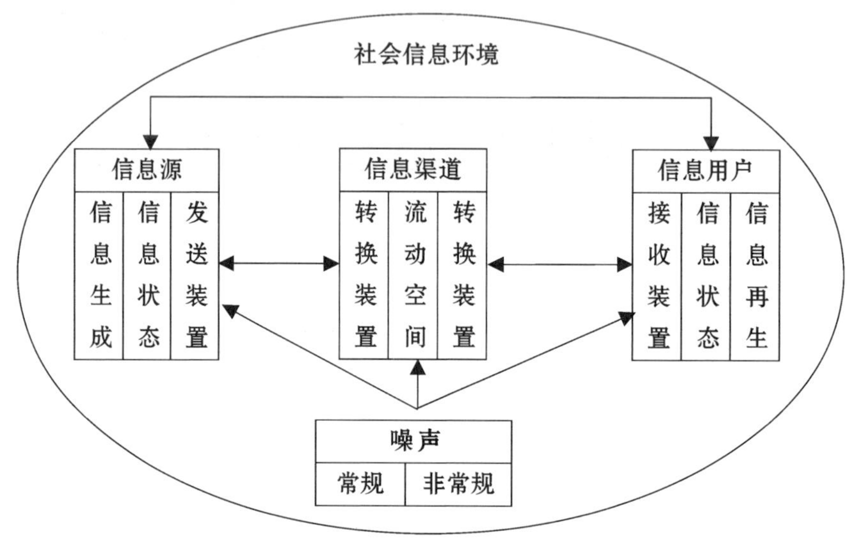

图 5-1-1　信息交流基本模式图

1. 信息源(信息发送体)在信息生成并形成一定信息状态后,通过一定的发送装置将信息向外扩散,或者与信息用户(信息接收体)直接发生联系,或者通过信息渠道与信息用户发生联系。

2. 通过信息渠道与信息用户发生联系时,信息渠道可以通过一定方式将信息加以转换,然后在空间范围中流动,在信息用户接收信息之前必须通过相逆的方式将信息加以还原。

3. 与信息用户直接发生联系时,从理论上仍然可以看到一个几乎没有“转换-还原”过程的自然信息渠道存在于信息源和信息用户之间。

4. 信息用户通过一定的接收装置获得信息后,或者改变原有的不确定性或者完善原有信息状态,从而对信息进行吸收和利用,实现了信息的再生。

5. 在信息交流的各个环节都存在着一定的“噪声”干扰,包括常规的“噪声”干扰(即任何信息交流过程中必然存在的)和非常规的“噪声”干扰(即人为的非必然存在的)。

6. 在信息交流过程中,“信息源-信息渠道”“信息渠道-信息用户”“ 信息源-信息用户”之间都存在信息反馈。

7. 信息交流置身于社会信息环境之中,无论是整体还是个别信息交流行为和流

动都受到社会信息环境的影响,“信息交流活动-社会环境”之间也存在着相互作用。

三、信息交流的基本要素

从信息交流基本模式图中我们可以明确地分析出信息交流的基本结构,即组成要素包括信息、信息环境、信息噪声、信息发送体、信息通道和信息接收体。

信息是信息交流的实体;信息环境是信息交流各种外部条件的有机组合和互相作用的结果;信息噪声是信息环境中对信息交流起负面影响作用的各种因素的集合。我们单独把信息噪声从信息环境中分列出来的目的在于充分重视信息噪声,强调用一定的科学方法把信息噪声降低到最低限度。

信息发送体即信息原来的持有者,对于信息接收体来讲,信息发送体就是信息的来源,通常称为信息源。信息源不绝对等于信息,信息源能够提供信息。

信息通道即信息交流的渠道,就是各种信息得以交流的物理过程和渠道。信息通道是传送信息的媒介和工具。

信息接收体是接收信息的人或物。通常把一切可以接收并且需要信息的人称为信息用户。信息用户在信息交流活动中具有非常重要的地位和作用,因为任何信息交流活动都是与特定的信息接收体连接在一起的。

四、信息交流方式

1. 按信息交流方式区分

信息交流按交流方式可分为直接信息交流和间接信息交流,这两种方式是人类信息交流的两种普遍形式和基本过程,其对比见表 5-1-1。

表 5-1-1 直接信息交流和间接信息交流

交流方式	信息扩散方式
直接信息交流 (非正式信息交流) 主要是语言交流(口头),电报和电话、广播和电视、电子信息网络技术等,在很多情况下具有直接交流的特征	单线式:通过一系列的信息接收体,信息依次由信息发送体转向最后一个信息接收体(比如船长向大副下达命令,大副又把工作落实到二副)
	流言式:信息发送体不加以选择地、迅速地、主动地向可能的信息接收体传输信息
	偶然式:信息发送体和信息接收体在偶然条件下传输和交换信息
	集束式:信息发送体有选择地向特定信息接收体传递信息,后者同样有选择地向其他信息接收体传递信息(比如教师在课堂上讲课,把信息传递给每位学员)

续表

交流方式	信息扩散方式
间接信息交流 （正式信息交流） 包括语言交流（文字）、印刷术、电报和电话、广播和电视、电子信息网络技术等	多向主动型：信息中介体根据自己的选择和判断将信息传递给事先没有完全确定的信息接收体
	单向主动型：信息中介体根据自己的选择和判断将信息传递给事先确定的信息接收体
	多向被动型：信息中介体根据事先没有完全确定的信息接收体的选择和判断传递信息
	单向被动型：信息中介体根据事先确定的信息接收体的选择和判断传递信息

直接信息交流和间接信息交流各具优势，直接信息交流具有时间间隔短、交流者选择性强、信息反馈迅速、感情色彩浓郁等特点，但又有使用范围有限、缺乏评价机制、信息准确性差、交流随意性强等不足之处。不能片面强调某一种信息交流方式的作用，两者具有互补性，其特点见表 5-1-2。

各种信息交流的方式都是以语言或文字作为信息的载体，或者通过解码最终转化为语言或文字的形式。印刷术、电报和电话、传真、电子信息网络技术等可以说是语言和文字传输的工具。

表 5-1-2　信息交流方式的特点

方式 \ 特点	时间性	空间性	载体	速度	交往者之间的关系	传播和交流范围
语言（口头）	即时	近距	声音	快	直接	狭窄
语言（文字）	异时	近距或远距	符号	慢	间接	受文字载体数量限制
印刷术	异时	近距或远距	符号	慢	间接	在印刷品数量范围内传播
电报和电话	即时和异时	近距或远距	声音和符号	快	间接或直接	交往者之间有限的交互
电子信息网络技术	即时和异时	近距或远距	可以转化为各种符号格式的数字	快	间接或直接	扩展的交互

2. 按信息交流范围区分

根据社会信息交流的具体特点，按信息交流范围将信息交流区分为个体信息交流和组织信息交流，见表 5-1-3。

表 5-1-3 个体信息交流和组织信息交流

交流方式	传播范围	特点	交流途径
个体信息交流	个体和个体之间,以个人为中心,参加交流的人数较少	随意性比较大,偶发因素比较多,角色互换明显	既有直接交流方式,又有间接交流方式
组织信息交流	组织与组织或组织与个体之间,以组织为中心,参加交流的人数较多	比较规范,偶发因素少,传播路线比较明确,角色互换不明显	既有直接交流方式,又有间接交流方式

五、船上信息交流

及时而正确的信息交流是管理者决策和计划的基础,是操作者进行组织和控制管理过程的依据,是人们建立和改善人际关系必不可少的条件。信息交流对协调组织内部、外部以及各部门、各个人有效地完成组织目标有重要的意义。通过有效的信息交流,可以使组织内部分工合作协调一致,保证统一指挥和统一行动,实现高效率的管理。

船上信息交流既有组织信息交流,也有个体信息交流;既有船舶内部的信息交流,也有船-船、船-岸之间的信息交流;既有直接信息交流,也有间接信息交流。现代海上船舶运输中,船员的国际化十分普遍,一条船上可以有多国籍船员组成,各人的英语水平不同,文化背景、知识层次和工作经验不同,船舶工作形成了特殊的社会信息环境,良好的信息交流显得更为重要,是安全航行和高效运输的基础。

有效的信息交流有助于在船员中营造安全工作、愉快生活和良好人际关系的氛围,通过有效的交流,了解人际交往基本原则,学习技能和协作技巧,人的习惯、价值观和态度也会改变。沟通是船舶安全和防污染工作中最重要的因素,团队内部的合作与协调可以通过有效的沟通来实现。

船舶工作范围狭小,船舶内部额定配员基本固定,日常的信息交流主要是语言交流,因此,应当更加重视语言技能对信息交流的影响和语言技能的提高。

第二节 语言技能对信息交流的影响

语言是最重要的交际工具。语言交流可以分为口头交流和书面交流两种形式。

口头交流是指用说出声的语言来传递信息，比如面对面的交谈、讲课、讨论、开会、电话等；书面交流是指用文字书写的语言来传递信息。书面交流是在人类创造文字之后在口头交流的基础上产生和发展起来的，两者有各自的特点，见表 5-2-1。除口头、书面表达形式以外，非语言方式（表情、手势、语气、眼神等身体语言和图像及形象的符号）在某些情况下比单纯用语言沟通更有效，是口头和书面表达形式的有效辅助手段。

表 5-2-1　口头交流和书面交流

形式	信息载体	辅助手段	适用范围	特点
口头交流	语音，一闪而过，用词狭窄，通俗易懂	语调语气，体态表情，信息损失少	受时空限制	使用频率高，方便，费时少，效率高，有较大灵活性，迅速即时交换；但随意性大，不具有可追溯性
书面交流	文字，用词广泛，严密，表意完整	图像、符号、标点符号，信息损失多	不受时空限制	具有权威性，表述庄重严谨，便于反复阅读理解，重大事件常用书面形式陈述记录，具有可追溯性

一、语言技能对信息交流的影响

语言交流是信息交流中最常用、最直接的交流方式。语言技能直接影响信息交流的质量。

在信息交流的过程中，尤其是在船员多国籍群体中，各人使用各自的母语无法交流，只能使用航海通用语言——英语作为交流工具。如果船员英语表达能力弱，例如，用词不准确、丢字少词、语句表达不严密、词汇贫乏、中心意思表达不清楚甚至相反的意思表达，诸如此类表达上的问题等都会对船舶工作生活产生影响。无效交流会引发船上人际关系问题，不恰当的交流会导致精神压力；无效交流能够导致时间、资源甚至船舶效益的损失；无效交流甚至能够影响到人命、财产和环境的安全。

语言技能低而使信息失误既可能来自于发送者，也会来自于接收者，因为，交流往往是双向的，语言障碍既影响发出正确的信息，又影响正确地理解信息。

作为信息交流的最重要方式，语言和文字是一种非常复杂、弹性极强、容量极大的音、义、形结合符号体系，在信息交流中是其他任何方式都无法比拟的，它的表达手段丰富繁杂、表现内容包罗万象，我们应当重视语言技能的提高，使信息交流更方便、更准确、更快捷。

二、沟通障碍

在沟通的基本流程中，每一阶段都可能存在障碍。

1. 发送者的能力：信息发送者在发出信息前必须经过合适的编码成为某种让接

收者可以感受和理解的信号或符号，如语言、文字、图表、照片、手势等，发送者编码存在问题或者发送信息不清或传送有问题，都会使接收者产生误解。

2. 信息交流方式：信息交流双方对信息交流方式的选择也会影响交流的质量，不管是直接交流还是间接交流，都有其局限性。

3. 信息交流使用的媒介：比如我们使用的对讲机、电话的清晰度，直接影响我们交流的质量。

4. 接收者的能力：接收者对信息的理解和接受程度，受到其专业水平、知识水平、工作经验以及社会文化背景等诸多因素的影响。对于同一个信息，不同的人可能会有不同的理解。这既与发送者编码的质量有关，也与接收者的接受和解码能力有关。

5. 接收者反馈阶段：反馈就是接收者把收到的理解的信息，再返回到发送者那里。接收者能否准确反馈信息，直接影响发送者的进一步信息的发送。

6. 发送者接收接收者的反馈：发送者通过接收者的反馈对信息的传送是否成功，以及传送的信息是否符合原本意图进行核实。反馈构成了信息的双向沟通。如果发送者发现接收者反馈有问题，那么就需要再一次发送信息。在船舶通信中，重复指令作为反馈是必不可少的。

7. 文化差异：来自不同国家的船员同船工作，存在的文化差异会影响信息发送者和接收者的头脑，并进而影响以后所发生的任何交流。如果一个人的价值观、传统、社会与政治关系和世界观与另一个人的不同，那么对相同主题和在内容上相同的任何其他事情也会产生截然不同的反应。

三、有效沟通的原则

1. 运用反馈：许多沟通问题是由理解不准确或者误解造成的。反馈可以有效改善这些问题。因此，管理者在沟通时，不要唱独角戏，不要以为自己说的话别人就能听懂听全。说完之后，可以问一问对方，让他描述或复述一下，这就是反馈。反馈可以有效提高理解的准确性。

2. 简化语言：有效沟通不仅意味着要让人们听到，还要让人们听懂。很长的话，过多的术语、行话，过多的书面语等，常常会让人不知所云。所以要注意说话的措辞和逻辑，力求使欲发送的信息清楚、明确，努力用最简单、对方能够听得懂的话来表达想表达的意思。

3. 抑制情绪：人在过分激动、焦虑或悲伤的时候，既不利于说，也不利于听。情绪会使信息的传递严重受阻或失真。所以要沟通有效，就要善于调节和控制情绪，力求保持在一个平和的状态——不管由于何种原因而处于大悲或大喜之中，都可以暂时停止沟通，直到自己平静下来。

4. 积极倾听：很多人把沟通等同于说，这其实是个误解。有的人很能说，但常常说半天人们都不知道他究竟想表达什么。沟通是信息的交流，是意义的传达。管理者在沟通时不仅要会说，而且还要会听。西方有这样一句话强调了听的重要性：“上帝给我们两只耳朵、一张嘴，目的是让我们多听少说。”单纯地听还不够，还要能够倾听。单纯地听是被动，而倾听则是对含义的一种积极主动的搜寻，它要求听者全神贯注。

四、掌握建立和保持有效沟通的能力

（一）有效表达技巧

沟通的效果主要取决于发送方，发送方必须明确沟通的目的，正确表达，使对方明白；设法一开始就引起对方的注意，言语和身体语言应保持一致；在沟通开始交代时间、地点和人物，沟通中强调重点；使用对方熟悉的语言和词汇，例如航海英语的使用；沟通中如有必要，要重复或改述；了解沟通中的障碍有助于更好的信息交流；发送方必须具备有效利用说、写、演、画和使用声响设备的能力；发送方应要求对方反馈他所理解的信息，接收方的反馈可以查核沟通的效果，这个查核责任由发送方来承担。

（二）有效聆听技巧

倾听是接收方的责任。倾听能获得信息，发现问题，防止主观臆断，能够激发对方的谈话欲，也能发现说服对方的关键。学会倾听更能够获得友谊和信任。

应报着开放式态度，充分关注对方，用心倾听，了解发送方真实意图；不要急于下定论和急于反驳，听完再澄清；认真记录并整理出一些关键点、细节，并适时总结；不但听对方讲什么，而且更能体察对方想说什么；不打断对方的发言，在倾听时控制自己的主观意见和想法，并且能够设身处地地从对方的角度出发，为对方着想。

（三）语言技能的提高

对于船员来说，提高语言技能首先是掌握这门语言，然后是熟练使用这门语言。语言技能的提高主要是两个方面，一方面是努力提高语言的书面交流能力，另一方面是提高语言的口头交流能力。

1. 书面交流的基本要求

书面交流的最基本要求是准确，它包括用词贴切、造句规范和书写规范。

（1）用词贴切就要求该用哪个词就用哪个词，对于意义相同或相近的同义词，更要谨慎选择，否则就会词不达意，影响信息的传递。

（2）造句规范就是要求组词成句要符合语法规则，口头交流中的语句重复、成分残缺、语序混乱等在书面交流中是不允许存在的，会妨碍对方的接受和理解。

（3）书写规范就是不要写错别字。书面交际是以文字传递信息的，要注意用词准确无误。

（4）书面交流还要求自然，尽量接近口语。书面色彩太浓，会影响信息的传递。

2. 口语交流的基本要求

(1)发音准确,语调自然:要吐字清楚,把每个音节都真切地送到对方的听觉器官,避免因语音误差而产生歧义,这是把话说得让人听懂的关键。

(2)用词通俗,表达浅显:选择词语一定要通俗,让人一听就懂,使用双方都熟悉的词语,以便于沟通感情和传递信息。

(3)思路清晰,自然流畅:语言清晰,首先要思路清晰,只有这样,说话才不会颠三倒四,自相矛盾。

(4)态势得体,表情自然:体态、手势、表情等直接作用于人的感官,是口头交际的重要辅助手段,也是口头交际的特长和优势所在。如果运用得体,不仅可以弥补口头表达的不足,还可以吸引听话人的注意力,加深对方的印象,但在运用时要自然得体,不可故作姿态。

3. 口语交流注意问题

(1)注意突出重要信息:口语表达的语音具有易逝性特点,信息保留时间短,因此应注意突出重要信息,以强化记忆,增强表达效果。

①提高表达的准确率,即用准确、清晰、洪亮的语音发送表达内容,使话语能毫不含糊、十分明晰地印入听话人的脑中。

②运用语音的停顿形成交代层次,让听者理清头绪,即在句、段之间有较短暂的停顿,在语意转换、不同侧面的内容交代和阐述时要有明确的停顿和提示。

③控制语速,特别是双方都在使用不熟悉的语言时。

④运用重音刻意强调重要信息。

⑤运用必要的重复以强调、渲染、突出重要的表达内容,便于听者听清、弄懂、记牢。

⑥做到语流顺畅、语势连贯、语意完整,以形成整体的口语表达效果。

(2)注意纠正信息失真:口语表达所传递的信息容易被曲解,这是因为听者受某种干扰或自身原因而漏听、误听造成信息接收不准确、不完整而形成的。一定要注意口语的正确性和明晰性,力求做到准确、明白、清楚、无误;另一方面要注意检查交流对象的接受情况,进行必要的重复、回复,比如驾驶员发出舵令后要求值班水手重复和回复舵令。

(3)注意排除外界干扰:外界干扰,一是周围环境嘈杂,二是周围环境出现转移听者注意力的事物。要选择合适的时间和空间条件,以达到理想的交流目的。

五、IMO 标准航海通信用语

实践证明信息交流和语言技能在保持海上人命与财产安全和防止海上污染方面的重要性。由于航运业的国际化特点,船对船、船对岸通信中都依靠口语通信,多国船员同船现象增多,以及对船员在紧急情况下有无与旅客沟通能力的关注,所以海事通信采用一种通用语言以减少在交流重要信息中的人为错误，促进安全操作。英语是船舶航海和海上货物运输最重要的公共交流语言。为了快速便捷地沟通以保证船舶航行安全和高效操作，每个从事船舶航海的船员必须掌握和正确使用基本的航海用语。经修订后的1978年STCW公约要求500总吨及以上船舶负责航行值班的人员知晓、理解和具备使用标准海事通信用语的语言能力，应尽可能经常将这些通信用语优先于其他近义的词汇加以使用，并作为航海教育和培训的一个指导部分。

国际海事组织根据STCW公约和SOLAS公约关于口语通信方面的要求，并为了使船舶航行和操纵更加安全，使海上、港口附近航道、港内及船上通信联系时所使用的语言标准化，编制了IMO《标准航海通信用语》。英语虽非全球性语言，但正在迅速地在实践中成为海上安全通信的标准语言，其部分原因是使用了IMO《标准航海通信用语》。通过这一途径，使这些英语通信用语能成为广大船员接受的安全语言。在对正确意义和翻译有疑问的情况下，所有航海国家的人员可通过标准用语进行信息语言交流，提高海上现代条件下通信的标准性。为此，《标准海事通信用语》立足于英语的基础知识，以最大限度地减少语法、词汇和习语的多样性，并规范其结构，以减少语言通信中有关方面的误解，从而达到《标准海事通信用语》的使用目的。

第六章

船员人际关系

第一节 人际关系

人们在生活与工作中,通过各种交往、各种联系发生各种各样的相互关系。人们之间的交往、联系经常受到双方各自的心理特征的制约,并且伴随着一定的心理体验与心理反应,如满意或不满意、主动或被动等。这种表示人与人之间相互交往与相互联系的关系,称为人际关系。人际关系既可以表现为个体与个体之间的相互关系,也可以表现为个体与群体之间的关系。

凡是在两个人以上并互相交往的人群中,就有人际关系的存在。在现实生活中,人们所从事的劳动和工作越来越复杂,社会化的程度也越来越高。一个劳动群体是由各类人员排列组合起来的人际关系构成的,当群体人数按算术级数增加时,群体内构成人员之间的相互关系则近似按几何级数增加。各行各业的生产和劳动既有严密的科学分工,又有严格的整体配合。这些都大大突破了人们原有的交往范围。人际交往更加成为劳动和工作的必要条件,人际关系也随之变得复杂多样。人际关系的复杂性不仅表现在各种关系的数量上,而且表现在人际关系的不同类型和结构上。

人际关系对人的行为经常发生积极作用或消极作用。我国是个历史悠久的国家,向来重视人与人之间的交往。良好的人际关系对调动职工的积极性有重大的影响。

一、船员人际关系特点

由于船员职业的特殊性,船员人际关系既有普通人际关系的一般特点和规律,又有其自己的特点和规律。

1. 船员人际交往的相对封闭性

船员工作和生活在船舶上，船员们在十分有限的空间内朝夕相处，尤其是远洋船员，长年漂泊在茫茫大海之上，远离大陆，远离祖国和亲人。特别是航行在北美、南美和东/西非的船舶，船期少则一两个月，多则四五个月。在船上，船员的相互交往主要限于同船的这些同事之间，与社会交往形成相对隔离，这种封闭性是海员经常能体验到的。

小群体交往的封闭性，对船员的心理会产生极大的影响。如果航次时间短、航行条件好，船员的心理所受的影响还小些；如果航次时间长、航行条件艰苦、海况恶劣，船员的心理就会失去平衡。同时船上的群体心理气氛也会因客观条件的差异、人员素质和身体状况的不同而发生很大的变化。在海上工作过的人都会有这种体会：一个长航线的航行、几十天单调的生活，对船员来说，即使是看到蔚蓝的大海、壮观的日出，也不会为之陶醉。相反，人会变得沉默寡言，烦躁不安。一旦船舶靠岸，船员会兴高采烈地在码头边散步，并十分盼望与人交往。这种兴奋情绪会持续一段时间，才慢慢平复下来。这种心理上的变化，对于船员人际关系的建立，会产生很大的影响。它将影响船员平时的谈吐、表情和交往个性。

2. 船员人际交往的开放性

船员人际关系具有船舶内部小群体交往的封闭性，同时又具有面向世界时空的开放性。人们常把远洋船舶形容为“浮动的国土”。船舶是一个载体，它航行于世界各个港口，到达具有不同民族、不同文化、不同社会制度的国家。船员会通过海上运输这一工作媒介与各式各样的人交往。所以船员人际关系小群体的封闭性特征是相对于船舶内部而言的，在更广泛的意义上说，船员人际关系还具有显著的开放性。

船员在国内航行所表现的开放性是接触自己的同胞。中国幅员辽阔，民族众多，有 18000 多千米的海岸线，其上分布着众多的港口。对各个港口城市的风土人情的了解，并将这些长期积累的经验运用到工作和生活中去，对提高工作效率会有很大的帮助。而对于航行于世界各国的船员，与人交往的开放性就显得更为突出。不同的社会制度和民族特点，不同的道德观念和不同的风土人情，都会使船员的人际交往变得更为复杂。例如，船员在对外交往中，不能简单地用自己的习惯来对待他国的人员，应该在充分尊重他国习惯的基础上，进行经济贸易和友好往来，否则将不利于正常的对外贸易和建立良好的对外交往关系。

3. 船员人际关系的频繁流动性

由于海上运输的特殊性，船员不可能像在陆地上的工厂、机关里工作那样长期固定在一个工作单位和空间工作。一般说来大多数船员可能公休一次就换一条船，长的航线可能只有一年左右的同船时间，短的航线，航行几次后也会因公休或工作需要而调往他船。这一工作性质决定了船员人际关系具有频繁的流动性。由于这

一特点，船员的人际关系可能会出现这样两种情况：一是调动频繁，大家十分珍惜友谊，团结一致，同舟共济，努力工作，产生"相见时难别亦难"的诚挚相处的心理凝聚力。二是由于大家相处的时间短，彼此之间不了解，思想、性格、兴趣又不熟悉，一下子不能适应人际交往，往往会产生相互戒备的心理距离。这种交往对船舶的安全航行、优质生产会产生很大的影响。这就要求船员有较强的能力，善于与各种个性的人交往，而不至于由于环境变化，人际交往不适应而影响工作。

二、保持船上良好的人际关系和工作关系的重要性

环境、对象、利益关系不同，人际关系也有不同的表现形式。由于海上生活和工作环境的特殊性，船员人际关系有着显著的职业特征和特殊的交往原则。正确处理好船员的人际关系，有利于船舶操作安全和提高船舶营运效率，也有利于提高船员的工作积极性、潜能和创造性。良好人际关系对船员的重要意义主要表现为：

1. 良好的人际关系有利于船员形成群体感知

良好的人际关系有利于形成同舟共济的共识，以确保水上运输工作安全高效地完成。在每一个群体中，人们也许只是自觉或不自觉地意识到他们所遵循的共同规范，但是，这种潜意识的群体力将会促进人们自觉的意识，使之产生对群体的向心力。人们相处的关系如果是积极而友好的，每个船员的潜力所赋予的合力会得到充分的发挥。常言道"人心齐，泰山移"，尤其是当船舶遇到应急事件，这种合力是船员团结协作、克服困难、夺取胜利的重要条件之一。

2. 良好的人际关系有利于减少船员工作上的内耗

船员之间沟通信息、调节情绪、互相弥补、互相激励，可以提高工作效率。船员在工作上，不仅需要严格的制度、明确的分工，还需要有和谐的人际关系。人与人之间的猜忌、冷漠、排斥、冲突不仅使人分散精力，浪费时间，而且造成毫无价值的心理消耗。孔子曰："礼之用，和为贵。"如果船上人际关系比较协调，有了意见就能及时沟通，出了矛盾就能及时解决。

3. 良好的人际关系有利于船员完成复杂的工作任务和形成完美的人格

互补型组合的人际关系有利于船员之间取长补短，相互配合。比如，一个性格内向的人结交一个性格外向的朋友，会在日常工作中遇到困难时得到帮助，而性格内向的人又可以对性格外向的人产生某种抑制作用。因此，在人际交往中，相异未必不相交。在日常生活中，每个人的生活经历、知识、能力、性格各自有别，各有长短。要完成一项复杂的工作，必须联合起来。海上航行的船舶犹如一个小社会，船员群体是由不同年龄、不同性格、不同经历、不同文化水平、不同兴趣爱好的人组成的。良好的互相配合，互为补充，构成一个对立统一、多彩而又和谐的整体。没有互补的群体是脆弱的，面对高度发展的航海技术和变化万千的海上环境，这样的群体很难完成技术复杂的海上运输工作。

美国心理学家罗伯特·温奇经过长期的研究后发现：人在某种条件下存在着互补吸引，即人们往往选择具有某些需要和特征的人以补充自己的不足。人际交往的互补组合性可分为知识互补和性格互补。知识的互补主要指不同学科、不同知识的互相补充，这是当前科学技术飞速发展、高度分化的必然要求。一艘现代化船舶，犹如一座大型现代化工厂，要管理好它，需要多种学科、多种知识的人才相互配合，密切协作。如一艘远洋货船的甲板部和轮机部，就需要有航海、轮机、船电、国际航运等多学科的专业人才组成。至于性格上的互补，更是人们心理成熟所不可缺少的。因此，调节船员的人际关系，依靠群众的力量，使各种专业人员之间产生知识互补，有利于船舶安全航行和提高海上运输的经济效益。

4. 良好的人际关系有利于船舶内部形成融洽、和睦、友好的工作氛围和环境

船舶操作绝对不是单一个体行为所能承担的，而是由一个完整的合作活动的组织系统承担。船员应时时注意处理好船上的人际关系，加强同事与同事、上级与下级的沟通，要重视感情投资。一个人在苦恼的时候，一句暖人心的话语、一个亲切的动作，都能被激起感情上的满足，产生强烈的信任感。船员在大海上长时间航行，客观条件会引起人们心理上的烦躁情绪，在孤独、焦虑的情况下，特别需要加强人与人的感情交流和信息互换，特别需要关心、理解和友谊，特别需要融洽和谐的工作环境。事实已经证明，人际关系越是和睦，人们之间的感情差距就越小，相互之间的信任度就越高，群体内的凝聚力就越大。

5. 良好的人际关系有利于船员的身心健康，促进个性的健康发展

人不能离群索居，离开交往。人的交往需要经常充实新的内容，使心理需要不断向更高层次发展。工作节奏的简单乏味、海况恶劣、晕船难受等客观条件的影响，会使船员闷闷不乐、烦躁不安，有时甚至遇事发火，酗酒解闷。这种心境的恶性循环，不仅影响生产和安全航行，还会损害个体的身心健康。因此，船员应当了解人际交往的特点和掌握人际交往的技巧，正确对待海上生活的特殊性，加强自身修养，创造和谐的人际环境和保持良好的心境。

三、影响人际关系的因素

在一个群体中，人与人之间总会建立各种各样的关系，然而其密切程度各不相同，例如同船工作的船员，有的成为莫逆之交，有的仅有点头之谊。社会心理学研究证明，影响人际关系的因素有：

1. 距离的远近

人与人在地理位置上越接近，越容易形成彼此之间的密切关系。

2. 交往的频率

一般说来，人们彼此之间的交往频率越高，越容易形成共同的经验，有共同的话

题和共同的感受。

3. 态度的相似性

人与人之间有共同的理想、信念、人生观，对某个问题的态度相同，思想上和感情上就容易引起共鸣，形成密切的关系。俗语说“物以类聚，人以群分”，说明态度相似是达成友好的重要因素。

4. 需要的互补性

人们需要不同、性格不同，可以满足对方的需要，也是形成人际关系的一个重要因素。

5. 兴趣爱好

兴趣爱好也是建立人际关系的一个不可忽视的重要条件。兴趣相同的人在一起相互启发、共同探讨，容易形成密切的人际关系。

四、如何改善船上人际关系

1. 正确介绍自己

在很多场合，以一种相当专业化的方式来做自我介绍，适当而得体的穿着打扮，礼貌而谦逊的话语都是专业的一种表现，都会给你加分。而另一方面，能够认识自己，既不自高自大，也不自轻自贱，是进行和谐交往的基础。

2. 学会倾听他人的心声

倾听是人际关系发展中最重要的一部分，是对他人的价值的肯定与尊重，是把他人变成自己的朋友的重要方法之一。

3. 了解对方的个性、价值观和行为方式

注意培养移情能力，假设自己是另外一个人并分享他的情感。移情是体验别人内心世界的能力，是置身于别人的内心世界去体验他的思想和行为。我们要注意蹲下来看别人的世界，不仅要有移情的意识，而且要有这种能力。人际冲突的根源往往是以自我为中心，不能站在对方的角度看问题。

4. 重视一个人的长处而不是短处

正确地认识他人，不要戴有色眼镜看人，不要以貌取人，不要带着偏见看人，不要只盯着别人的短处，而要多看到别人的长处。要尽可能鼓励别人，称赞他人获得的成果，即使是很小的成功。你的称赞永远都不会多余。

5. 寻找双方的共同点

人与人之间有很大差异，但总有共同点，与人交往，求同存异，有了共同点，会产生共鸣，形成一种互纳互悦的心理倾向。

6. 真诚待人，坦率沟通

真诚是维持良好关系很重要的因素，真诚不仅能给你的人品加分，还能为人际关系增添安全感。在真诚待人的前提下一定要尊重他人，只有彼此尊重才会有良好的人际关系。千万不要摆出高人一等的态度。

7. 认识和适应文化差异

船员是国际化很强的职业，经常多国船员同船。中国和其他国家存在巨大的文化差异，我国船员在信仰、道德标准、管理理念、语言、思维习惯、风俗习惯、饮食等方面和其他国家的船员有很大差异。这些无疑会给船员带来复杂人际关系的困扰。交往中，不能简单地用自己的习惯思维来对待他国的船员，不要试图去改变他人，应该在充分尊重他人文化习惯的基础上与之友好交往。

8. 给自己和别人都要留下适当距离

人就像刺猬，与人相处既不能太远，那样会感到孤单；也不能太近，那样会刺到对方。

9. 高级船员的参与

高级船员特别是管理级船员在建立和改善船舶良好人际关系中负有重要责任。要培养优秀的船舶团队，高级船员就要用心了解船员们的心理需求，精心营造。提高全体船员的工作满意度、提高大家的敬业精神，将给船舶工作带来积极的成果。

第二节　团队

船上工作就是协同工作，团队工作的效率取决于团队每个成员工作的有效性。

一、船舶团队的概念

船舶团队是由全体船员组成的一个共同体，该共同体合理利用每一个船员的知识和技能协同工作、安全操纵、控制船舶、解决问题，达到安全航行的共同目标。在这个团队中，所有成员为了共同的目标而努力工作。船舶团队成员之间在心理上有一定的联系，彼此之间产生影响。船舶团队的形成应具备这样一些基本要素：全体船员有共同的目标，为完成共同的目标，相互之间彼此合作，这是构成和维持船舶团队的基本条件。船员之间相互依赖，所有船员具有团队意识，每个船员都具有责任心。

二、良好团队工作的原则和方法

良好的团队，应当具有明确的目标，每个团队成员为实现这些目标应具备相关的技能，具备实现理想所必需的技术和能力；团队成员之间能够进行良好的沟通，并且相互信任，能通过畅通的渠道交换各种语言和非语言信息；团队成员维护团队的利益，忠诚于团队，能够为团队做出承诺；团队能够顺利接纳新的成员，能够临时与第三方进行良好的合作。良好的团队还应当有优秀的领导，良好团队的领导者不一定依靠指示和控制团队成员来达到领导的目的。

在团队工作中，建立积极、健康、紧密的个人关系应遵循如下原则：

(1)改变自己，影响他人：不要试图改变任何人的缺点，而要充分发挥每个人的优点。

(2)关心他人，胜过自己：建立良好人际关系的第一法宝，就是关心别人。

(3)团队利益，高于其他：以自我为圆心，以个人利益为半径画圈，画不大；以团队为圆心，以众人利益为半径画圈，可画得无限大。

(4)宽以待人，严于律己：爱心+承诺+付出+自律=得到尊重和友谊。

(5)推崇忠诚，成为品德：推崇能获得力量，忠诚能赢得信任。

(6)沟通咨询，成为习惯：沟通是人际关系的第一要务；咨询是通向成功的捷径。

(7)负面影响，决不传递：消极的思想和言论是团队中的“瘟疫”，要将积极的思想向周围传递，将消极的“垃圾”埋掉。

(8)换位思考，善于倾听：面对问题，要从三个不同角度思考，首先是对方的角度，其次是问题本身的对与错，最后才是自己的认识。倾听比向对方说教往往效果更佳。沟通中听占50%，问占25%，答占25%。

(9)赞美激励，不断造梦：赞美是人际关系的第一通行证；激励是团队动势最好的加油站。你只有让更多的人梦想成真，你才可以真正梦想成真。切记，梦想的力量是无穷的，你应是造梦大师。

(10)尊重他人，群策群力：让每一个人都感到自己非常重要。

三、阻碍团队工作的因素

1. 不明确的目标

设定目标是提升效率的第一要务，目标设定是为了避免人性的弱点，是可以驱动人类行为的动力，能激发人的潜能。如果团队没有一个清晰可见的目标，团队成员就会因为迷茫而缺乏必要的动力，从而影响整个工作的完成进度及质量。

2. 成员固有的行为方式

一个团队不见得会对所有看得见的情况保持一致的态度，每个人的生活环境、思维习惯等的差异就决定了冲突的不可避免性，要成为一个成功的团队，就必须制定相关的规范，约束每个成员，使其改变固有的行为方式，符合团队的规范。

3. 小团体或个人英雄主义

个人能力最大限度地发挥，是个人英雄主义的体现。而团队精神的核心在于协同合作，强调团队合力，注重整体优势，远离个人英雄主义。给予团队成员个性创造和个性发挥足够的空间，适度倡导个人英雄主义，可以唤醒成员个体意识，促进团队成员之间形成个个争先的积极局面；而过度地倡导个人英雄主义，不利于团队协作和成员之间的团结，会形成一盘散沙的局面。小团体主义只从本地区、本部门、小团体的利益出发，为了眼前的短浅的利益而不顾、无视甚至对抗整体利益和集体意志。

4. 团队成员内部的冲突

冲突普遍存在，造成这种情况的原因也是多方面的，比如团队成员没有真正分享、认同团队的使命和目标。

5. 团队的激励

团队的激励不仅包括对集体层面的激励，也包括对团队成员个体层面的激励。

6. 团队成员的熟悉程度

团队决策效率的高低，取决于成员之间的熟悉程度。

7. 沟通的问题

如果没有有效的沟通机制，那么团队必将走向分裂。当一个人做事的时候，思想与行动是一致的；当两个人共事时，由于每个人对同一件事情的看法是有差别的，如果没有有效的沟通来平衡或消除这个差别，就会导致两人的行为不协调。如果把这个效应扩大到一个团队，负面影响就更大了。

8. 环境的问题

团队的内外部环境通过作用于团队的人才资源及其群体结构，影响团队的运行过程，是影响团队绩效的关键因素。

第三节 冲突

为了使船舶团队有效地完成安全营运、创造更多效益的目标，同时满足船员个体的需要，必须建立团队成员和团队之间的良好和谐关系，即彼此间应互相支持，行

动应协调一致。但是,现实的情况是,由于海上生活和工作环境的特殊性,船员的人际关系不同于陆地,有着显著的职业特征和特殊的交往原则。由于船员来自不同的地区,文化的冲突、知识和业务技术水平的悬殊、饮食习惯的不一,甚至宗教信仰的不同等因素使得人际关系变得非常复杂。船员间存在的各种差异,导致属于一个团队的船员对同一个问题会有不同的理解和处理,就会产生不协调、不一致,或是不能相容,冲突由此而产生。也就是说,冲突在船舶内部是客观存在的。由于船员职业的特殊性,船上冲突的产生、应对的策略也有不同。

一、冲突的概念

冲突是指人们由于某种抵触或对立状况而感知到的不一致的差异。具体到船上,冲突就是船员与船员之间,船员与船舶之间以及船上部门与部门之间(比如甲板部与轮机部之间)由于目标、认识或感情的不一致,多种摩擦和矛盾交织,而产生的不认可、甚至对立的状态。

二、船上冲突产生的原因

冲突的产生原因非常复杂,既有直接原因,也有间接原因,而且具体的冲突情境可能受到不同冲突来源的交互作用影响。总体上看,日常船舶工作生活中,船员个体之间或者船员个体与船舶团队之间以及船舶部门与部门之间利益的不同、沟通的障碍、认识的差别、船员个体个性的差异,都有可能造成冲突的发生。比如工作量分配不公平、工作能力不均等、工作态度不一致、处理问题的观点或方法不相同、个人的性格习惯有冲突,以及人生观、世界观的认识不相同,文化背景的差异等。这些矛盾的产生必然对船员的生活和工作产生重大影响,为船舶的航行和生产埋下隐患。特别是船上空间有限,环境封闭,船员的情绪得不到宣泄,矛盾得不到化解,同事之间的埋怨、猜忌、记恨等经长期积累后就可能爆发为冲突。怎么协调船上人员的工作和生活、化解船员之间的矛盾和纠纷,构建一个和谐的船舶人际关系,营造一个和谐的工作生活环境是非常值得我们思索和探讨的。

三、船上冲突的种类

冲突是普遍现象,它可能发生于人与人之间,人与团队之间,团队内部的人与人之间,团队与团队之间等等,也存在于团队成员与环境之间、新旧观念与行为之间等。冲突是双方意见的对立或不一致,以及有一定程度的相互作用,它有各种各样的表现形式,如暴力、破坏、无理取闹、争吵等。但冲突并不都是如我们常规理解的那样,只有破坏性。我们要正确对待冲突,首先要正确认识冲突。

(一)按冲突主体来划分

一般来说,按冲突主体来划分,冲突划分为五个层次:自我冲突、人际冲突、群际冲突、组织间冲突以及国家与民族间的冲突。船上冲突主要是自我冲突、人际冲突和群际冲突。

1. 自我冲突

船员的自我冲突主要是船员个体与环境之间的冲突。

(1)环境的冲突:由于船员工作的特殊性,每次上船工作都可能上不同的船舶、面对陌生的同船船员、开启陌生的航程。突然从熟悉的陆地生活换成一个陌生的环境,缺少家人的陪伴、关爱和照顾,船员往往会产生孤独感。刚上船工作时,还会充满了好奇与兴奋,特别是新船员,壮观的海上日出、美丽的异国风光都会给航海生活增添许多乐趣。但是远航工作中不只有美好的一面,也有许多的艰难和困苦。比如饮食,船员来自五湖四海,甚至来自不同的国度,饮食习惯各不相同,而船上不可能为每个船员都准备符合其口味的饭菜,而且长时间海上航行,缺少新鲜蔬菜和水果,有些船员可能就会感到不适应。而睡觉方面,有些房间与机器的轰鸣声日夜相伴,使人很难入睡,且船上值班三班倒,船员每天都可能在睡梦中被叫醒。特别是晕船,这几乎是每位船员都要经历的噩梦。海上无风三尺浪,船舶剧烈的摇摆和颠簸,让一些船员吃不进饭,喝水都要呕吐,觉也睡不安稳。另外很多船员会觉得海上生活单调枯燥,特别是跨洋航行,连续多日面对的都是茫茫海洋,活动空间骤然变小,没有地方展现青春的活力,四海漂泊,对家人充满了思念和担忧。而陌生的同事,变换的航线和未知的目的港,这种不确定性,更会使船员感到迷茫、无助和紧张。因此,船员不能尽快适应船上的生活和工作环境是常见的问题之一。

(2)船员个人知识能力与新的船舶岗位要求发生冲突:船员的能力与岗位不匹配,使其难以理解新岗位的任务目标和任务内容,这会降低船员的工作效率。船员一般每次会上不同的船,要面对以前没有见过的不同型号的船舶设备,刚开始也会产生不适应。而对于新船员,在校时以学习理论知识为主,理论和实践间存在着一定的差距。上船之初,新船员常觉得在学校所学的知识并无大用,这也不懂,那也不会,从而怀疑自己的能力,否定自己,产生自卑和自闭情绪,不能主动和老船员进行沟通,不能尽快融入船舶的大家庭中去。

(3)角色转换的冲突:几个月的休假,从家庭角色或者陆地工作角色转换为船舶工作角色,或者新升职船员的角色转变,比如见习后初任三副、三管轮,甚至包括初任大副、大管轮,初任船长、轮机长,每次升职,都意味着工作职责和责任的变化,都需要一个适应的过程。

这些都属于船员个体与环境之间的冲突。虽然在表现上可能没有发生在人际间,表面没有影响到他人和团队,但这种冲突如果不能加以合适的调适,最终也会影响船员的身心健康,进而影响船舶团队的战斗力,甚至可能成为引发船员与船员之间和船员与船舶之间冲突的导火索。

2. 人际冲突

船上人际冲突包括船员个体间的冲突和船员个体与部门及船舶间的冲突。

(1)个体间的冲突:包括船长与下属船员间的、高级船员与普通船员间的、船员与船员之间的、其他船员与大厨间的、船长与船东(代表)间的、船员与船东(代表)间的冲突等。其中上下级冲突是在船上人际方面最主要的冲突,比如船长与大副之间、船长与轮机长之间、船长或部门长与其他船员之间。上下级冲突通常分为任务冲突与关系冲突。关系冲突指上下级船员之间在人际交往上的矛盾、摩擦,通常包含对抗、反感等对立情绪。任务冲突是与工作相关的冲突,通常为上下级船员之间对于工作的内容、工作方式以及目标设定、行为模式等方面存在的分歧或争议,上级船员独断专横的态度、角色权利差异等使得上级船员在安排工作、绩效考核、激励下属船员等方面与下属船员之间产生误会,进而由利益冲突或亲疏关系等引发超过任务本身的矛盾。

(2)个体与部门及船舶间的冲突:个体与团队目标不一致也是引发冲突的主要原因。如果不能正确处理个体和部门或船舶之间的关系,一味地强调个人的权利、自由和利益,无视船舶团队的利益,或者一味地强调船舶团队的利益,强调个体利益服从群体利益而不顾个体的合理需求,不重视发挥个体的特长和作用,都会导致船员和部门或船舶团队之间产生冲突。另外,新船员换船后与新船舶文化的冲突也不可忽视。船员自身具有原来船舶的文化特征,进入新的船舶后要面对不同的文化和价值观,两种文化的不匹配也会带来冲突。

3. 群际冲突

船上的群际冲突主要表现为甲板部人员与轮机部人员间的冲突。甲板部和轮机部之间的冲突可以追溯到蒸汽取代帆的时代,甲板部和轮机部似乎是船上公认的一对冤家,经常会因为一些工作互相抱怨、推诿、产生不愉快,影响船上的工作进行。西方也常以“油和水不能混合”这句话描述甲板部和轮机部之间的冲突。

甲板部和轮机部的工作有分工又有联系,但不可避免地会发生交叉,需要相互协助和配合。比如,由于航次任务紧,甲板部扫舱、绑扎等工作都需要轮机部人员的参与和配合,甲板部部分设备的焊补(比如甲板部有栏杆坏了)也需要轮机部的协助,有时候还需要抽调轮机部很多的人力物力,而同时,轮机部的某些工作也需要甲板部人员的帮忙和配合,比如加油、上物料备件的起吊工作等。双方有工作交叉,如果分工不明确,职责界限不清晰,两个部门沟通不畅,可能就会产生矛盾。因此,两个部门的沟通至关重要,否则将影响部门之间的团结和船舶安全。

(二)按冲突性质来划分

我们还要对船舶冲突的性质加以辨别。从性质上区分冲突是属于积极类型的建设性冲突还是消极类型的破坏性冲突,这是我们确定对其采取什么样的态度和策略的前提。

1. 建设性冲突

建设性冲突指船员从船舶利益的角度出发,对船上存在的不合理之处所提出的意见等。建设性冲突可以使船舶中存在的不良功能和管理问题充分暴露出来,防止事态进一步恶化,同时,可以促进不同意见的交流和对自身弱点的检讨,有利于促进船上良性竞争。

2. 破坏性冲突

破坏性冲突是指由于船员认识上的不一致,船上资源和利益分配方面的矛盾,船员发生相互抵触、争执甚至攻击等行为,从而导致船舶工作效率下降,并最终影响到船舶安全营运的冲突。破坏性冲突造成了船舶资源的极大浪费和破坏,各种内耗影响了船员的工作热情,导致船舶凝聚力严重下降,从根本上影响了船舶效益和安全。

对于破坏性冲突我们要有效抑制、消除和排解,对于建设性冲突我们要加以有效利用,从而达到调适冲突的目的。充满冲突的团队等于一座火山,没有任何冲突的团队等于一潭死水,所以我们既要预防团队的破坏性冲突,也要激发团队的建设性冲突。

(三)跨文化冲突

由于航海职业的特殊性,我们这里不得不单独提出跨文化冲突。

船员是国际化很强的职业,有时候一条船上有多个国家的船员,不同的国度,不同的政治、历史、宗教,不同的文化背景,船员相处过程不适应跨文化沟通会导致一系列的人际关系危机,究其深层根源,主要是来自文化上的冲突。其表现主要在如下方面:

1. 语言方面

航海通用的跨文化交际语言是英语,但英语沟通能力差,仍然困扰着我国很多外派船员。语言沟通能力差常导致沟通障碍,引起文化冲突,导致船员产生焦虑、恐惧、孤独、自闭、自信心不足、工作压力大等心理症状。

2. 价值观方面

船员用本民族文化的价值观念和标准去理解和衡量其他民族船员的价值观、风俗习惯、人际交往方式、行为举止、管理模式等。当不同民族的船员存在民族优越感时,必然会产生相互之间的排斥,导致跨文化冲突的产生,影响人际关系的发展。

3. 宗教信仰与风俗习惯方面

宗教是多元文化中最具有倾向性和禁忌性的部分。在不同的文化特质中宗教影响下的人们在处世态度、价值观念、行为准则方面都有明显的差异性。外派船员常因不同宗教的禁忌性和对宗教信仰仪式的不理解而引发矛盾。可以说这是文化冲突中最为突出的情况之一。

4. 中外饮食文化方面

中外饮食文化方面的巨大差异在外派船上也显得尤为突出,中国饮食文化用料

考究,制作方法复杂,口味、菜式多样。外国饮食文化原料也较为丰富,制作方法则较中国简单。饮食习惯源于家乡古老的味觉记忆,外国船员吃不惯中餐的炒菜,而中国船员对菲律宾、印度尼西亚大厨的煮菜也难以下咽。这些生活习惯上的差异从生理上到心理上对于不同文化背景的外派船员都是严峻的考验,也是文化冲突最为突出的表现之一。

四、冲突的解决策略

一般按照合作性和自我肯定性把面对冲突的策略分为问题解决、妥协、强制、屈服、回避五种。其中问题解决型策略就是既满足自己也照顾到他人,寻求到一种双方都满意的方案;妥协型策略就是大家各退一步,寻找到一种自己虽然不是最满意但是一定程度可以都接受的方案;强制型策略就是只在乎自己的感受,不管别人的想法,做出的决定都是完全从自身利益出发;屈服型策略就是完全站在对方的立场,不顾自己所处的情况做出的方案;回避型策略就是既不关心自己也不关心他人,不做任何方案的处理。

下级船员与上级船员冲突时,下级船员一般倾向于采取妥协、回避等方式。由于上级船员处于主导地位,是管理的主体,作为下级船员,在一般情况下,有意见可以提,有要求可以说,但只能通过用说理和动情的方式,去达到目的,使冲突和分歧朝着有利于自己的方向发展。一旦不能达到目的,应该善于放弃,服从上级。这是由组织原则决定的,更是由船舶特殊的管理要求决定的,船上等级制度森严,船长具有绝对的权威,要求船员必须具有服从意识,下级必须服从上级。

当上级船员与下级船员发生冲突时,我们应该区分是工作性质冲突还是非工作性质冲突。工作性质冲突,尤其是上级对下属实施的批评、教育、矫正以及其他规范,这是领导职能在管理上的体现。此时上级更倾向于采取强制型策略,必须坚持原则,坚持到底,不可中途妥协,不可无原则退让,否则就可能形成不好的惯例,为以后的工作埋下隐患。非工作性质冲突,则恰恰相反,上级应该有妥协、有退让和有风格,这样方显领导情操、水平和身份。

当同级船员发生冲突时,船员往往采取妥协型策略和问题解决型策略。同级管理者之间的冲突,由于其前提是同级,表现形式往往比较隐蔽,解决方式往往多是协商和合作,其最终结果往往是商讨出双方都满意的方案或各方退让。在某些时候还需要领导参与解决,形成居高临下的裁判态势。

五、预防和解决冲突的方法

(一)预防冲突的具体方法

1. 从管理级的角度

(1)船上管理级船员要接受冲突化解训练,包括学习如何有效化解争端、有效沟通与对话，以及冲突调解技巧等。管理级船员要主动学习，开拓视野，提高自己的综合素养，提高冲突管理水平。在航运工作中，船舶管理人员会遇到各种各样的突发问题。管理级船员应增强应对突发问题的能力，要提高心理素质、职业技能、应变能力。

(2)加强船舶内的信息公开和共享，提高船舶领导工作的透明度，对船公司的指示及时传达，船舶动态和计划及时与船员通气，对敏感的经济问题，比如奖金的发放、伙食费开支等，公布于众，接受船员的监督，正确对待船员的意见，让船员觉得船长是民主的、公正的。

(3)船长对船公司的指示理应尽心尽力地贯彻，但对不尽合理的地方，也不应盲目执行，尤其是关系到船员自身利益时，船长要敢于站出来为船员积极争取，如果对公司唯命是从，虽然可以得到公司的赏识，但在船员中就失去威信了。

(4)加强船员之间正式和非正式的沟通，利用晨会、茶歇时间、休息时间，或者安排聚会和活动，让船员们聚在一起，使大家有机会互相交流和了解。

(5)明确岗位分工。很多矛盾和冲突源于职责上的交叉或模糊不清。管理者要合理划分岗位职责，明确管理范围和职责权限，从根本上防止出现因职责交叉而产生的推诿扯皮现象。

(6)建立合理的评价体系。一个优秀的团队，必须有一套有效的激励机制。实践证明，人在工作中需要激励，这样才能激发个人的潜能。船舶管理者可以通过各种物质激励和精神激励的方式来激发船员的潜能，这样才能建立一个和谐、稳定、各尽其职的团队。

(7)加强船员教育，建立崇尚合作的船舶组织文化，设置一个能满足船舶全体成员的共同目标，设立船舶成员共同的竞争对象，避免形成团队成员之间争胜负的情况。

(8)船舶管理级人员应当根据新生代船员的特征调整管理方式。传统的管理级船员下达命令的专断型管理方式很容易引发上下级船员之间的关系冲突。管理级船员应尽量增加与员工的沟通渠道，促进上下级交流，增进上下级之间的关系。

(9)营造具有人文关怀的组织氛围，主动积极为遇到困难的船员提供帮助，对于有良好表现的船员及时表扬并奖励，以提高船员对船舶团队的认同感和依赖性。

(10)尊重下属船员的管辖权，不能越权管理，即使是平时随意的一句话都要注意，不能超越下属船员管理的权限，否则会造成下属管理者没有办法管理他的下属船员的局面。

(11)船员劳务费的分配，常是船员间矛盾的导火索。船舶领导在这个问题上要本着大度公正的立场按公司规定处理，减少不必要的矛盾。船舶领导应以维持船舶长期的互帮互助和谐局面为着眼点，以鼓励船员更积极地参与船上的各项工作为原则，平衡各方的利益关系，力争使分配方案既符合船东的根本利益，又促进船舶和谐气氛，使奖金成为促进工作和团结的润滑剂而非制造麻烦的催化剂。

(12)轮机长和大副作为部门长,要摆正心态,进行良好沟通,主动维护船长的威信,主动理顺规矩,把船长的指示传达到位,把工作落到实处。

2. 从每一名船员的角度

(1)不拉帮结派,搞小团体:来自同一个地方,或者毕业于同一所学校,或是有相同秉性爱好,或是同属一个部门,这些都容易使船员在船上形成一个个的小团体。这些小团体会更多进行小范围的活动和交流,有意无意地与其他人产生隔阂,相互疏远。小团体以其内部成员利益为重,很容易与其他船员或与船舶团队之间产生越来越大的隔阂和矛盾,继而升级导致冲突发生。

(2)明确责任和权利,做好分内工作:船上配员越来越少,而且每个人都有自己的岗位工作职责,如果有人把自己职责范围内的工作推给了别人,给别人增添了麻烦,当然会让别人产生不满,久而久之就可能爆发冲突。

(3)不相互埋怨、不轻易指责他人:船上难免有人会出现一些小失误,发生一些小事故。每当事情发生时,很多人总是习惯性相互推诿和责备,倾向于掩饰自己的过错或缺点。导致一起过错或事故的原因有可能涉及很多人。这时候,如果每个人都能主动分析自身的问题,勇于承认自己的缺点和错误,大家会更和谐、更团结。反之如果互相指责,挑错、找毛病,不但耗费太多无用的精力,也不利于同事间的和谐相处和接下来工作的顺利完成。互相埋怨导致相互记恨,相互记恨就会埋下冲突的种子。

(4)不自大、不自负:自大与自负往往是工作中很多问题的根源。船上工作,过于自大会不利于同事之间有效沟通,更不利于整体工作效率的提高,甚至是让别人产生一定的反感。比如我们可能会听到:机舱的事你们甲板部的不懂就不要问了,或者是:这个航线设计的事你们机舱的不懂就不要问了,说了也不明白。也有个别高级船员不屑于和普通船员或者是低级别的其他船员平等交流。这样会拒人千里之外,无形中给自己"围上了篱笆"。船舶上的船员是一个团队,大家各司其职,船舶安全营运离不开全体船员的齐心协力。一旦发生紧急情况,需要所有人同舟共济。

(5)互相帮助:船上职责分工非常明确,但每个人都有需要帮助的时候,每个人都有工作疏忽的时候。面对别人的困难,不要觉得事不关己,伸出你的双手,给别人一点帮助。有善因才有善果,相互帮助是奠定良好人际关系的重要手段。

(6)尽量将生活和工作分开,不将情绪带到工作中:在船上大家经常会因为工作上的事情有不同意见和看法而产生探讨和争辩,有时甚至争论得面红耳赤,导致心情不悦。我们要就事论事,不要将这些情绪带到生活中。船上空间相对狭小,抬头不见低头见。工作上的事我们就把它放在机舱里去吵,放在驾驶室里去争,回到餐厅、回到生活区还是一家人,不要让负面情绪影响自己一整天。

(7)避免嚼舌根,说闲话,打小报告等行为:船上人不多,同事之间应该经常保持交流与沟通。但我们要尽量避免在人背后说闲话,或是嚼舌根、打小报告。这种行为是腐蚀同事关系的"硫酸",摧毁相互信任的"毒药"。船上空间狭小,流言的传播速度远比我们想象的要快，即使是背后一句轻描淡写的评论也有可能很快引发一场争吵和怨恨。如果你与同事之间有了小误会，找个合适的时间，坐下来好好谈谈，互相交换看法，说不定问题很快就解决了。

（二）解决冲突的具体方法

1. 对于冲突当事船员

（1）保持冷静、尊重、耐性。冲突往往带来压力与不悦，但再怎么不高兴，也应展现尊重与礼貌，保持冷静，并努力找出冲突的原因，进行协商。这么做可以维持良好的关系，建立信任，有利于争端的化解。

（2）对事不对人。很多时候，冲突的背后隐藏了双方在运作、职责上的分歧。所以，把冲突的个人情绪因素抽离，对事不对人，才能锁定问题，客观地交换意见，进行讨论。

（3）先听后说。要有效解决问题，必须仔细聆听对方（或双方）的观点，不能光听，还必须让说话的人感觉自己受到支持和肯定，也就是说，运用积极倾听的技巧，如复述刚才听到的内容，或偶尔总结一下对方的观点，确认你已经充分了解。

（4）以争取整体利益为原则。听过双方的意见、观点后，再来谋求实际的解决办法，但有个前提：必须考虑你决定的解决方法，是否会损及船舶的整体利益。绝不能以自己部门或自身的利益为优先，也不能坚持只有单方获利的解决方案。

（5）共同寻找可能的解决方案。双方充分沟通讨论，拿出一套双方都能接受的解决办法。

（6）适当妥协。妥协就是发生冲突的各方协商并且找到一个双方都能勉强或者说一定程度上能够接受的方案。不要追求自己一方独赢，即使达不到双赢，各退一步也海阔天空。

（7）求同存异。关注与对方一致的一面，淡化与对方不一致的地方，保持一种友好的气氛，大家静下来，好好沟通。

（8）冲突恶化时，请上级裁定。比如甲板部和轮机部间的对立太过激烈，或歧见太深，有时不是单凭轮机长和大副就能调解、处理的，必要时，需要请船长出面，让船长进行裁定。主动寻求帮助不是弱者的表现，能够寻求帮助也是一种心理能力，表明我们能够正视问题，接受问题，寻找资源解决问题。

（9）不要将矛盾放大。如果双方心情都不好，矛盾已经被激化，就先暂停沟通，因为时间可以淡化矛盾。但是不要就此搁置沟通，看时间差不多了，双方应重新建立沟通平台。

2. 对于船舶管理级船员

（1）了解冲突原因。新的问题或新的矛盾产生时，船长或部门长要从发生事件的根源着想，一定要理解发生的事情，不断化解，保持平衡。船舶领导还要善于发现船员的个性，有的放矢地深入船员的思想，引导船员。

(2)监督对话。冲突的双方最初根本不可能真正地沟通。没有外力的帮助,他们在原有的片面观察问题的基础上极可能在很短的时间内再度彼此误解,重新争吵。所以在解决冲突的第一个阶段船舶领导必须及时介入,作为第三方密切监视冲突双方的双向行为。

(3)尽量多去倾听双方的意见,保持中立立场解决问题。船员间的摩擦与冲突,看似小事,但如果处理不当,也会影响到全船的安定,因而不可以忽视。船长或者部门长在解决这类冲突时,要公正,不可以偏袒任何一方。

(4)识别清楚冲突的性质和类别。建设性冲突要适当鼓励,破坏性冲突则应该减少到最小程度。要针对不同类型的冲突采取不同的措施,对不同对象之间的冲突要采取不同的管理对策。

(5)共同寻找可能的解决方案。让每个人都参与,利用脑力激荡,提出各种可能的解决选项,欢迎所有的想法,也许有些点子是你从来没想过的。所有的选项经过厘清、排序,最后协商出一套冲突双方都能接受的解决办法。

(6)监督冲突双方信守承诺。调解工作的最后一步,就是要求冲突双方都要做出承诺,说到做到。只有严格地遵守制定好的游戏规则才有助于克服新的危机,不至于重新陷入争吵之中。

(三)跨文化冲突的解决方法

1. 进行跨文化学习,提高跨文化沟通能力

尊重对方文化,尊重的前提是理解,而理解的前提是了解。我们要:充分认识外派船员“和而不同”的文化精髓,以削弱文化差异;提高跨文化交流与沟通的技巧,突破不同文化背景船员的沟通障碍,增进相互理解和包容。比如如果能对世界主流的几大宗教信仰有比较基础的了解,某些误会就很容易消除甚至不会发生。

2. 培养共情,求同存异,相互包容

我们要设身处地的体味他人的苦乐和际遇,从而产生情感上的共鸣。不同国家、不同民族的船员都将自己的生活方式、信仰、价值观、行为规范看成是最好的。我们首先要消除这种不自觉的优越感,在“求同存异”的理念下友好相处;其次要理解其他文化现象,站在更高的层面上去看待本群体文化和异质文化,相互包容。只有更为客观、全面地认识和理解其他群体文化的特质,才能在跨文化沟通过程中跨越文化障碍,缩短群体之间的距离,避免冲突的发生。

3. 对自身的文化进行多方面的理解和洞察

不仅要认识到自身文化的局限性,更重要的是能发现自身文化的精华与优势。因为在熟悉的文化范畴内,我们更能建立优秀的个人品质和人格魅力。中华民族几千年的文化养育了我们吃苦耐劳、重视家庭、富有责任感的伟大情操,这些优势不应该被摒弃,应该被发扬。只有意识到这些,才能利用这些富有内涵的文化来强化船员的心理建设,以优秀的文化传统来消除海上生活带来的一系列的心理困境,从自

身文化中攫取解决心理问题的途径。

4. 站在对方的立场思考和处理问题，而不是固执地坚持自我

在理解他国文化的基础上，意识到他国文化的优点和值得学习和借鉴的地方。转换审视问题的角度，试着运用对方的价值观从对方的角度重新思考问题，纠正自己的看法并给对方以更多的理解。

第七章

理解并采取必要的措施控制疲劳

船员的疲劳属于职业疲劳，是船员在船上工作负荷和生活环境综合作用下，人的机体功能和工作能力下降到某种程度时，反映出来的生理和心理现象。研究发现，连续18小时不睡觉对人体机能造成的影响相当于人体血液中酒精浓度达到0.05%时的影响。当连续不睡觉的时间达到24小时时，疲劳的影响与人体血液中酒精浓度达到0.10%时的影响相同。通过近期事故的资料和研究结果可以看出，疲劳已明确成为造成人为失误，从而影响工作成效的一个潜在因素或致因。疲劳所致的人为失误现已被广泛地认为是多起海难的致因。

国际海事组织MSC/Circ.813/MEPC/Circ.330通函中的《人为因素常用术语清单》定义疲劳为："因操劳、操心或情感发挥而造成体力和(或)智力下降，从而影响几乎所有的体能(包括力气、速度、反应时间、协调、决策或平衡)。"疲劳是动物机体自我保护的本能，以避免因过度疲劳而损伤，具有积极的一面。但人们往往难以正确判断自己的疲劳程度，因此对作业安全而言，过度疲劳常常会导致事故，具有消极的一面。所以，防止疲劳和及时消除疲劳，避免在过度疲劳状况下作业，是确保船上持续性安全的必要条件之一。

第一节　疲劳

一、疲劳的表现

当人处于疲劳状态时，人体处于初始催眠状态，其在行为上会出现一种或多种变化，表现为体力下降、注意力不集中、反应迟钝等。但当事人是很难判断疲劳征兆的。其主要原因是疲劳能够对人的判断能力或复杂问题的解决能力造成影响。疲劳对人的影响包括如下方面：

1. 身体方面：无法保持清醒，人会不由自主地出现打瞌睡或睡着的现象；手眼协调能力差，大脑不能清楚支配手的动作；讲话困难，发音不清、慢慢吞吞或混淆；感到胳膊和腿很沉或行动迟缓；做举、推或拉的动作时力气不够用；手中的工具、零件掉落的次数增加；不明原因感到身体不适，如头疼、头晕、心悸或心跳节奏不规律、呼吸急促、食欲不振、失眠、盗汗、腿部疼痛或抽筋、消化不良等。

2. 情感方面：冒险欲望加大；不容忍行为和反常行为情况增多；会产生不必要的担忧；做好工作的动力减少；情绪变化增多，会有烦躁、疲惫、抑郁情况出现，会由欢快变为沉默，面容呆滞疲惫。

3. 思想方面：距离、速度、时间等方面的判断力差；无法准确说明情况（例如，关注简单问题、未想过情况的严重性或未对危险进行预测）；对正常情况、异常情况或紧急情况反应慢或无反应；注意力持续时间短；思路不清晰；容易走神。

疲劳会降低作业的效率和质量，更为重要的是，疲劳会使船员无意识地产生不安全行为而引发事故，危及人身安全和船舶安全。疲劳会妨碍船员对危险的感知和判断能力，妨碍消除危险的能力的发挥，使危险不能得到及时有效的消除或限制。当发现自己或其他船员出现疲劳情况时，应立即告知船舶领导。这一点很重要，因为这将有助于自己就疲劳预防和判断事宜和船舶领导进行坦率地交流。

二、疲劳致因

普遍为海员熟知的疲劳致因有睡眠不足、休息不好、压力和超负荷工作量。当然，也存在其他致因。疲劳致因的归类方法有很多种。为了确保全面性并如实反映多数致因，IMO 将疲劳致因大致分为四类：船员专属因素 、（岸上、船上）管理因素 、船舶专属因素、环境因素。这些因素包括了睡眠问题、作息时间与生理节律、身体紧张刺激因素、船舶内外环境的紧张刺激因素、作息时间的改变等。出现以下一种或多种情况均能引起疲劳和（或）致使疲劳情况变得更糟：

1. 睡眠不足：人只有通过睡眠才能维持和恢复良好的工作效率。睡眠不足时，人就会感到疲惫，而且警觉性也会受到影响。

2. 睡眠质量差：睡眠质量不好会导致疲劳。这种情况多见于睡眠中断和（或）人体需要睡眠时自己却无法进入睡眠状态。

3. 工作期间短暂休息时间不充足：除了通过睡眠可恢复工作效率外，工作期间通过短暂休息也能恢复工作效率。休息时间匮乏或为了尽早完成工作而导致指定的休息时间延后都会导致疲劳。

4. 休息不好：休息时受到干扰（如突然被唤醒）、靠港或抵达港口时不清楚工作时间都会导致疲劳。

5. 压力：引起压力的因素包括个人问题比如想家、与其他船员同事之间发生的问题、工作时间长、一般性工作等。压力的出现会引发疲劳或加大疲劳程度。

6. 工作乏味、重复:人感到乏味时就会出现疲劳现象。当所从事的工作内容毫无挑战性、重复性高、过于枯燥乏味和(或)肢体运动受到限制时,人就会产生厌烦心理,从而倍感疲劳。

7. 噪声或振动:人在噪声或振动的环境下不能进行睡眠或休息,因为这种环境会对身体压力情况造成影响,进而引发疲劳。

8. 船舶运动:人在船舶运动过程中不能保持身体的平衡。保持平衡需要使用外力,在这种情况下,则会出现疲劳情况。船舶出现纵摇和横摇时,船上人员需要额外付出15%~20%的努力保持身体的平衡。

9. 食品:进食的时间、次数、内容、质量都会影响人的健康状况。食用含精制糖(糖果、炸圈饼、巧克力等)成分的食物会造成血糖含量迅速上升。但是,不足之处是在这种新补充的短期能量消耗后,血糖含量又会迅速下降。血糖含量低易造成精力不集中和对极端事件出现无意识的情况。而睡前吃得太多又会造成睡眠障碍。

10. 身体状况和疾病:身体状况(如心脏病)和疾病(如普通感冒)都会引发疲劳或加重疲劳情况。疲劳造成的后果应视疾病性质或身体状况以及所从事的工作类型而定。例如,人在感冒时,反应就会变慢,同时,手眼协调能力也会受到影响。

11. 摄入化学品:酒精、咖啡因和非处方药物均会造成睡眠障碍。摄入咖啡因也会给人带来其他不良反应(如高血压、头疼、情绪波动或焦虑)。

12. 时差反应:人们长途飞行穿过若干时区后会出现时差反应。在这种情况下,易出现疲劳、失眠、烦躁不安的现象。由东向西穿越要比由西向东穿越容易调整时区。穿越12个时区后,调整是最困难的;而仅穿越1个时区,调整则是最容易的。人体大约按照每天1小时的频率进行调整。

13. 超负荷工作:连续进行繁重的工作会引起疲劳。人在加班加点工作或执行需要消耗体力或引起精神压力的任务时,会认为这是一个繁重的工作。超负荷工作和疲劳会给人造成以下负面影响:事故率和死亡率上升;加大药物依赖性、烟瘾或酒瘾;导致睡眠不足和睡眠障碍;心血管障碍、呼吸障碍或消化功能紊乱频率加大;感染风险加大;食欲不振等。

三、生物钟和生理节律、失效浴盆曲线对疲劳和作业安全的影响

每个人都有生物钟,且这种生物钟可以调节人体生理节律。人体24小时都在进行各种物理过程或维持各种生理状态(如睡眠/觉醒),且体温、荷尔蒙激素水平、药物敏感等方面出现周期性变化。这种周期即为生理节律。生物钟能够调节生理节律,因此可以做到与“白天觉醒,晚上睡眠”的传统模式完全同步。无论工作与否,生物钟都会在固定的时间使人处于困倦或警觉状态。正常情况下,醒睡周期采用的是24小时的节律。然而,不同的人有着不同的醒睡周期。尽管每个人的节律有所差异,但周期都会出现两个明显的高峰和低谷。与其他使人产生困倦的睡眠因素不同的是,每24小时会出现两次低警觉性(低点或低谷)。伴着最高警觉性时间(高峰)

相继而来的是最低警觉性时间。睡眠/觉醒状态和生理节律状态以若干方式相互影响：

1. 两者相互对抗进行工作会削弱彼此应有的效应。例如，即便是得到充分休息的人，其仍然会受到生理节律低点的影响；相反，睡眠不足的人由于处在生理节律的高峰期，警觉性会出现短暂提高。

2. 两者也可按相同顺序工作，在这种情况下，则会加大对人体警觉性的影响。例如，当人出现睡眠不足时，体内生理节律则处于低点状态，从而加大困倦感。

对于许多船员来说，工作性质使得他们无法跟随生物钟进行工作和生活。轮班、穿时区等引起的不规律时间安排会造成生理节律无法同步。另外，生物钟每天也只能调节一两个小时。生物钟调节有时（应视新的时间安排情况而定）会长达七天之久。当船员需要睡眠时，生物钟却使他们保持清醒；而当需要保持清醒状态时，生物钟会使他们处于困倦状态。

负责值班安排和作业的船员，以及每个从事值班和作业的船员，应当了解人体生理节律和失效浴盆曲线对疲劳和事故的影响。

一般情况下，人体在 23 时—5 时会处于松弛和休眠状态，6 时—9 时机体活力上升，10 时—11 时机体活力最强，12 时体力总动员，13 时—14 时机体反应迟钝，15 时—22 时机体处于又一个兴奋期；IMO《关于疲劳缓解和管理指南》中指出，每个人每 24 小时会出现两次低警觉性（低点或低谷），且通常在早上 3 时—5 时，下午 3 时—5 时的时间段出现；同样的工作强度，易使处于人体生理节律低谷的人员疲劳而产生人为失误。这印证了海事为何最高峰值在 23 时—4 时，次高峰值在 12 时—16 时（该时段包括了前后交接班的失效浴盆曲线影响）。其预防措施主要在于充分的休息，适时进入工作角色，留有余地的操作方案和行动。当然个人的体质、情绪、生活习惯以及调节适应力不尽相同，每个人体内的生物时钟基础节律有快有慢、有早有晚，在进行较长一段时间的观察后，可摸索出个体的周期性变化规律和特点，以便于掌握与了解个体的差异与节奏。

图 7-1-1 所示是经大量统计所得的产品或系统的故障（失效）规律，即失效浴盆曲线。早期失效期是系统的适应期，失效率随时间推移而下降；偶然失效期的特点是失效率低而稳定；耗损失效期的故障随时间的推移迅速上升。每个值班和作业过程同样存在人为失误的浴盆曲线，早期失误是因为对情况不熟悉和对环境不适应，尚未全身心进入工作角色；后期失误是身心疲倦、思想分散所致。许多事故发生于值班作业刚开始时和临结束时就是明证。

由此可见，应尽可能避免安排在人体生理节律的低谷时段作业，如果必须在该时段作业，则作业人员应具备充沛的精力和采取尽可能安全的做法。在作业的后期，疲劳的人员极易产生诱发事故的不安全行为，应避免将高难度、高强度和高危险度的工作放在作业后期。

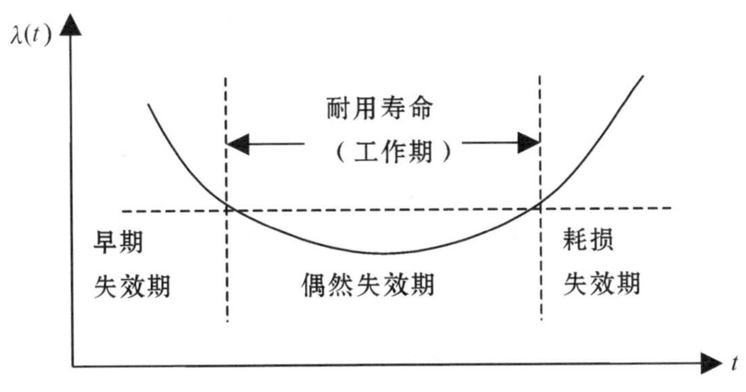

图 7-1-1　失效浴盆曲线

第二节　控制疲劳的措施

一、预防疲劳的方法

(一)睡眠问题

睡眠是一种最有效的疲劳预防手段。睡眠不足和困倦都会从人体各方面(身体、情感、思想)影响工作效率。为了满足身体需要,必须做到以下几个方面:

1. 睡眠时间

不同的人对睡眠需求也有所不同;尽管如此,普遍建议每天平均睡眠时间为7~8小时。人们需要一定量的睡眠,是为了获得精神舒畅的感觉和警觉。如果睡眠不足的情况持续七天以上,人的警觉性则会受到影响。因此,只有通过睡眠才能保持或恢复原来的办事效率。

2. 连续睡眠

以下是一些关于养成良好的睡眠习惯的普通指导:

(1)养成良好的睡前习惯,以促进睡眠,例如,洗个热水澡或看看令人心静的书籍。

(2)营造睡眠氛围,在一片漆黑、安静且凉爽的环境下躺在舒适的床上有助于促进睡眠。

(3)确保你在持续的睡眠中不会被打扰。

(4)睡觉前要满足任何生理上的需求(例如,如果睡觉前感觉饿了或者渴了,少量饮食以免身体消化活动导致无法入睡,此外每次睡觉前应先上个厕所)。

(5)睡觉前避免饮酒和摄入咖啡因[咖啡、茶、可乐、巧克力和部分药物(包括感冒药、阿司匹林)中可能含有酒精和/或咖啡因];至少在睡前6小时内不得摄入咖啡因。

(6)寻找并正确学习一种对睡眠帮助很大的放松技巧(如冥想、做瑜伽)。

3. 睡眠质量

人需要熟睡。人们每次睡眠并非完全出现同等质量,完全恢复体力的效果也会有所不同。

(二)休息问题

休息是抵抗疲劳、提高工作效率的另一个重要手段。除了通过睡眠获得休息之外,也能通过活动的暂停或调整获得休息。如果要保持工作效率,出于身体的需要,间歇或暂停休息是必需的。影响休息需求的因素包括活动暂停或调整之前持续时间和强度、暂停时间或新活动的性质或调整。

二、减少疲劳效应的方法

疲劳是一种信号,它的出现表明机体已经超过正常负荷。适当的睡眠和休息是一种最有效缓解疲劳的方式。此外,还发现通过其他方式也有可能短期内实现部分疲劳得到缓解。然而,需要注意的是,采用的这些对策只是临时隐藏了疲劳迹象和症状,而实际上并未消除疲劳。船员应该结合自身的情况,根据引起疲劳的原因,对症下药:

1. 兴趣或机会:具有趣味性的挑战、令人兴奋的创意、工作程序的更改或其他新奇的不同事物均可能帮助人们保持清醒。如果所从事的工作简单乏味或具有重复性,人的警觉性就会逐渐消退。

2. 环境:强光、干燥的冷空气、音乐和其他不规则的声音和一些宜人的香味(如薄荷)均可临时提高人的警觉性。

3. 食品和化学药品消耗:咖啡因(存在于咖啡和茶中,在可乐和巧克力中也含有,但其含量低一些)对于某些人可以在短时间内用来提神,但是如果在一段时间内定期使用则会降低其提神效果并且使人更累、更难入睡。

4. 肌肉活动:进行各种肌肉活动有助于人们保持警觉性。跑步、散步、伸展或嚼口香糖均能够提高人的警觉性。

5. 社会互动:社会互动(如交谈)有助于人们保持清醒。

6. 小睡:小睡也能提高警觉性和工作效率。最有效的小睡时间约为20分钟。如果小睡时间超过30分钟,就可能会出现睡眠惯性现象,醒来后出现头晕眼花和迷向的感觉。

7. 工作轮换:更改活动顺序(即为人员分配多样性的任务)能够打破工作的单调性。需要大量体力或脑力的工作任务和低要求的工作任务相结合可产生对人有益的效果。

第八章

船员综合素质和职业素养

第一节 船员的基本权利和义务

目前还没有国际公约对船员的基本权利和义务做出清晰明确的规定，船员的基本权利和义务大都由各国国内法加以规定。我国《海商法》第 34 条规定："船员的任用和劳动方面的权利、义务，本法没有规定的，适用有关法律、行政法规的规定。"新修订的《中华人民共和国海上交通安全法》首次将船员权益保障写入国家法律，增加了维护船员合法权益的内容，第六条明确"国家依法保障船员的劳动安全和职业健康，维护船员的合法权益"，为维护船员劳动安全和职业健康提供了法律保障。

一、公民的基本权利和义务

《中华人民共和国宪法》规定，凡是具有中华人民共和国国籍的人，都是中华人民共和国公民。船员作为国家社会群体中的一部分，同样也有明确的社会责任。公民具有选举权、被选举权等政治权利；具有言论、出版、集会、结社、游行、示威、宗教信仰和人身等自由；具有对国家工作人员的批评、建议、申诉、控告和检举权以及得到国家赔偿权；具有劳动、休息、生活保障等社会经济权；具有文化教育权利与自由，以及妇女的合法权益受到保护的权利。每位公民还有基本的社会义务，包括：维护国家的统一和全国各民族的团结；遵守国家宪法和法律，保守国家秘密，爱护公共财产，遵守劳动纪律和公共秩序，尊重社会公德；维护祖国的安全、荣誉和利益，不得有危害祖国的安全、荣誉和利益的行为；保卫祖国，抵抗侵略，依法服兵役和参加民兵组织；依法纳税；参加劳动和接受教育等。公民不履行义务要承担一定的法律后果。

二、《中华人民共和国劳动法》中有关劳动者权利和义务的规定

船员作为劳动者受《中华人民共和国劳动法》的保护。劳动者享有平等就业和选择职业的权利、取得劳动报酬的权利、休息休假的权利、获得劳动安全和卫生保护的权利、接受职业技能培训的权利、享受社会保险和福利的权利、提请劳动争议处理的权利以及法律规定的其他劳动权利。

劳动者应当完成劳动任务,提高职业技能,执行劳动安全卫生规定,遵守劳动纪律和职业道德。用人单位应当依法建立和完善规章制度,保障劳动者享有的劳动权利和履行劳动义务。国家采取各种措施,促进劳动就业,发展职业教育,制定劳动标准,调节社会收入,完善社会保险,协调劳动关系,逐步提高劳动者的生活水平。

船员与航运公司或其雇佣单位发生劳动争议时,当事船员可以依法申请调解、仲裁和提起诉讼,也可以协商解决。劳动争议发生后,当事船员可以向本航运公司或其雇佣单位的劳动争议调解委员会申请调解。调解不成,当事人一方要求仲裁的,可以向劳动仲裁委员会申请仲裁。当事船员或单位也可直接向劳动仲裁委员会申请仲裁,对仲裁裁决不服的,可以向人民法院提起诉讼。

三、2006 年海事劳工公约

国际劳工组织(ILO)是体面工作的倡导者,成立于 1919 年,至今共颁布了 70 多个与海事劳工相关的公约和建议书。国际劳工(海事)大会基本上每 10 年召开一次。2006 年在日内瓦召开了第 94 届国际劳工(海事)大会。在这次大会上,正式通过了“综合海事劳工公约”,该公约定名为《2006 年海事劳工公约》(Maritime Labour Convention,2006)。该公约的通过为全球 120 万名海员带来了福音。公约对海员的体面工作、生活和工作条件的改善、健康与安全保护、医疗保护及其他形式的权益保护提供法律保障。

(一)公约的结构

公约由三个不同但相关的部分构成:条款、规则和守则。条款和规则规定了核心权利和原则以及批准本公约的成员方的基本义务。守则包含了规则的实施细节,由 A 部分(强制性标准)和 B 部分(非强制性导则)组成。由于守则涉及具体实施,对守则的修正必须仍放在条款和规则的总体范畴内。规则和守则涉及以下五个方面:

1. 海员上船工作的最低要求;
2. 就业条件;
3. 起居舱室、娱乐设施、食品和膳食服务;
4. 健康保护、医疗、福利和社会保障;
5. 遵守与执行。

(二)海员上船工作的最低要求

1. 最低年龄

为了确保在船上工作的船员均为成年人,《2006年海事劳工公约》规定最低在船上受雇、受聘或工作的船员年龄为16周岁。禁止18周岁以下的海员在夜间工作。所谓“夜间”是指从不晚于午夜开始至不早于早晨5点钟的一段至少9个小时的时段。禁止雇用或聘用18周岁以下的海员从事可能损害其健康或安全的工作。这些工作的类型由国家法律或条例确定,或由主管当局根据相关国际标准与有关船东和海员组织协商后确定。

2. 体检证书

为了确保所有海员的健康状况适合履行其海上职责,海员在上船工作之前要持有有效的体检证书,体检证书由有正规资格的医师签发。每份体检证书应特别载明:海员的听力、视力符合要求;所从事的工作会受到不良色觉视力影响的人员的色觉视力符合要求;未患有任何由于在海上工作而可能会加重或使其变得不适合从事此种工作或威胁船上其他人员健康的疾病。

体检证书的最长有效期为2年,若船员年龄低于18周岁,体检证书的最长有效期应为1年。色觉视力证书的最长有效期应为6年。如果在某航次航行途中证书到期,该证书应继续有效至该海员能够从合格医师那里取得体检证书的下一停靠港,条件是这段时间不超过3个月。

3. 培训和资格

为了确保海员具备履行船上职责的能力,该公约规定海员必须完成个人安全培训,否则不允许其在船上工作。

4. 招募和安置

为了确保所有海员能够利用不向海员收费的高效、充分和可靠的系统寻找船上就业的机会,成员方应确保服务机构以保护和促进公约中所规定的海员就业权利的方式有序运作。私营海员招募和安置服务机构不允许过度扩散。禁止海员招募和安置服务机构利用各种方式、机制或清单来阻止或阻挠海员获得称职的工作;要求其为海员提供就业的费用或其他收费不得直接或间接、全部或部分地由该海员承担,海员取得国家法定体检证书、国家海员服务簿、护照或其他类似个人旅行证件的费用除外,但签证费由船东负担。

(三)就业条件

1. 海员就业协议

为了确保海员取得公平的就业协议,海员的就业条款和条件应在一项明确的法律上可执行的书面协议中加以规定或提及并应与守则中规定的标准一致。签署海员就业协议的海员在签字前要对协议进行审查和征询意见,还要为海员提供其他必要的便利,确保其在充分理解了其权利和义务后自由达成协议。海员就业协议均应包括以下内容:海员的全名、出生日期或年龄及出生地;船东的名称和地址;订立海员就业协议的地点及日期;海员将担任的职务;海员的工资数额,或者提供用于计算工资的公式;带薪年假的天数,或者提供用于计算天数的公式;由船东供给海员的健康津贴和社会保障保护津贴;海员获得遣返的权利;集体谈判协议,以及国家法律所要求的其他细节。

协议的终止及其终止条件包括:

(1)如果协议没有确定期限,各方有权终止协议的条件,以及所要求的预先通知期。船东的预先通知期不得短于海员的预先通知期;最短期限应在与有关船东和海员组织协商后确定,但不得短于 7 天。

(2)如果协议有确定期限,以确定的期满日期为准。

(3)如果协议是为一次航程而订,合同期限应为航行至目的港以及到达目的港后海员应被解雇前所需经历的时间。

2. 工资

为了确保海员根据其就业协议定期获得全额工作报酬,各成员方应要求按不超过 1 个月的间隔并根据任何适用的集体协议向在悬挂其旗帜的船舶上工作的海员支付其应得的报酬。应给海员一个应得报酬和实付数额的月薪账目,包括工资、额外报酬,以及在其报酬采用的货币或兑换率不同于曾经达成一致的货币或兑换率时,所用的兑换率。为海员提供一种将其收入的全部或部分转给其家人或受赡(抚)养人或法定受益人的方式。"基本报酬或工资"一词系指正常工作时间的报酬,无论这一报酬如何构成;它不包括加班报酬、奖金、津贴、带薪休假或任何其他额外酬劳。"合并工资"一词系指包括基本工资和与工资有关的其他津贴在内的工资或薪资。合并工资可包括对所有加班工作给予的补偿和所有其他与工资相连的津贴;或者,它也可以包括部分合并工资内的某些津贴。对于其报酬包括了另计的加班工作补偿的海员,在海上和港口的正常工作时间每天不应超过 8 小时;对于由基本报酬或工资所涵盖的每周正常工作时间,如果集体协议未予确定,应由国家法律或条例确定,但每周不得超过 48 小时。集体协议可以规定不同但不能较之更加不利的待遇;加班补偿率不应低于基本工资或每小时工资的 1.25 倍,该补偿率应由国家法律或条例或由适用的集体协议予以规定。

工资应以法定方式支付;凡适宜时,可以通过银行转账、银行支票、邮政支票或汇款支付工资;在终止雇佣关系时,所有应付报酬的支付不得出现不应有的延误;如果船东无理拖延支付,或未能支付所有应付报酬,主管当局应对其给以适当惩罚或强制其采取其他适当补救措施;工资应直接支付给海员指定的银行账户,除非他们以书面形式提出另外的要求。

3. 工作或休息时间

海员的正常工时标准应以每天 8 小时、每周休息 1 天和公共节假日休息为依据。

在确定国家标准时,各成员方应考虑到海员疲劳带来的危险,特别是那些职责涉及航行安全以及船舶的安全和保安操作的海员。工作或休息时间应做如下限制:

(1)最长工作时间:在任何24小时时段内不得超过14小时,且在任何7天时间内不得超过72小时。

(2)最短休息时间:在任何24小时时段内不得少于10小时,且在任何7天时间内不得少于77小时。

(3)休息时间最多可分为两段,其中一段至少要有6小时,且相连的两段休息时间的间隔不得超过14小时。

各成员方应要求在进出方便的地点张贴一份船上工作安排表,表格应按标准化的格式以船上的一种或多种工作语言和英文制订。

所有18周岁以下的未成年海员工作时间不能超过每日8小时、每周40小时,只有在出于安全原因无法避免的情况下才加班工作;各餐都要留有充分的时间,并应保证在日间正餐有至少1小时的休息时间;以及应允许每连续工作2小时后有15分钟的休息时间。对于被分配在甲板部、轮机部和膳食部担任值班职责或按班组倒班制工作的未成年海员,这样做不可行;或者如果未成年海员根据既定计划和安排的培训将会受影响,则可例外。

4. 休假的权利

带薪年休假的权利应以每服务一个月最低2.5个日历天为基础加以计算。合理的缺勤不应被视作年假。带薪年休假应为一段连续的期间。各国主管当局或通过适当的机制可批准将年休假分成几个部分,或将一年应享的此种年休假与后来的一段休假累积在一起。

5. 遣返

海员有权利得到遣返而不被收取费用。在以下情况下海员应享有得到遣返的权利:

(1)海员在国外时海员就业协议到期。

(2)海员就业协议被船东终止或被海员出于合理的理由终止;海员不再具备履行其就业协议中职责的能力或在具体情形下无法履行这些职责。包括:

①因患病或受伤或其他健康问题需要其遣返且身体状况适于旅行时;

②在船舶失事时;

③在由于破产、变卖船舶、改变船舶登记或任何其他类似原因而船东不能继续履行其作为海员雇用者的法律或契约义务时;

④在船舶驶往国家法律或法规或船员就业协议所界定的战乱区域而船员不同意前往的情况下;

⑤根据仲裁裁定或集体协议而终止或中断雇佣关系,或出于其他类似原因终止雇佣关系。

在遣返方面将由船东承担的费用应至少包括：到达遣返目的地的旅费；从海员离船时起至抵达遣返目的地时止的食宿费；如果本国法律、条例或集体协议有规定，从海员离船时起至抵达遣返目的地时止的工资和津贴；将海员个人行李 30 kg 运至遣返目的地的运输费；必要时，提供使海员身体状况适合前往遣返目的地的旅行的医疗费。等待遣返所用的时间和遣返旅行时间不应从海员积累的带薪年假中扣减。

6. 船舶灭失或沉没时对海员的赔偿

船东就船舶灭失或沉没所造成的失业向船上每个海员支付赔偿。对因船舶灭失或沉没而造成的失业所给予的赔偿，在海员实属失业期间，应相等于就业协议中可支付工资的比例，但向任何一个海员支付的赔偿总额可仅限于两个月的工资。成员方应确保海员享有索取此种赔偿的法律救济，与其索取服务期间拖欠工资所享受的法律救济相同。

7. 配员水平

各成员方应要求悬挂其旗帜的所有船舶在船上配有充足数目的海员，确保船舶的安全和高效操作，并充分注意到安保。

（四）起居舱室、娱乐设施、食品和膳食服务

1. 起居舱室和娱乐设施

各成员方应确保悬挂其旗帜的船舶向工作和（或）生活在船上的海员提供并保持与促进海员的健康和福利一致的体面起居舱室和娱乐设施。

主管当局应特别注意确保实施本公约关于房间和其他起居舱室空间的尺寸、取暖和通风、噪声和振动及其他环境因素、卫生设施、照明、医务室等方面的要求。

公约对上述各方面提出了详细的要求和具体的指导。

2. 食品和膳食服务

各成员方应为悬挂其旗帜的船舶供应给海员的食品和饮用水的数量和质量及适用于各餐的膳食标准规定最低标准，确保船舶满足：

（1）考虑到船上海员人数、与食物相关的宗教要求和文化习惯，以及航行时间和性质，供应数量、营养价值、质量和品种方面均为适当的食品和饮用水；

（2）组织、装备膳食服务部门，以便在良好卫生条件下为海员准备和提供充足、多样和营养的餐食；

（3）膳食服务人员应接受过职责需要的适当培训和指导。

船东应确保船上厨师接受过培训、合格并胜任其职位。不得雇用或聘用 18 周岁以下的海员从事船上厨师工作。

（五）健康保护、医疗、福利和社会保障保护

1. 船上和岸上医疗

为保护海员健康并确保其迅速得到船上和岸上医疗，保证向海员提供尽可能相

当于岸上工人一般能够得到的健康保护和医疗，包括迅速使用诊断和治疗所必需的药品、医疗设备和设施，以及利用医疗信息和医疗专业技能，不局限于患病或受伤海员的治疗，同时还应包括预防性措施，如促进健康和保健教育计划。主管当局应制订一个标准的海员医疗报告表格，供船长和相关的岸上和船上医疗人员使用。填好后的该表格及其内容应予保密，只应用于方便海员的治疗。载员 100 人或以上、通常从事 3 天以上国际航行的船舶应配备一名医生负责提供医疗服务。

2. 船东的责任

对海员的疾病、受伤或死亡导致的经济后果方面予以保护：对于在其船上工作的海员，船东应有责任对海员从开始履行职责之日起到其被视为妥善遣返之日期间所发生的或源自这些日期间的就业的疾病和受伤承担费用；船东应提供财务担保，保证对海员因工伤、疾病或危害而死亡或长期残疾的情况提供国家法律或海员就业协议或集体协议所确定的赔偿；船东应有责任支付医疗费用，包括治疗及提供必要的药品和治疗设备，以及在外的膳宿，直到该患病或受伤海员康复，或直到该疾病或机能丧失被宣布为永久性的；如果发生海员受雇期间在船上或岸上死亡的情况，船东应有责任支付丧葬费用。

船东支付医疗和膳宿费用的责任限制在从受伤或患病之日起不少于 16 周的期限内。如果疾病或受伤造成工作能力丧失，船东应有责任：

(1)只要患病或受伤海员还留在船上或者在海员根据本公约得到遣返以前，向其支付全额工资。

(2)从海员被遣返或到达上岸之时起直到身体康复，或直到有权根据有关成员方的法律获得保险金(如果早于康复的话)，按照国内法律或条例或集体协议的规定向其支付全额或部分工资。

(3)船东向一名离船海员支付全部或部分工资的责任限制在从患病或受伤之日起不少于 16 周的期限内。

国家法律或条例可在以下情况下免除船东的责任：

(1)在船舶服务之外发生的其他受伤；

(2)受伤或患病是因患病、受伤或死亡海员的故意不当行为所致；

(3)在接受雇用时故意隐瞒的疾病或病症。

3. 健康和安全保护及事故预防

各成员方应确保悬挂其旗帜的船舶上的海员得到职业健康保护，并且在一个安全和卫生的环境下在船上生活、工作和培训。各成员方为悬挂其旗帜的船舶规定职业安全和健康保护及事故预防的标准。风险评估和减少危险的措施应考虑到：身体方面的职业健康影响，包括人工装卸货物、噪声和振动；化学和生物方面的职业健康影响；心理方面的职业健康影响；疲劳对身心健康的影响以及职业事故。必要的措施应充分考虑预防性原则。特别考虑到以下方面对健康和安全的影响：

(1)应急和事故反应;

(2)毒品和酒精依赖的影响;

(3)预防艾滋病。

4. 获得使用岸上福利设施

确保在船上工作的海员能使用岸上设施和服务,以确保其健康和福利。各成员方应在港口建立或发展必要的福利和娱乐设施,这些设施应包括:

(1)必要的会议室和娱乐室;

(2)运动设施和户外活动设施,包括比赛设施;

(3)教育设施;

(4)凡适当时,举行宗教仪式和进行个人咨询的设施。

5. 社会保障

确保采取措施向海员提供社会保障的保护。社会保障保护需要考虑的分项包括:医疗、疾病津贴、失业津贴、老年津贴、工伤津贴、家庭津贴、生育津贴、病残津贴和遗属津贴。

四、中华人民共和国船员条例

(一)出台的背景及内容

长期以来,我国的船员管理一直都是依靠交通运输部及交通运输部海事局的一些规范性文件来管理。船员管理立法严重滞后于国内市场经济的发展和全球船员管理的要求。船员管理立法层次较低,与我国是世界公认的航运大国、船员大国和连续十七次(截至2021年12月)当选为IMO A类理事国的地位不相称。所以,我国迫切需要制定高层次的与船员相关的法律、法规。2007年出台的《中华人民共和国船员条例》将船员管理和船员保障方面的一些长期有效的好的做法和经验保持下来,并使之从经验层面上升到具有法律效力的制度建设层面上。该条例是在满足国际公约要求,借鉴国外船员管理的通行做法,结合我国船员管理的实际情况和管理经验的基础上出台的行政法规。条例增加了对服务机构的要求和船员权益维护方面的内容,对船员培训、劳动保护和就业环境等问题有了更明确的要求。

《中华人民共和国船员条例》共8章67条。8章分别为:总则;船员注册和任职资格;船员职责;船员职业保障;船员培训和船员服务;监督检查;法律责任;附则。

(二)《中华人民共和国船员条例》的法律地位及意义

《中华人民共和国船员条例》是我国第一部关于船员的行政法规。它的颁布实施填补了我国海事法律体系的一块空白,是我国船员和船员发展事业一个新的重要里程碑。它标志着我国的船员从业、船员职责、船员权益保护、船员培训发证和船员服务等工作进入更加规范化、法制化阶段,对提高我国船员素质、加强船员管理、维护船员权益将起到十分重要的作用,对促进我国航运业又好又快地发展具有重要意

义。它体现了中国海事管理与国际先进海事管理理念的接轨,体现了对船员工作、航运事业发展的高度重视。规范的船员工作,将为保障水上交通安全和防止船舶污染以及促进航运业的健康发展创造积极的条件;规范的管理、公平的环境、充分的保障,将使船员这一职业成为船员实现自身价值的理想行业。

(三)船员条例部分内容

船员注册制度,是对所有从事船员职业的人的入门要求和后续跟踪管理要求。船员注册是船员从业的准入门槛,用于确定船员职业身份,其仅表明注册人是船员,具备作为一名船员最基本的水上安全知识和技能;船员注册是我国与全球各航运国家接轨的一项制度。

1. 相关部门职责

国务院交通主管部门主管全国船员管理工作。国家海事管理机构依照条例负责统一实施船员管理工作。负责管理中央管辖水域的海事管理机构和负责管理其他水域的地方海事管理机构(以下统称海事管理机构),依照各自职责具体负责船员管理工作。

2. 申请船员适任证书的条件

船员应当依照《中华人民共和国船员条例》的规定取得相应的船员适任证书。申请船员适任证书,应当具备下列条件:

(1)年满 18 周岁(在船实习、见习人员年满 16 周岁)且初次申请不超过 60 周岁;

(2)符合船员任职岗位的健康要求;

(3)经过船员基本安全培训。

参加航行和轮机值班的船员还应当经过相应的船员适任培训、特殊培训,具备相应的船员任职资历,并且任职表现和安全记录良好。

申请国际航行船舶适任证书的船员,还应当通过船员专业外语考试。

3. 船员在船工作期间应当符合的要求

(1)携带条例规定的有效证件;

(2)掌握船舶的适航状况和航线的通航保障情况,以及有关航区气象、海况等必要的信息;

(3)遵守船舶的管理制度和值班规定,按照水上交通安全和防治船舶污染的操作规则操纵、控制和管理船舶,如实填写有关船舶法定文书,不得隐瞒、篡改或者销毁有关船舶法定证书、文书;

(4)参加船舶应急训练、演习,按照船舶应急部署的要求,落实各项应急预防措施;

(5)遵守船舶报告制度,发现或者发生险情、事故、保安事件或者影响航行安全的情况,应当及时报告;

(6)在不严重危及自身安全的情况下,尽力救助遇险人员;

(7)不得利用船舶私载旅客、货物,不得携带违禁物品。

此外,船长在其职权范围内发布的命令,船舶上所有人员必须执行。

4. 船员职业保障

(1)船员用人单位和船员应当按照国家有关规定参加工伤保险、医疗保险、养老保险、失业保险以及其他社会保险,并依法按时足额缴纳各项保险费用。船员用人单位应当为在驶往或者驶经战区、疫区或者运输有毒、有害物质的船舶上工作的船员,办理专门的人身、健康保险,并提供相应的防护措施。

(2)船舶上船员生活和工作的场所,应当符合国家船舶检验规范中有关船员生活环境、作业安全和防护的要求。船员用人单位应当为船员提供必要的生活用品、防护用品、医疗用品,建立船员健康档案,并为船员定期进行健康检查,防治职业疾病。在船工作期间,船员患病或者受伤的,船员用人单位应当及时给予救治;船员失踪或者死亡的,船员用人单位应当及时做好相应的善后工作。

(3)船员用人单位应当依照有关劳动合同的法律、法规和中华人民共和国缔结或者加入的有关船员劳动与社会保障国际条约的规定,与船员订立劳动合同。

(4)船员工会组织应当加强对船员合法权益的保护,指导、帮助船员与船员用人单位订立劳动合同。

(5)船员用人单位应当根据船员职业的风险性、艰苦性、流动性等因素,向船员支付合理的工资,并按时足额发放给船员。任何单位和个人不得克扣船员的工资。船员用人单位应当向在劳动合同有效期内的待派船员,支付不低于船员用人单位所在地人民政府公布的最低工资。

(6)船员在船工作时间应当符合国务院交通主管部门规定的标准,不得疲劳值班。船员除享有国家法定节假日的假期外,还享有在船舶上每工作 2 个月不少于 5 日的年休假。船员用人单位应当在船员年休假期间,向其支付不低于该船员在船工作期间平均工资的报酬。

(7)船员在船工作期间,有下列情形之一的,可以要求遣返:船员的劳动合同终止或者依法解除的;船员不具备履行船上岗位职责能力的;船舶灭失的;未经船员同意,船舶驶往战区、疫区的;由于破产、变卖船舶、改变船舶登记或者其他原因,船员用人单位、船舶所有人不能继续履行对船员的法定或者约定义务的。

第二节 船员的社会责任、任职资格

一、船员职业责任意识

1. 责任

责任一词在不同语境中具有不同的含义。一是根据不同社会角色的权利和义务,一个人分内应做的事,如岗位责任;二是特定人对特定事项的发生、发展、变化及其成果负有积极的助长义务,如担保责任、举证责任;三是由于没有做好分内的事情(没能履行角色义务)或没有履行助长义务,而应承担的不利后果或强制性义务,如违约责任、侵权责任、赔付责任等。

从本质上说,责任是一种与生俱来的使命。一般来说,人在人生的各个时期都肩负着特定的责任。责任随着人的社会角色不同而不同。例如,教师的责任是教书育人,医生的责任是治病救人,法官的责任是秉公执法,而船员的责任是齐心协力保证船舶及货物或/和乘客安全抵达目的地。

2. 船员职业责任意识

责任意识是指一个人在生活或工作中对待他人、家庭、组织和社会是否负责,以及负责的程度,是不同社会角色的权利、责任、义务在人脑中的主观映像。职业责任是指人们在一定职业活动中所承担的特定的职责,它包括人们应该做的工作和应该承担的义务。职业活动是人一生中最基本的社会活动;职业责任是由社会分工决定的,是职业活动的中心,也是构成特定职业的基础,往往通过行政的甚至法律方式加以确定和维护。

船员职业责任意识就是船员个体对所承担的船员角色的自我意识及自觉程度,即认清本身的社会角色和社会对他的需求,尽心履行船员职业的责任和义务。每一名船员既要对自己的行为后果承担责任,又要对航运企业、船舶和其他相关利益方及社会负责。

二、船员的社会责任

船员特别是海员,肩负着发展国家水上运输事业、促进我国与世界各国和地区的经济贸易关系及文化交流的重要使命。船员的工作面对艰险、涉外、分散和流动的职业环境和国际航运竞争日趋激烈的局面,对船员的社会责任应有特别的要求:

(1)忠于祖国,热爱人民,立场坚定,爱憎分明。拥护中国共产党的领导,拥护社会主义制度。不做有损国格、人格和违背祖国及人民利益的事。

(2)热爱船舶和本职工作,发扬团结紧张、务实有效的工作作风。

(3)以习近平新时代中国特色社会主义思想为指导,刻苦钻研专业技术,提高业务水平,解放思想,勇于开拓,不断提高思想政治觉悟和专业技术及业务水平。

(4)遵守国际公约、国内法规和船公司的各项规章制度;遵守船舶所到国家和地区的有关法律规定;严守党和国家的秘密和所在企业的商业秘密。

(5)树立"安全第一"的思想,增强自我保护意识。严守各项航行安全法规制度和船舶安全技术操作规程,积极参加船舶组织的各项安全活动和救生、消防等演习。在船舶遇险和发生事故时,应临危不惧,积极抢险,排除故障,控制事故的扩大以最大限度地确保船舶和人员的安全。

(6)树立"货主至上,旅客为先"思想。严格遵守货物和旅客管理的有关规定,安全优质地完成运输任务。

(7)培养敬业精神,树立正确的服从意识和良好的职业道德。同心同德,团结协作,弘扬正气,敢于同违法犯罪现象做斗争。

(8)发扬艰苦朴素的优良传统,厉行节约、杜绝浪费,严格遵守"双增双节"规定,降低船舶营运成本,提高经济效益。

(9)注重文明礼貌和仪表仪容,严格遵守外事交往的各项规定,尊重船舶所到国家和地区人民的风俗习惯。

(10)履行国际义务,发扬人道主义精神。

三、海员在我国交通战备中的作用

1. 交通战备的含义

简单来说交通战备就是为保障战时交通运输通畅所进行的准备,包括工程技术、组织指挥、物资储备、运力动员和科研训练等的准备措施。它是战争准备的重要组成部分,对战争进程和结局具有重要影响。

2. 海员在我国交通战备中的作用

海员队伍是建设海洋强国的基础力量,是具有战略意义的第一资源。党的"十八大"历史性地提出了建设"海洋强国"的战略目标。实施海洋强国战略涉及海上交通运输、海洋环境保护、海洋工程装备制造、海洋资源开发利用、海洋旅游等诸多产业经济,这些产业都与航海科技息息相关,都离不开海员的参与。要实施海洋强国战略,无论是海上执法、海洋维权、海上搜救,还是远洋护航,都需要具备精湛的专业知识和丰富的航海经验的海员。从这个方面讲,海员是实现海洋强国的重要基础。当前,世界各国的海洋领土意识日趋强烈,海洋权益争夺日益加剧,海员在国家海防安全战略中的地位和作用更应该充分重视。

对于职业海员,其职责分工明确,无论面对什么样的困难,都必须完成自己的本职工作,都要独当一面,保证船舶安全、高效、环保运营。海军人员转业后,还要经过专业培训,才能成为一名合格的海员。海军人员一般要受服役期限制,而且出海时

间短,海龄短。资深海员一般都要经过十年以上的海上历练。海洋战争靠的不仅是装备,更需要人员的技术和经验,资深海员很快就能适应军舰上的工作和生活,并且能成为各航行岗位的专业技术能手。因此,战争时期,商船被征用,海员被征招入伍历来是各国的常规做法。各国普遍认为海员是国家的“第二海军”,是战时的海上后备力量,一旦战备需要,海员可以经过短训成为战舰上的生力军,或者与海军共同执行海上兵力投送和支援保障任务。

《中华人民共和国国防法》明确指出,保卫祖国、抵抗侵略是中华人民共和国每一个公民的神圣职责。全体公民应增强国防观念、强化忧患意识、掌握国防知识、提高国防技能、发扬爱国主义精神,依法履行国防义务。中华人民共和国的主权、统一、领土完整、安全和发展利益遭受威胁时,国家依照宪法和法律规定,进行全国总动员或者局部动员。我们必须依照法律规定完成国防动员准备工作,在国家发布动员令后,我们必须完成规定的国防动员任务。

四、船员任职条件

船员的任职条件应坚持“德才兼备”的原则,以确保船员尤其是高级船员具有良好的思想品德和合格的技术业务素质。

根据《〈1978 年海员培训、发证和值班标准国际公约〉2010 年修正案》和《中华人民共和国海船船员适任考试和发证规则》的基本要求,船员必须:经过认可的航海教育和培训;满足最低年龄要求;身体符合健康标准,尤其是视力、听力和口语能力等要求。

船员上船任职除了满足海上经历的要求外,必须持有相应的资格证书和其他有关证书,如海员证、服务簿等,以表明其在技术业务、船舶基本知识和专项知识技能及身体等方面具备了所任职务的基本条件。

所有船员必须持有基本安全培训合格证书;船长、驾驶员、轮机长、轮机员、无线电人员和组成航行值班的水手、机工必须持有相应的适任证书;从事国际航行的船舶的中国籍船员必须持有中华人民共和国主管机关颁发的海员证和健康证书;从事客船、油船、危险品船、高速船和超大型船舶的船员必须持有相应的特殊培训合格证书。

船员上船任实职前,除了应具备上述基本条件外,还应具备熟悉所上船舶和岗位的具体情况和实际操作要求的条件。对于新上某类船舶或新上岗的船员,必须经过熟悉培训或在船舶指定人员帮助下熟悉情况和掌握实际操作,当确认其已完全熟悉情况和掌握实际操作后方可认定其具备了正式任职的条件。

第三节 船员职业道德

一、职业道德的基本要求

职业道德规范是劳动者在长期的劳动实践中反复积累、逐步形成的，它是一定社会对劳动者在劳动中必须遵守的基本行为准则的概括和提炼。它源于劳动者的道德生活实践，又高于道德生活实践，因而对劳动者在劳动中的道德行为有着巨大的调控和导向作用。

《中共中央关于加强社会主义精神文明建设若干重要问题的决议》指出当今各行各业都应共同遵守的职业道德五项基本规范，即“爱岗敬业、诚实守信、办事公道、服务群众、奉献社会”，并指出为人民服务是社会主义道德建设的核心。社会主义道德建设的基本原则是集体主义，集体主义贯穿于社会主义道德建设的始终，是正确处理国家、集体、个人关系的最根本的原则，也是衡量个人职业行为和职业品质的基本原则，是社会主义建设的客观要求，是社会主义职业活动获得成功的保证。职业道德的基本要求如下：

1. 爱岗敬业

爱岗敬业是职业道德最基本、最起码、最普通的要求。爱岗敬业作为最基本的职业道德规范，是对人们工作态度的一种普遍要求。

所谓爱岗，就是热爱自己的本职工作，并为做好本职工作尽心竭力。爱岗是对人们工作态度的一种普遍要求，即要求工作者以正确的态度对待自己的职业，努力培养职业幸福感、荣誉感。

所谓敬业，就是用一种恭敬严肃的态度来对待自己的职业。任何时候用人单位只会倾向于选择那些既有真才实学又踏踏实实工作，持良好工作态度的人。从业者只有具有“干一行、爱一行、钻一行”的职业精神，专心致志搞好工作，才能实现敬业的深层次含义，并在平凡的岗位上创造出奇迹。一个人看不起本职岗位，心浮气躁，好高骛远，不仅违背了职业道德规范，还会失去自身发展的机遇。虽然社会职业在外部表现上存在差异性，但只要从业者热爱自己的本职工作，并能在自己的工作岗位上兢兢业业，终会有机会创出一流的业绩。

2. 诚实守信

诚实守信是做人的基本准则，也是社会道德和职业道德的一个基本规范。诚实就是表里如一，说老实话，办老实事，做老实人。守信就是信守诺言，讲信誉，重信用，忠实履行自己承担的义务。诚实守信是各行各业的行为准则，也是做人做事的基本准则，是社会主义最基本的道德规范之一。

3. 办事公道

办事公道是对人对事的一种态度,也是千百年来人们所称道的职业道德。它要求人们待人处世要公正、公平。在处理问题时,要站在公正的立场上,按照同一标准和同一原则对待,即处理各种职业事务要公道正派、不偏不倚、客观公正、公平公开。对不同的服务对象一视同仁、秉公办事,不因职位高低、贫富亲疏的差别而区别对待。

4. 服务群众

服务群众是指听取群众意见,了解群众需要,为群众着想,端正服务态度,改进服务措施,提高服务质量。做好本职工作是服务群众最直接的体现。要有效地履职尽责,必须坚持工作的高标准。工作的高标准是单位建设的客观需要,是强烈的事业心、责任感的具体体现,也是履行岗位责任的必然要求。服务群众就是为人民群众服务,社会全体从业者通过互相服务,促进社会发展,实现共同幸福。服务群众是一种现实的生活方式,也是职业道德要求的一个基本内容。

5. 奉献社会

奉献社会就是积极自觉地为社会做贡献。这是社会主义职业道德的本质特征。奉献社会自始至终体现在爱岗敬业、诚实守信、办事公道和服务群众的各种要求之中。奉献社会并不意味着不要个人的正当利益,不要个人的幸福。恰恰相反,一个自觉奉献社会的人,他才真正找到了个人幸福的支撑点。奉献社会和个人利益是辩证统一的。奉献社会是一种对事业忘我的全身心投入,这不仅需要有明确的信念,更需要有崇高的行动。当一个人任劳任怨,不计较个人得失,甚至不惜献出自己的生命从事于某种事业时,他关注的其实是这一事业对人类、对社会的意义。

二、船员职业道德的特别要求

船员的职业特点是一个人数不多的群体控制着一艘价值极高的船舶以及各种类型的货物航行在茫茫大海上,远离家庭,远离祖国,往来于世界各地的港口之间。对于船员,除了一般的职业道德规范以外,还有其特殊的职业道德要求。要通过培养职业感情、强化职业责任、规范职业行为等结合航海职业特点的教育,使船员自觉热爱本职,忠于职守,掌握航海技术,精通航运业务,奉献在平凡的水运工作岗位上,献身于祖国的水运事业。具体要求是:

1. 爱国敬业,为国争光

最重要的船员职业道德是拥护中国共产党的领导,热爱祖国,忠于祖国,自觉维护祖国的声誉;热爱航海事业,脚踏实地地做好本职工作。

2. 遵章守法,纪律严明

船员是国际化最明显的职业之一,其职业的流动性、分散性和国际形势的复杂性更使得遵纪守法这一职业道德显得十分重要。首先,守法的要求不仅体现在遵守国内法，还体现在遵守国际法和船舶所到国家和地区的法律、法规和特别要求；其次，严格的组织纪律是船员的最基本要求。

遵纪守法贵在养成习惯。习惯的养成不是一朝一夕之功，必须从我做起，从小事做起，持之以恒，坚持不懈。

3. 优质服务，安全运输

优质与安全是相辅相成的统一体，没有安全的运输，谈不上优质的服务。其一，树立一切为货主、旅客服务和提供方便的思想。其二，确保质量。一方面，确保安全航行。消灭各种事故的隐患和苗头，严格执行各项规章制度，保证良好的工作程序，例如，不擅自离岗，谨慎操作，安全礼让，做到万无一失。另一方面，确保货物运输的质量。严格遵守货物装卸和运输操作规程。例如，合理积载，正确通风，良好隔舱，安全系固。其三，在优质服务上下功夫。运输服务不仅要求热情、周到，而且要求方便、高效。因此，树立优质服务和安全运输思想是船舶高效航行和运输的基本保证。

4. 团结互助，同舟共济

团结是力量，共济是必然。现代化的高技术船舶，自动化程度高，因而船员人数大为减少，但分工明确，配合操作更为重要。船员应树立团结合作的精神，做到互相理解、互相尊重、互相关心和互相支持；尊重他人的生命就像尊重自己的生命一样。当船舶发生应急事件或有危难时，船员应顾全大局，只有把自己同全体船员的命运联系在一起，坚守岗位，严守职责，依靠全体船员的力量和智慧，才能战胜危难。

三、船员职业忠诚

忠诚是职业人应遵循的一种基本准则，是指对组织或个人真实无欺、遵守承诺和契约的品德及行为。忠诚是人的基本品格，是立身之本，忠诚最大的受益者是自己。

职业忠诚是对自己所从事职业的认真负责的态度及愿意为此献身的精神。其本质是一种对事业的献身精神和忠诚意识，是一种对事业执著追求的责任心和使命感，是一种良善的劳动态度和工作作风，是一种精益求精的职业品质和刻苦钻研的精神。

船员的职业忠诚不是一般的道德宣教，也不是对船员思想境界的简单衡量，它是集敬业、乐业、勤业、精业于一身的品行修炼，是船员对自己所从事工作和职业发自内心的尊重，是船员职业价值观和职业操守的综合体现。

第四节 船员纪律及相关法律

一、船员纪律

纪律是组织活动能否成功的关键。一艘船舶航行于世界各地，安全和高效地完成各项货物运输任务的基本保证是严明的纪律。对于每一个船员来说，有三个方面的纪律要求：

（一）组织纪律

1. 严格遵守国家的法律、法规。

2. 严格执行船舶的作息制度、请销假制度、交接班制度和其他各项规章制度。

3. 服从调动，按要求及时上船工作，严禁延误船期或漏船。

4. 积极参加船舶组织的政治、业务学习和各种会议，不得无故缺席、迟到和早退。

5. 做到团结友爱，互相协作；不得拉帮结派，挑拨是非，寻衅闹事，打架斗殴。

6. 爱护公共财物，不得随便拆动生活区和房间内的固定设施。

7. 自觉维护船舶的工作、生产和生活秩序，不准酗酒和在航行中饮用烈性酒，航行值班人员在当值前 4 小时不准饮用含酒精的饮料，严禁打麻将和进行任何形式的赌博活动。

8. 严禁吸食、注射、携带及贩运毒品。

（二）劳动纪律

1. 认真履行职责，服从工作分配，保质保量地完成所承担的任务，对分配的工作或工作中的问题可提出不同意见或改进建议，但不得消极怠工和顶撞、谩骂、威胁船舶领导或部门负责人。

2. 坚持 8 小时工作制，做到不迟到、不早退、不旷工。

3. 严格执行各项操作规程、安全注意事项、防火防爆守则和防污染规则，不得违章作业。

4. 严格遵守船舶航行、停泊值班制度和其他有关规定，确保船舶安全。

5. 值班时应尽职尽责，坚守岗位，并按规定着装，佩戴标志；不得做与值班无关的事情；当班人员向接班人员交代工作应清楚、明了；未经船舶或部门负责人同意不得调换值班时间。

（三）涉外纪律

1. 忠于祖国，忠于人民。坚决维护国家主权和民族尊严，不做有损国格、人格的事。严格遵守所到国家和地区的法律、法规以及当地和港口的有关规定，尊重当地的风俗习惯。

2. 在涉外活动中,应严守党和国家及船公司的秘密。坚持内外有别,正确处理友好与保密的关系,自觉维护国家利益和安全。保持高度的政治鉴别力和政治敏锐性。

3. 不得私自与任何境外机构、组织、人员联系,船员如需在国外探望亲友,应经船公司批准,由船舶领导酌情安排。境外人员登船参观访问,应由船舶领导组织有关人员接待。未经船舶领导允许,不得私自接待。

4. 严禁出入赌博场所,不准以任何借口自行或接受接待单位安排前往赌博场所,不得使用任何形式的资金参与赌博活动,不准参加网络赌博。

5. 境外商船邀请船员上船参观、观看音像制品等,船舶领导应根据情况决定是否应邀,如果应邀,应有组织有准备地前往。如发现有反动、淫秽等内容,应拒绝参观和观看并表明态度。不得向境外机构及人员索要、借用音像制品来船放映。

6. 严禁出入色情场所和观看色情表演,不得参加涉及低级趣味的娱乐项目。不得嫖娼和让妓女登船。拒绝淫秽、反动的印刷品及音像制品。

7. 登岸购物应到正当的贸易场所,不得走家串户;不得捡拾、偷拿任何物品和以物易物;不得在国外出售、倒卖烟酒及其他物品。

8. 不得有偷带国家禁止进出口或限制进出口或依法应缴纳关税的物品出入境的走私行为和申报不实、逃避监管、倒卖个人进出口物品出入境的违反海关监管规定的行为;携带和在国外使用人民币及外币应严格遵守我国海关的有关规定和所到国或地区的有关规定,不得进行非法货币兑换。

9. 不得接受贿赂和变相受贿;不得向境外人员索要或暗示馈赠礼品;正常业务往来中所得的礼品、钱物,应由船舶领导按有关规定处理。

二、船员相关法律制度

船员是一个高度国际化的行业,从业人员应该对工作相关情况进行全面了解,不仅要掌握相关国际公约、规则和国内法律法规的要求,也要了解港口国的相关法律法规要求。知法懂法才能守法,才能更好地避免事故、保护好人命财产安全、保护海洋环境,才能更好地维护自身合法权益。

(一)相关国际公约

IMO 的《1974 年国际海上人命安全公约》(SOLAS 公约)、《1978 年海员培训、发证和值班标准国际公约》(STCW 公约)和《国际防止船舶造成污染公约》(MARPOL 公约)与 ILO 的《2006 年海事劳工公约》(MLC 公约)并称四大支柱性国际海事条约,和船员关系密切。

1. 1974 年国际海上人命安全公约

《1974 年国际海上人命安全公约》是关于船舶在海上航行时,保障人命安全的公

约,也是海上人命安全方面最重要的公约。SOLAS 公约的结构为:公约正文,1978 年议定书,1988 年议定书(2000 年 2 月 3 日生效);公约附则(安全规则);附属于公约附则的单项规则。这三个层次的规定不可分割。海员应注重于公约附则及其单项规则。鉴于 SOLAS 公约的附则内容迅速扩充,现多采用附则简单明了,而将其技术细则集中成单项规则置于公约文本之外的做法。

该公约附则的主要内容有:第Ⅰ章总则;第Ⅱ-1 章构造——结构、分舱与稳性、机电设备;第Ⅱ-2 章构造——防火、探火和灭火;第Ⅲ章救生设备与装置;第Ⅳ章无线电通信设备;第Ⅴ章航行安全;第Ⅵ章货物装运;第Ⅶ章危险货物运输;第Ⅷ章核能船舶;第Ⅸ章船舶安全营运管理;第Ⅹ章高速船的安全措施;第Ⅺ-1 章加强海上安全的特别措施,第Ⅺ-2 章加强海上保安的特别措施;第Ⅻ章散货船安全附加措施;附录证书。

2. 1978 年海员培训、发证和值班标准国际公约

《1978 年海员培训、发证和值班标准国际公约》用于控制海员职业技术素质和值班行为。该公约的实施,对促进各缔约国海员素质的提高,控制人为因素对海难事故的影响贡献巨大。STCW 公约从生效至今经过多次修正。

STCW 公约包括公约正文、附则、STCW 规则。STCW 规则分为 A、B 两部分。A 部分为强制性标准,B 部分为建议和指导。附则 A 部分、B 部分的章节相对应,均为:第Ⅰ章总则;第Ⅱ章船长和甲板部;第Ⅲ章轮机部;第Ⅳ章无线电通信和无线电人员;第Ⅴ章特定类型船舶的海员特殊培训要求;第Ⅵ章应急、职业安全、医护和救生职能;第Ⅶ章可供选择的发证;第Ⅷ章值班。引用公约和附则的规定,就必须引用 STCW 规则 A 部分和 B 部分的相应规定。

3. 国际防止船舶造成污染公约

略,在第五章第二节已详细介绍。

4. 2006 年海事劳工公约

略,在本章第一节已详细介绍。

(二)国内法律法规

除了前面介绍过的《中华人民共和国船员条例》和《中华人民共和国海船船员值班规则》,我们还应该了解其他船员相关法律法规。下面简单介绍部分船员相关法律制度。

1. 中华人民共和国海上交通安全法

制定《中华人民共和国海上交通安全法》的目的是加强海上交通管理,维护海上交通秩序,保障生命财产安全,维护国家权益。2021 年 4 月 29 日修订的《中华人民共和国海上交通安全法》包括十章,包括:总则;船舶、海上设施和船员;海上交通条件和航行保障;航行、停泊、作业;海上客货运输安全;海上搜寻救助;海上交通事故

调查处理;监督管理;法律责任;附则。

2. 中华人民共和国海洋环境保护法

制定《中华人民共和国海洋环境保护法》的目的是保护和改善海洋环境,保护海洋资源,防治污染损害,维护生态平衡,保障人体健康,促进经济和社会的可持续发展。2017 年 11 月修订的《中华人民共和国海洋环境保护法》共十章,包括:总则;海洋环境监督管理;海洋生态保护;防治陆源污染物对海洋环境的污染损害;防治海岸工程建设项目对海洋环境的污染损害;防治海洋工程建设项目对海洋环境的污染损害;防治倾倒废弃物对海洋环境的污染损害;防治船舶及有关作业活动对海洋环境的污染损害;法律责任;附则。

3. 中华人民共和国海上交通事故调查处理条例

《中华人民共和国海上交通事故调查处理条例》是为了加强海上交通安全管理,及时调查处理海上交通事故,根据《中华人民共和国海上交通安全法》的有关规定制定的条例。《中华人民共和国海上交通事故调查处理条例》对海上交通事故相关方的行政处罚问题做出了原则性规定,共六章,包括:总则;报告;调查;处理;调解;罚则,另有特别规定和附则。

4. 中华人民共和国防治船舶污染海域管理条例

《中华人民共和国防治船舶污染海域管理条例》是为了防治船舶及其有关作业活动污染海洋环境,根据《中华人民共和国海洋环境保护法》的有关规定制定的条例。共九章 78 条,包括:总则;防治船舶及其有关作业活动污染;船舶污染物的排放和接收;船舶有关作业活动的污染防治;船舶污染事故应急处置;船舶污染事故调查处理;船舶污染事故损害赔偿;法律责任;附则。

5. 中华人民共和国海上海事行政处罚规定

《中华人民共和国海上海事行政处罚规定》是为了规范海上海事行政处罚行为,保护当事人的合法权益,维护海上交通秩序,根据《中华人民共和国海上交通安全法》《中华人民共和国海洋环境保护法》《中华人民共和国行政处罚法》及其他有关法律和行政法规制定的规定。2021 年 9 月 1 日公布的《中华人民共和国海上海事行政处罚规定》是对《中华人民共和国海上交通事故调查处理条例》作了进一步细化,包括:行政处罚的违法情形、处罚种类和处罚额度。海事行政违法行为的行政处罚包括责令改正;罚款;吊销违法船舶所有人、经营人或者管理人的有关证书、文书;暂扣船长、责任船员的船员适任证书;吊销船员适任证书等。

6. 中华人民共和国船舶最低安全配员规则

《中华人民共和国船舶最低安全配员规则》是为确保船舶的船员配备,足以保证船舶安全航行、停泊和作业,防止船舶污染环境,依据《中华人民共和国海上交通安全法》、《中华人民共和国内河交通安全管理条例》和中华人民共和国缔结或者参加

的相关国际条约制定的规则。规则包括五章28条,包括:总则;最低安全配员原则;最低安全配员管理;监督检查;附则。

7. 中华人民共和国船员违法记分办法

《中华人民共和国船员违法记分办法》是为了增强船员遵守法律意识,减少人为因素对水上交通安全的影响,防治船舶污染水域,根据《中华人民共和国船员条例》等有关法律和法规制定的办法。办法包括五章16条,包括:总则;周期和分值;实施;培训和考试;附则。其附件《船员违法记分分值标准》根据船员违法行为的严重程度对各种违法行为应分别给予记多少分作了明确规定。

第五节 船员群体及其心理特征

一、船上工作和生活的特殊环境对船员心理的影响

航海工作和生活的特殊环境是影响船员心理状况的重要因素。

每个人在工作或生活活动中有着不同的职能,扮演不同的角色。在陆地上,人们的工作和生活环境通常可以分为工作地点、社交场所和个人区域。但在船舶上这三个区域是无法分开的。按照心理学的理论,提倡发展角色的多样化,这是很重要的心理卫生问题。例如一个人在陆地上,工作时可以是威严的领导,在社交场合是平易近人的朋友,而在家庭里又可变为慈祥的父亲或亲爱的丈夫;但在船上,船员却没有角色转换的机会,可导致他灰心丧气和刻板固执。灰心丧气容易导致船员的寻衅、退化、冷漠、固执。所以,在船上事故、病症、犯罪、违纪、争吵、斗殴、酗酒等比较普遍,这是灰心丧气的显著表现。

船员远航时受各种条件的限制,长期与社会、家庭分离,饱受思念之苦,而结婚不久的船员要比其他人忍受更多的分离之苦。加之航行过程中经常面临许多不确定危险因素(如风暴袭击、船舶碰撞、突发火灾、疾病传染等)的刺激,有可能导致船员出现紧张疲劳、寂寞、焦虑、抑郁、恐慌或情绪紧张过度等心理应激现象,久而久之,易引起船员的心理障碍或精神性疾病。另外,船员长期与家庭分离,与异性的正常交往或性生活得不到满足,加之时常受国外不良生活习气的影响,可能使其性心理产生偏移,直接影响其性心理的健康。

航行时,船舶长时间地摇晃与振动可以加剧对人体感觉器官的刺激,易使人产生恶心、呕吐、眩晕、疲劳、注意力不集中等反应;船舶的机械噪声强度较大,能引起人体应激反应,干扰休息与睡眠,可导致自主神经功能失调及各器官系统的病变,易使人焦躁、烦乱、心神不安等;不断变化的地域气候与时差的影响,极大地干扰船员机体的生物节律,使神经系统和机体各器官系统的正常工作节奏不断变化,易造成机体和心理疲劳,直接影响其身心健康。

每天以固定的程序周而复始地工作和生活,结果是有限的同样的感觉、直觉贯穿于全部心理活动。船上空间狭小、信息闭塞,工作形式固定死板;缺少丰富多彩的生活、与外界的沟通,不能见到亲朋好友;不能领略和体验尘世的喧嚣,周围环境天天如此,同样的海,同样的住舱、灯光、颜色、气味和饮食,同样的娱乐,甚至连完全的休息也没有。人们在陆地生活中已习惯的经常体验的感觉、知觉对船员而言却严重匮乏,由于这种感觉、知觉负荷不足的心理状态的发展,有的船员可能出现疲劳、焦虑、寂寞、抑郁、悲观、情绪紧张过度与能力降低,出现视听错觉,自我感觉差;有的船员应激反应的主诉增多,情绪不稳定;有的船员甚至发生观察、操作行为中的疏忽大意与失误,放松警惕,应对复杂情况的能力下降。

二、危害安全的不良心理素质

各类海上事故的人为因素中绝大多数与船员的心理因素有关。长期的海上工作和生活经验表明,身体健康、责任心强、技术高明、心理素质好的船员,在他们的航海工作生涯中,很少甚至不发生海事。危害船舶安全航行的不良心理素质主要表现为:

(1)意志不够坚定,不能正视面临的困难和矛盾。

(2)自我适应和调节能力差,面对复杂多变的环境惊恐失措。

(3)自我控制能力不强,不理智,盲目冲动。

(4)悲观心理。面对困难和紧急局面不能迎难而上,消极应对,思维判断能力降低。

(5)骄傲自满和麻痹大意的心理共存。

(6)虚荣心强,对知识一知半解,在糊里糊涂中发生意外事故。

(7)侥幸心理。做事不脚踏实地,不严格遵守规定,抱侥幸心理,最终导致事故发生。

三、航海事故对船员心理的影响

海上安全事故发生后,经历或目睹严重事故的船员尤其是涉事船员一般会出现心理失衡的问题。不同的人心理承受能力不同、在事故中介入程度不同,所以反应也各不相同。有些人可能是事故当事人或与事故直接相关,有些虽然不是受害者,但目睹了事故的全程或看到了惨烈的结果,也有些参与了事故救援行动,还有些可能会因他人的情绪爆发和过激反应而受到严重的影响。不同的人抗挫折的能力不

同，在遭遇心理健康问题时表现各异，出现不同的反常状况，一般体现在四个方面：

（一）生理方面

不同的安全事故会造成不同的反应，一般的安全事故造成的生理反应有紧张、头痛、注意力不集中、食欲下降等。最严重的是船上发生工伤造成的船员死亡或船员自杀，因为部分船员要参与处理遗体，目睹现场的船员在相当长的一段时间里会高度紧张、做噩梦和失眠等。

（二）情绪方面

一般性事故会给船员造成情绪方面的波动，可能包括情绪低落、敏感、紧张不安、焦躁易怒等；大事故以及死亡事故给船员造成的情绪问题则更加明显，可能包括悲伤、恐惧、过分警觉等。有的情绪问题甚至发展成为抑郁症。

（三）认知方面

航海事故对海员认知方面的影响一般表现为：反应迟钝，行动迟缓，判断力和注意力下降，对自己不够自信，工作效率低下，工作中易出错。

（四）行为方面

在船期间，不敢经过出事地点，刻意避开有关话题，过分小心谨慎，个别船员会有强迫、偏执行为；休假期间，躲避社交，不愿出门，不信任人，对人对事过分警惕。以上都是海员经历了航海事故后可能会做出的行为。

四、航海事故后船员心理问题的干预

（一）船员心理问题的干预原则

1. 迅速确定问题所在

对于船员心理问题的干预，首先要迅速确定问题所在，防止错过时机、漏掉问题而导致船员心理问题的恶化。

2. 鼓励家人或朋友参加危机干预

船舶领导可通过卫星电话、视频通话、电子邮件等方式，让涉事船员的亲人或亲密朋友介入，让他们给予船员鼓励，提供精神上的支持，帮助其缓解心理压力等。这样做的效果一般要比船舶领导与船员谈话的效果更好。

3. 让当事人树立信心

鼓励当事船员发挥自我调节的潜能，自我鼓励，自我奋发，直面现实，解决问题。

4. 不要把心理问题作为疾病处理

对于安全事故造成的普通心理问题，可以通过心理辅导、行为干预等方式介入，基本可以解决问题，而且不会给当事船员造成后遗症。因此，不要把心理问题作为疾病处理。

(二)船员心理问题的干预方法

1. 自我康复

多与身边船员和家人及朋友沟通,控制好自己的情绪波动,保持积极心理,可通过体育运动、唱歌等方式发泄、减压,以图随着时间的推移,逐渐恢复心理平衡,恢复心理健康。

2. 心理疏导

船舶领导、身边同事与船员谈心谈话、解决实际困难、指定专人陪同等,可使当事人觉得放心、不会觉得孤单,最终使其慢慢走出心理阴影、缓解心理压力,恢复心理平和。必要时陆上公司受过一定专业训练的管理人员介入,通过远程电话谈心谈话、社交软件沟通、电子邮件交流等方式,帮助、指导当事船员树立信心、逐渐恢复心理平衡。

3. 专家介入

对于较严重的船员心理问题,船舶领导应及时联系相关专家介入辅导或治疗。这里所说的专家,可以是企业内持有二级心理咨询师以上资质的管理人员,可以是专业院校的专业老师,也可以是医疗机构精神康复领域的专业医生。

五、船员的心理健康调节与心理训练

(一)心理健康调节

1. 从管理的角度

航海实践中,可减轻船员单调性心理感受的方法很多,这些方式对调节船员心理健康有着重要的意义。

(1)选择合适的工作速度和节律。

(2)建立合理的轮休制度,合理地分配工休。

(3)交替不同的活动。

(4)变换劳动的方式。

(5)调整周围工作环境,如合理照明,多样性色彩装饰,适宜的温、湿度等。

(6)不断改善船员的工作与生活条件。

(7)提高海上作业的机械化和自动化。

(8)安定船员的情绪,为他们排忧解难。

(9)合理安排业余生活,提倡心理卫生,开展心理卫生的教育,健全体育健身场所。

(10)船长及高级船员与普通船员多接触,深入了解他们,交知心朋友,要善于对海员进行心理疏导和指导。

2. 从船员自身的角度

船员更应该主动自我调适，学习和掌握一些自我心理健康调节的方法。

(1) 主动进行心理治疗和咨询，积极参加心理健康讲座和心理健康检查，提高心理健康知识水平和心理承受能力。

(2) 听音乐，音乐是人类最美好的语言，有助于船员的心理健康。听好歌，听轻松愉快的音乐会使人心旷神怡，沉浸在幸福愉快之中而忘记烦恼。

(3) 多看积极正能量的书籍，读感兴趣的书，读使人轻松愉快的书。不断加强自身修养和提高心理素质。

(4) 改变不良生活方式，远离酒桌、牌桌，保持充足的休息。

(5) 自我调节，根据个人兴趣爱好选择参加文明高雅、健康向上的活动，丰富业余生活，增进与其他员工交流，融入社会群体中。

(6) 积极参加应急演练，提高应急应变知识与技能，树立信心，增强意志，减缓心理紧张情绪。

(7) 忘却也是保持心理平衡的好办法。忘记烦恼、忧愁、苦涩、失意，忘记他人对你的伤害，忘记朋友对你的背叛，忘记你曾有的羞愧和耻辱……这样你便可乐观豁达起来。

(8) 多进行沟通交流，主动缓解精神压力。倾诉可使人获得内心感情与外界刺激的平衡。当遇到不幸、烦恼和不顺心的事之后，切勿忧郁压抑，把心事深埋心底，而应将这些烦恼向你信赖、头脑冷静、善解人意的人倾诉。

(二) 船员心理训练

海上环境瞬息万变，当突发情况出现时，船员需要有过硬的心理素质才能够临危不乱、正确处置、化险为夷，因此我们要加强心理素质的强化和培养，进行相关的培训和训练。心理技能也和生理机能一样会用进废退，因此我们要将心理训练融入整个航海职业生涯。

经心理训练后的船员应该熟悉各种不良因素，具备克服心理负担的经验，尽可能地缩小平时活动的心理状态与应激活动时的心理状态的差别。可参考的心理训练方法如下：

1. 情境体验训练

即利用各种技术和器材，有针对性地设置近似船舶紧急情况下的环境和条件，模拟海上实际情境，对船员进行感官刺激，使受训者仿佛置身于应急状态中，使其体验实际船舶紧急情况发生时的心理刺激，从而增强其心理适应能力、心理承受能力和心理自控能力。实际训练中，借助实船环境、模拟器、VR、体感训练，真实地呈现和渲染紧急情况氛围，模拟船舶紧急情况的发生，使参加训练的船员身临实境，体验危急情景，增强心理素质，增强船员的心理免疫力，弱化船员在面对紧急情况时的紧张和恐惧感。

2. 挑战极限训练

设置船舶可能遇到的极端的各种危险的场景或条件，可以挑战受训船员自身的生理与心理极限，激发生理和心理潜能。挑战心理极限训练通过创设困难情境，让船员可以全面地体验到认识、情感、意志和能力等多方面的困难，激发心理潜能，提高心理承受能力、适应能力和随机应变能力。训练中有意识地持续加大对心理的压力和干扰，使受训者承受最大的心理负荷，体验困难情况下的强烈心理感受，在自我挑战中提升心理品质。通过设置复杂多变的情况，训练其认知水平；设置危险恐怖或者超常的场景，实施各种刺激，促使其增加心理容量，保持心理稳定；设置强度超过日常训练强度的训练项目，增加行动困难，促使受训者挖掘心理潜力，减少消极反应心理，提高克服困难的自信心。

3. 身心放松训练

通过有意识地放松身体肌肉来调整心理紧张状况，以保持身心协调和心理平衡。很多事例表明，恶劣海况，过海盗高发区，发生碰撞、着火、爆炸，因意外事故导致的人身伤害（断肢、出血等）等强烈刺激会引起身体肌肉紧张，这种生理紧张又会加剧心理紧张程度，形成恶性循环。船员应该学会有意识地做些放松活动，如做深呼吸，做瑜伽，听舒缓的音乐等，可以打破这种恶性循环，消除或降低心理紧张或恐慌，保持身心平衡。

4. 情绪脱敏训练

情绪脱敏训练是有意识地使受训者克服应对各种突发紧急情况时心理承受能力弱的训练方法。船员在听到警报声、爆炸声，看到舱室的滚滚浓烟和熊熊烈火，感受到战场环境等战场景况后，会出现过度紧张、恐慌等。有意识地进行情绪脱敏训练，有利于提高应对紧急情况时的情绪稳定性。

5. 自我暗示训练法

自我暗示训练法就是运用语言暗示功能，主动地调控心理状态，保持自身心理稳定的心理训练方法。积极的心理暗示，对心理承受能力起着非常重要的作用，可以唤醒代偿能力和自我调节能力，从而消除心理恐惧。

6. 意念调整训练法

该训练法就是通过转移注意力，来使受训者缓解心理压力，调整心理状态的训练方法。休息时运用注意力转移法，能够尽快使船员从紧张心理状态中解脱出来，减少紧张心理积累，加强心理耐久力。

7. 表象动作训练法

表象动作训练法就是在人的大脑中唤起动作表象，想象动作的完整过程，提高心理适应能力。船员通过自己讲述行动过程中的具体步骤，可能遇到的各种情况，采取的应对措施等细节，在心中形成清晰的表象。通过这种表象训练，对可能出现

的情况心里有底，增强完成任务的信心。

第六节 药物滥用和酗酒的危害及控制

一、药物滥用的危害

“药物滥用”与我们平时所说的“滥用抗生素”“滥用激素”等滥用药物中的“滥用”概念截然不同。药物滥用，一般是指人们反复大量地使用与医疗目的无关的具有依赖性潜力的药物，是一种悖于社会常规的非医疗用药行为。这类药物的欣快作用，能使人产生一种松弛和愉快感，一旦产生依赖性（成瘾性），便会不可自制地不断地追求药物，以感受药物产生的精神效应，一旦断药将产生“戒断症状”，进一步发展成为非用不可的强迫感受，陷入不能自控的上瘾境地，导致用药者产生精神错乱，并产生一些异常行为，其后果极其严重。

按照国际公约（《1961 年麻醉品单一公约》和《1971 年精神药物公约》），可以将具有依赖性的药物（或物质）分为两大类：一类是麻醉药品，如海洛因、大麻和大麻脂、阿片和吗啡制剂、可待因等；另一类是精神药物，如各种致幻剂和四氢大麻酚、中枢兴奋剂、巴比妥类药物、苯二氮卓类药物等。此外，还有一些物质如烟草中含有的尼古丁、酒精、挥发性有机溶剂等，也可使人具有依赖性，但未列入国际公约管制。

（一）药物滥用对身体和精神的危害

1. 成瘾性

由于反复使用一种药物，使用者的身体对该药的反应降低，以致对该药物耐受性提高，使用者对该药物上瘾，形成依赖性。在突然中止用药或减少用药剂量后，使用者会产生多种不良反应，包括失眠多梦、急躁不安等，更严重的还有急性肌张力异常、心血管系统反应、椎体外系反应等情况，最严重时会猝死。也有一些人在没有经济来源购毒、吸毒的情况下，或死于严重的身心戒断反应引起的各种并发症，或由于痛苦难忍而自杀身亡。

2. 产生毒副作用

药物的自身毒性和药物的过量及频繁使用，会对人体产生毒副作用，严重损害人体器官，使机体的功能失调和组织病理变化；抑制胃、胆、胰消化腺体的分泌，从而影响食物的消化吸收,患者会出现食欲不振;亦可引起肺颗粒型病变、肺纤维化、肺梗死、肺气肿、肺结核等肺部感染;易引发癫痫、重度骨质疏松症等。

3. 使中枢神经过度兴奋而衰竭或过度抑制而麻痹

药物滥用会使人精神极度亢奋或萎靡不振(嗜睡、感觉迟钝、运动失调),出现幻觉、妄想、定向障碍等;使用者易患中毒性精神病,严重者会神志不清,甚至导致死亡;长期使用则可能引起大脑器质性病变,形成器质性精神障碍,包括人格障碍、遗忘综合征和痴呆。药物滥用会使中枢神经受损,这会殃及机体的各器官系统,使患者极度衰弱,丧失工作能力和生活自理能力。

4. 感染性疾病

静脉注射毒品给滥用者带来感染性合并症,最常见的有化脓性感染、乙型肝炎及艾滋病。此外,药物滥用会使使用者的神经系统、免疫系统受损,从而易感染各种疾病。

(二)药物滥用对家庭、社会的危害

滥用药物最终会导致使用者丧失工作能力和生活自理能力,最终成为家庭和社会的负担。此外,滥用药物者购买药物将自己的积蓄耗尽后,可能千方百计地向亲人、朋友借或骗,最后发展到偷、抢、贪污或者参与贩毒、制毒。不管多么幸福的家庭,一旦出现吸毒者,就会陷入灾难的深渊,乃至妻离子散,家破人亡。

滥用药物所致最突出的精神障碍是幻觉和思维障碍。他们的行为特点是围绕药物转,常常会有暴力倾向,如打架、斗殴和言行失控等行为;多数药物滥用者有违法犯罪行为,如为了毒品去卖淫、抢劫、杀人。毒品泛滥地区的犯罪率直线上升,而且多是杀人越货的恶性案件,严重威胁社会安定和谐和人民生命财产安全。与药物滥用密切相关的种毒、制毒、贩毒行为常常以有组织犯罪的形式存在,不仅危害社会的稳定,扰乱社会秩序,而且对局部经济甚至对全球经济产生不可估量的损失。

二、酗酒的危害

酗酒是指经常过量饮用酒精饮料,饮酒成瘾,沉溺于饮酒尤其是强迫性过量饮酒。酗酒的危害主要有:

1. 抑制大脑和神经

酗酒易致人精神恍惚、倦怠无力、幻听、幻视、记忆减退、智力下降,严重者会损害身体组织细胞,降低机体免疫力,使人易患多种疾病。

2. 损坏肝脏

大量的临床试验证实,酒中的乙醇对肝脏的伤害是最直接的,也是最大的,它能使肝细胞发生变性和坏死。一次大量饮酒,会杀伤大量的肝细胞,引起转氨酶急剧升高。若长期饮酒,还容易导致酒精性脂肪肝、酒精性肝炎、酒精性肝硬化,甚至

肝癌。

3. 酒精中毒

短时间大量饮酒，可导致酒精中毒。酒精中毒，大脑皮质首先受到影响，神经有一个短暂的兴奋期，使人胡言乱语。继之大脑皮质处于麻醉状态，使人言行失常，昏昏沉沉不省人事。如进一步发展，生命中枢麻痹，心跳呼吸停止以致死亡。

4. 易患食道炎、胃炎、溃疡病

酒精对食管和胃的黏膜损害很大，会引起黏膜充血、肿胀和糜烂，导致食道炎、胃炎、溃疡病，还会诱发急性胆囊炎和急性胰腺炎。

5. 诱发脑卒中

酒精影响脂肪代谢，升高血胆固醇和甘油三酯在血液中的含量。大量饮酒会使心率增高，血压急剧上升，极易诱发脑卒中。

6. 酒精中毒性精神病

当血液中的酒精浓度达到0.1%时，会使人感情冲动；达到0.2%~0.3%时，会使人行为失常。长期酗酒，会导致酒精中毒性精神病。

7. 酒精性心律失常

酒精能使酗酒者出现心律失常，年龄越大、饮酒量越大，心律失常程度越严重，恢复越慢。长期饮酒还会使心脏发生脂肪变性，损害心脏收缩功能，引起继发性心肌病，可能造成猝死。

8. 骨质疏松症

酒精能抑制甲状腺素分泌，使肠道对钙、维生素D的吸收率下降，最终导致骨质疏松症。

9. 营养失调

长期饮酒还会造成身体中营养失调和引起多种维生素缺乏症。因为酒精中不含营养素，经常饮酒会致食欲下降，进食减少，势必造成多种营养素的缺乏，特别是维生素B_1、维生素B_2、维生素B_{12}的缺乏，还影响人体对叶酸的吸收。

10. 降低肾功能

酒精毒素积蓄，引起尿少、尿灼痛，甚至使酗酒人发生肾炎、肾结石、尿毒症、肾病综合征，乃至肾衰竭。

11. 危害胎儿

酒精对精子和卵子也有毒副作用，不管父亲还是母亲酗酒，都会造成下一代发育畸形、智力低下等不良后果。孕妇饮酒，酒精能通过胎盘进入胎儿体内，直接毒害胎儿，影响其正常生长发育。

12. 妨碍公共安全和酿成犯罪

酗酒后驾驶车辆、船舶，会对社会、公众的生命和财产构成潜在威胁，构成了以危险方式危害公共安全的行为和涉嫌危险驾驶罪。也有人酗酒后，寻衅滋事，打架斗殴，甚至引发恶性的刑事案件，严重扰乱社会治安，破会社会安定和谐。

三、药物滥用、酗酒的防范措施

（1）加强组织学习，全社会共同参与，进一步加大对公众的宣传力度，充分认识药物滥用、酗酒的危害，营造良好的用药环境。

（2）公安部门加大对毒品的打击及监管力度。社会各部门进一步加强药品的监管工作。社会、家人对滥用药物者要不离不弃，伸出援助之手，增强患者信心。对吸毒者实施医学治疗（如戒毒康复治疗），对高危人群进行行为干预，改变他们的危险药物滥用方式和行为方式等。

（3）所有饮酒者都应戒酒或有节制地饮酒。

（4）在船上，严格要求船员遵守国际国内相关法律、法规，发现问题，及时报告和处理，确保船舶安全。

滥用药物和酗酒直接影响船员健康和其履行值班职责或有关安全、防污染和保安值班职责的能力。发现船员受到药物或酒精的影响时，应不允许其履行值班职责或有关安全、防污染和保安值班职责，直至他们履行这些职责的能力不再受到影响为止。

第七节　船员职业生涯规划

一、职业生涯规划

职业生涯规划是针对决定个人职业选择的主观和客观因素进行分析和测定，确定个人的奋斗目标和职业目标，并对自己的职业生涯进行合理规划的过程。

职业生涯规划要求个人根据职业兴趣、性格特点、能力倾向，以及自身所学的专业知识技能等自身因素和各种外界因素，经过综合权衡考量，把自己定位在一个最能发挥自己长处的位置，以便最大限度地实现自我价值。一个职业目标与生活目标一致的人是幸福的，职业生涯规划实质上就是追求最佳职业生涯的过程。

有效的职业生涯规划不仅对船员自身有利,也可使航运企业受益。

二、船员职业发展路径

(一)船员职务发展路径

航海类专业毕业生的典型职业发展路径是从见习生开始,历经三副或三管轮、二副或二管轮、大副或大管轮阶段,最终任职船长或轮机长,见图 8-7-1、图 8-7-2。

船员晋升——海船船员驾驶

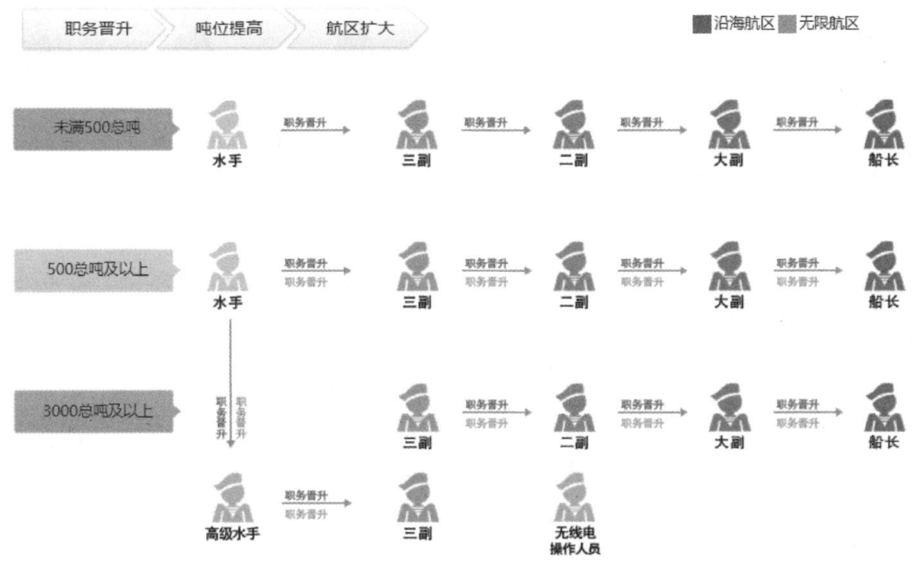

图 8-7-1 海船船员驾驶职业发展路径

从职务晋升角度看,船员职业存在环环相扣、阶梯上升的特点,每晋升一级职务一般需具有相应职务和海龄并通过高一级考试、评估(按照交通运输部海事局的规定,甲类三副、三管轮只要海龄满 18 个月,无须参加理论考试和评估即可换发二副、二管轮适任证书),不能越级提拔聘用。

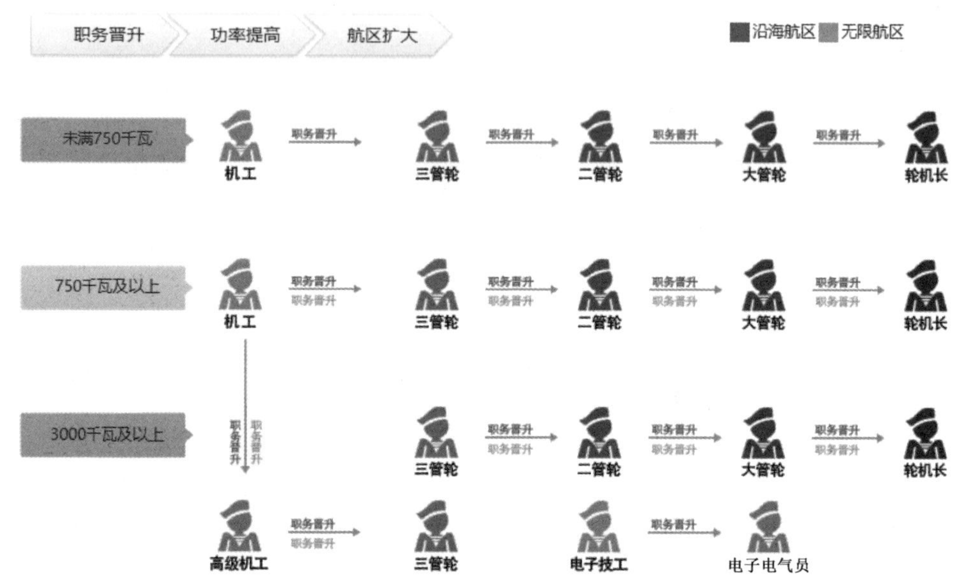

图 8-7-2　海船船员轮机职业发展路径

(二)船员职称发展路径

2020 年 7 月,人力资源和社会保障部、交通运输部联合印发《关于深化船舶专业技术人员职称制度改革的指导意见》(以下简称《意见》),建立符合船舶专业技术人员特点的职称制度。

1. 专业类别

《意见》统一规范了船舶专业分类,将船舶专业技术人员职称划分为船舶驾驶、船舶轮机、船舶电子和船舶引航 4 个专业类别。

2. 增设正高级职称

船舶专业技术人员职称设初级、中级、高级,初级职称分设员级和助理级,高级职称分设副高级和正高级,进一步拓展船舶专业技术人员职业发展空间。员级、助理级、中级、副高级和正高级职称名称依次为驾驶员(轮机员、船舶电子员、引航员)、助理驾驶员(助理轮机员、助理船舶电子员、助理引航员)、中级驾驶员(中级轮机员、中级船舶电子员、中级引航员)、高级船长(高级轮机长、高级船舶电子员、高级引航员)和正高级船长(正高级轮机长、正高级船舶电子员、正高级引航员)。

3. 职称制度与船员职业资格制度的衔接

船舶专业技术人员取得船员资格,可对应初级、中级职称,并依据国际公约和我国有关规定,进行动态调整。

4. 船舶专业技术人员各级别职称分别与事业单位专业技术岗位等级相对应

正高级对应专业技术岗位一至四级,副高级对应专业技术岗位五至七级,中级对应专业技术岗位八至十级,助理级对应专业技术岗位十一至十二级,员级对应专业技术岗位十三级。

(三)船员其他发展路径

在船员职务发展路径的基础上,部分船员的职业生涯可能实现从海上到陆地的转变。

1. 早期登陆发展路径

早期登陆发展路径包括考取公务员、考取研究生、从事相关职业(从事船舶代理、货运代理、修造船技术员、商检员、引航员等与航运相关的职业)、从事无关职业等。

2. 任职船长、轮机长后发展路径

船员在任职船长、轮机长到达海上职业生涯的顶峰后,可以有更多的选择。继续留在船上工作,可以在同类型船舶上深耕细作,成为特定领域的专家;或尝试在不同类型船舶上工作,成为多面手。如果选择登陆,可以在本公司从事岸基管理工作;也可以通过国家公务员招考,从事海事系统的管理工作;或者从事其他航运相关行业,如任航海院校专业教师,到船级社从事专业技术工作,到船舶管理公司担任海务、机务主管,在律师事务所担任海事顾问,在船员服务机构从事劳务派遣业务等。

三、船员职业生涯规划

每一名船员都应该对自己的职业生涯做出合理规划,只有冷静思考、理智决断,才能有效延长船员职业生涯,成就船员职业梦想。

我们要了解自己的兴趣、爱好、能力和需要等,也要充分了解船员职业的性质、要求等,判断自己是否适合从事船员这一职业。我们也要正确认识家庭关系在船员职业生涯不同发展阶段的变化规律,在事业对家庭关系可能产生的影响方面作必要评估,处理好职业发展与家庭生活之间的关系。我们还要正确认识经济能力对职业生涯的影响,处理好职业发展与经济需求的关系,在个人职业发展和经济需求之间做合适选择。只有做到个人需求、爱好和职业良好匹配,才能最大限度地发挥人的才能和主观能动性,创造更大绩效。

参考文献

[1]高德毅,陈伟炯. 个人安全与社会责任. 北京:中国科学技术出版社,1998.

[2]格伦 · 布鲁姆,艾伦 · 森特. 有效的公共关系. 明安香,译. 北京:华夏出版社,2002.

[3]国际海事组织.《国际海上人命安全公约》2016 年综合文本. (2018-05-08)[2019-09-30]. https://max. book118. com/html/2018/0507/165221756. shtm.

[4]国际海事组织. 1978 年海员培训、发证和值班标准国际公约马尼拉修正案. 中华人民共和国海事局,译. 大连:大连海事大学出版社,2011.

[5]国际海事组织. 2006 年海事劳工公约(中译本). 中华人民共和国人力资源和社会保障部国际合作司,译. (2018-01-03)[2019-04-25]. http://www. mohrss. gov. cn/gjhzs/GJHZzhengcewenjian/201801/t20180103_285920. html.

[6]国际海事组织. 国际船舶安全操作和防止污染管理规则. (2014-12-12)[2019-05-15]. http://xxgk. mot. gov. cn/jigou/gjhzs/201412/P020180116846927054307. pdf.

[7]国际海事组织. 国际防止船舶造成污染公约(2011 年版). 中华人民共和国海事局,译. 北京:中华人民共和国海事局,2012.

[8]国际海事组织. 国际救生设备规则 2016 年综合文本. (2016-09-23)[2019-09-11]. https://wenku. baidu. com/view/bc6c7c8e168884868662d668. html.

[9]国务院. 中华人民共和国船员条例. (2020-12-27)[2022-09-22]. http://www. gov. cn/zhengce/2020-12/27/content_5573637. htm.

[10]胡君辰. 组织行为学. 北京:中国人民大学出版社,2010.

[11]黄应邦,梁福权,等. 船舶安全文化建设. 珠江水运,2013(8):69-70.

[12]李元授. 口才学. 武汉:华中科技大学出版社,2003.

[13]刘明桂. 船舶与船上人员管理. 北京:人民交通出版社,1998.

[14]刘正江,吴兆麟. 船舶安全管理. 大连:大连海事大学出版,2011.

[15]戚发勇,王岩,李琳. 个人安全与社会责任. 大连:大连海事大学出版社,2012.

[16]孙玉杰. 港口国监督滞留复审程序. 世界海运,2018,41(4):5-8.

[17]谭祥金,党跃武. 信息管理导论. 北京:高等教育出版社,2000.

[18]屠强. 海洋:我们的家园. 北京:海洋出版社,2009.

[19]夏中华. 交际语言学. 沈阳:辽宁教育出版社,1990.

[20]徐秦,方照琪. 船舶污染物对海洋环境的影响与对策. 中国水运,2003.

[21]俞存根,虞聪达. 奇妙的海洋生物世界. 北京:海洋出版社,2008.

[22]中国船级社. 船上海洋污染应急计划编制指南. 北京:人民交通出版社,2008.

[23]中国船级社. 防止船舶垃圾污染检验指南. 北京:人民交通出版社,2008.

[24]中华人民共和国海事局. 关于印发《中华人民共和国海船船员培训合格证书签发管理办法》的通知(2019 修订)(2019-08-30)[2022-09-22]. https://www.lyg.msa.gov.cn/html/gfxwj/20190830/59511.html.

[25]中华人民共和国海事局. 中华人民共和国船舶安全营运和防止污染管理规则(试行).(2005-09-22)[2019-04-16]. http://zizhan.mot.gov.cn/zhishu/haishiju/weiguanfangwu/tongzhigonggao/201110/t20111017_1085866.html.

[26]龚艳平. 重视海上安全事故发生后的船员心理问题. 中国远洋海运,2019(07):62-63.

[27]中华人民共和国交通运输部. 海船船员培训大纲(2021 版).(2021-10-12)[2022-09-27] https://xxgk.mot.gov.cn/2020/jigou/haishi/202110/t20211012_3621579.html.

[28]中华人民共和国交通运输部. 交通运输部关于修改《中华人民共和国海船船员适任考试和发证规则》的决定(中华人民共和国交通运输部令 2022 年第 15 号).(2022-04-26)[2022-09-18]. https://xxgk.mot.gov.cn/2020/jigou/fgs/202204/t20220426_3653013.html.

[29]中华人民共和国交通运输部. 中华人民共和国海船船员值班规则.(2020-07-14)[2022-09-17]. https://xxgk.mot.gov.cn/2020/jigou/fgs/202007/t20200714_3431127.html.

[30]周建华,蒋卫忠. 谈船舶应急演练不足之原因. 航海技术,2013(1):56-58.